여행을 바꾸는 여행 트렌드

완전히 달라질 경험의 가치, 변화는 이미 시작됐다

여행을 바꾸는 여행 트렌드

김다영 지음

미래의창

들어가며

2010년대 중반부터 여행 분야의 기업 강의를 하면서 생겨난 산업 전반에 대한 호기심은 세계 각국의 미디어 트립부터 관련 콘퍼런스에 이르기까지 광범위한 취재로 이어졌다. 그 내용들을 기반으로 2020년에 출간한《여행의 미래》는 지난 10년 동안 여행 업계에 일어난 변화를 소비자의 관점에서 다룬 책이다. 그런데 출간 시기가 코로나19 사태로 인한 여행 산업의 급격한 위기와 맞물리면서, 책의 핵심 주제였던 'MZ세대의 여행 소비 트렌드'가 뜻하지 않게 한국관광공사와 한국여행업협회 등이 실시하는 여행업 종사자 교육에 빠르게 반영됐다. 평생 자부심을 갖고 지속해온 업業을 하루아침에 잃어버린 이들에게 '여행 트렌드'를 교육하는 지난 2년간의 여정은 그렇게 시작됐다.

여행업 종사자들을 대상으로 교육을 진행하면서 오늘날의 여행 산업이 단순히 외부 환경으로 인해 침체기에 빠진 것을 넘어 산업 구조 전반의 차원에서 새로운 시장 질서를 마주하고 있다는 사실을 깨달았다. 여행의 디지털 전환을 선도하는 플랫폼 기업들은 관광 전공자가 아닌 IT 기술 인력과 콘텐츠 제작 인력을 필요로 한다. 현재 글로벌 플랫폼에서 외국인들이 가장 많이 구매하는 한국의 투어 상품은 국가 공인 자격증(관광통역안내사)이 없거나 여행사에서 한 번도 일해본 적 없는 크리에이터의 손에서 탄생하고 있다. 호텔을 비롯해 관광 유관 기관에서 신입사원 교육을 할 때면 관광 관련 전공자를 만나기 힘들 정도로 교육과 노동시장 간의 괴리가 커지는 중이다. 산업의 질서 또한 빠르게 재편되고 있다. 글로벌 OTA Online Travel Agency(온라인 여행 서비스)가 여행 예약 시장을 독점하던 시대는 지나가고, 일상에 밀착된 이동(모빌리티)을 기반으로 막강한 기능을 탑재한 '슈퍼앱'들이 등장하고 있다. 이러한 변화를 지켜보며 이제는 소비자의 시선에서 벗어나 보다 넓은 시각으로 여행 산업을 둘러싼 구조적인 변화를 새롭게 조명할 필요성을 느꼈다.

《여행을 바꾸는 여행 트렌드》에서는 엔데믹 이후 격동하고 있는 여행 산업의 주요 변화를 다섯 가지 주제로 나눠 다뤘다. 2년여의 팬데믹을 거치며 사회 전반의 변화가 동시다발적으로 일어나고 있는 지금, 산업 구조의 변화를 먼저 살폈다. 여행 상품을 중개하는 플랫폼과 그 소비 방식의 변화를 분석하고 그러한 변화가 여행 상품의 형태를 어떻게 바꿔놓았는지도 담았다. 다음으로는 여행 소비자에 포커스를 맞추었다. 향후 여행 소비를 견인할 주체인 밀레니얼과 Z세대의 여행, 특히 그들이 여행을 바라보는 관점의 변화를 중점적으로 소개했다. 3장부터 5장까지는 현재 여행 업계의 가장 중요한 화두로 꼽히는 트래블테크, 크리에이터 경제, 지속가능한 여행을 각각 다루며 2년에 걸쳐 취재해온 동향과 전망을 충실히 담고자 노력했다. 해외 현지 취재를 다닐 수 없는 상황에서 글로벌 여행 트렌드를 놓치지 않고 촘촘하게 파악할 수 있었던 것에는 직접 운영하는 팟캐스트의 도움이 컸다. 2019년 10월에 시작해 지금까지 단 한 주도 거르지 않고 〈김다영의 똑똑한 여행 트렌드〉라는 팟캐스트를 방송하고 있는데, 여행 업계 전반을 향한 안테나를 바짝 세우고 그 흐름을 꾸준히 짚는 데 강력한 원동력이 됐다.

코로나19 바이러스로 인해 여행 산업은 거대한 위기를 맞았지만 그만큼 없던 것이 새롭게 탄생할 여백이 많아졌다. 그래서 새로운 여행의 시대에 과감히 뛰어들어 자신만의 기회를 만들고자 하는 이들을 염두에 두고 이 책을 썼다. 엄혹한 환경 속에서도 국내외에 수많은 여행 스타트업들이 등장했고, 그중 눈에 띄는 몇몇은 본문에서 성공 사례로 언급하기도 했다. 누구나 소비자인 동시에 생산자가 되는 크리에이터 경제의 시대가 도래했다. 노동 시장의 대격변에 있어 여행업도 예외가 아니었고, 이에 따라 진입 장벽이 굉장히 낮아졌다. 4장에서는 정책적으로는 소외되어 있지만 어떤 채널보다 최전선에 자리하며 자유여행 소비자에게 여행을 '판매'하는 크리에이터의 출현과 이들이 실제 여행 시장에 미치는 영향을 소개했다. 앞으로의 여행 업계에서는 1인 기업, 소규모 기업, 신생 스타트업들도 다양한 도전의 기회를 찾을 수 있다는 점을 강조하고 싶었다.

무엇보다 이 책은 우리 앞에 놓인 새로운 여행을 위해 쓴 책이다. 오랫동안 묵혀두었던 여행가방을 꺼내어 다시 여행을 시작하는 이들을 위해 여행을 둘러싼 흥미로운 변화들을 알리고 싶었다. 이제부터 우리가 만나게 될 여행을 누가 만들고 판매하는지, 내가 하는 여행이 해당 국가나 지역에 어떤 영향을 주는지, 여행을 예약할 때 사용하는 플랫폼이나 서비스들의 성공 요인은 무엇인지와 같은 궁금증을 이 책을 통해 풀어볼 수 있다. 코로나19 사태를 계기로 나의 여행이 사회에 미치는 영향을 돌아보게 된 여행자라면, 5장을 읽으며 지속가능한 여행을 고민하고 계획해 보길 권하고 싶다. 나 역시 근 20년간 한 해도 거르지 않고 항공 여행을 해왔고, 특히 호텔 테마의 여행을 하면서 막대한 양의 일회용품을 소비했지만 최근에서야 이것이 심각한 문제임을 인식하게 됐다. 하지만 '환경보호'라는 캠페인성 구호만으로 억눌려 있던 여행 소비를 억제하기는 쉽지 않다고 본다. 게다가 여행이 가져오는 경제적 효과와 개인 차원의 효용성도 무시할 수 없다. 그래서 최대한 현실적인 시각으로 지속가능한 여행을 바라보고 대안을 제시하고자 했다.

새로운 책을 펴내면서 언제나 큰 힘이 되어주는 가족에게 먼저 감사의 마음을 전한다. 《여행의 미래》에 이어 후속작 출간을 제안해주신 출판사 미래의창 관계자 여러분께도 감사드린다. 그리고 지난 2년 동안 모니터 화면을 통해, 혹은 강의 현장에서 만나 서로의 어려움을 나누고 함께 희망을 모색했던 여행 업계의 모든 종사자 분들께 정말 고생 많으셨다는 말씀을 드리고 싶다. 이 책이 완전히 달라질 여행과 여행 비즈니스를 꿈꾸는 모든 이들에게 조금이나마 보탬이 된다면 무엇보다 큰 보람과 기쁨일 것이다.

목차

CHAPTER 1
팬데믹 이후의 여행, 어떻게 바뀔까?

CHAPTER 2

MZ세대의 경험 소비가 바꾸는 여행

CHAPTER 3

트래블테크가 판을 뒤집는다, 여행의 디지털 전환

CHAPTER 4

크리에이터 경제가 여행의 미래에 가져올 변화

CHAPTER 5

지속가능성과 여행이 공존할 수 있을까?

CHAPTER
1

팬데믹 이후의 여행,
어떻게 바뀔까?

익스피디아에서 에어비앤비로, 여행 플랫폼의 세대 교체

온라인 여행 서비스OTA가 탄생한 1990년대 말부터 코로나19 사태가 벌어지기 직전인 2019년까지, 지난 20여 년간 여행 시장은 끊임없는 디지털 전환을 거듭해왔다. 부킹닷컴과 익스피디아로 대표되는 OTA들은 검색엔진이나 결제 등의 기술에 집중적으로 투자했고, 이를 통해 소비자들이 호텔과 항공권의 가격 정보에 자유롭게 접근할 수 있게 되면서 자유여행 시장이 본격적으로 열렸다. 그런데 2020년, 예상치 못한 코로나19 바이러스의 등장으로 인해 국내 여행 산업은 매우 급격한 변화를 요구받게 됐다.

그렇다면 지난 20년간 우리의 여행을 가장 크게 바꾸어놓았으며 코로나19 사태 이후 그 영향력이 더욱 거대해진 디지털 전환의 키워드는 무엇일까? 단연 '플랫폼'이다. 전통 여행업에 오랫동안 종사했던 이들은 플랫폼이 자신들의 역할을 빼앗아갔다고도 하고, 플랫폼 회사를 향해 적대적인 태도를 보이기도 한다. 그러나 오늘날 플랫폼 비즈니스는 여행뿐 아니라 전 세계 인류의 삶에서 떼려야 뗄 수 없는 산업이다. 소비자와 공급자 모두 플랫폼 비즈니스가 이토록 거대한 가치를 창출해온 이유를 정확히 알아야 앞으로 여행을 포함한 전 분야에서 더더욱 커질 것으로 전망되는 플랫폼의 영향력을 이해하고 현명하게 활용할 수 있다.

플랫폼은 어떻게 여행을 지배하게 됐을까?

구글, 아마존, 페이스북, 텐센트……. 이들의 공통점은 무엇일까? 하나는 2021년 기준 세계 기업 시가총액 10위권 내에 이름을 올리며 인류의 일상을 장악하고 있다는 것이고, 또 다른 하나는 플랫폼이라는 것이다. 그런데 플랫폼이란 무엇일까? 우리가 매일 사용하는 카카오와 네이버도 플랫폼이고, 1990년대에 탄생한 아마존이나 구글과 같은 '빅테크' 회사도 플랫폼이다. 제조업과 같은 전통적인 비즈니스는 재화를 생산해서 소비자에게 판매하는 단일 방향의 사업 구조를 가지고 있다. 이에 비해 플랫폼 기업은 공급자와 소비자 모두를 고객으로 삼으며, 양쪽 모두에게 가치를 제공해야만 수익이 창출되는 사업 구조를 지닌다.

그렇다면 여행 산업에서 공급자는 누구일까? 항공사와 숙소 사업자다. 이 둘 말고도 소비자 입장에서는 공급자가 하나 더 있다. 항공과 숙소 사업자와의 가격 협상을 통해 여행 서비스를 합리적인 가격으로 묶은 상품(패키지여행)을 대리점에 공급하거나 온라인에 직판하는 방식으로 수익 모델을 형성해온 여행사가 그 주인공이다. 그런데 2000년대 이후 디지털 환경이 구축되고 익스피디아 그룹과 부킹홀딩스(전前 프라이스라인) 등의 여행 플랫폼 기업들이 성장하면서, 전 세계 소비자들은 여행사가 공급하는 여행 상품을 구매하는 데서 벗어나 플랫폼에서 항공과 숙박의 가격을 직접 비교하고 결제할 수 있는 훨씬 큰 선택권을 갖게 됐다. 호텔스닷컴과 익스피디아 등을 소유한 익스피디아 그룹, 부킹닷컴과 아고다 등을 소유한 부킹홀딩스는 현재까지도 글로벌 여행 시장에서 가장 큰 영향력을 가진 양대 OTA 기업으로 군림하고 있다. 편의상 이들을 1세대 여행 플랫폼이라고 하자.

이들과 구별되는 2세대 여행 플랫폼은 에어비앤비와 우버로 대표되는 '공유경제' 플랫폼이다. 이들도 공급자와 소비자를 연결해주는 플랫폼의 성격을 지니고 있지만, 1세대 여행 플랫폼과는 결정적인 차이가 있다. 호텔스닷컴, 부킹닷컴 등의 글로벌 여행 플랫폼에는 숙소를 소유한 사업자만 공급자로 참여할 수 있었다. 반면 공유경제 플랫폼은 공급자의 참여 범위를 크게 확대한 비즈니스로, 세계 각국에서 잉여 부동산이나 차량을 소유한 현지인이라면 누구든 자유롭게 공급자로 등록할 수 있다. 에어비앤비

글로벌 여행 예약 시장을 양분하고 있는 두 기업, 익스피디아 그룹과 부킹 홀딩스의 자회사들.

는 여행자를 현지인과 연결시켜 좀 더 몰입된 문화 경험을 할 수 있게 해주었고, 우버는 현지 언어를 몰라도 여행자가 쉽게 이동할 수 있도록 도와주었다. 이러한 새로운 플랫폼의 출현은 여행 산업의 흐름을 크게 변화시켰다.

2021년, 에어비앤비는 유수의 호텔 기업들과 1세대 플랫폼들의 시가총액을 뛰어넘어 여행 분야 기업 가치 1위에 올라섰다. 2020년 상장 당시 에어비앤비의 시가총액은 시초가 기준 1,016억 달러(약 111조 원)로, 같은 시기 부킹홀딩스(656억 달러)와 익스피디아 그룹(133억 달러)의 규모를 크게 앞섰다.[1] 이렇듯 여행의 목적과 방식은 여행 플랫폼의 진화와 더불어 변화해왔으며, 그 결과가 자유여행이라는 형태로 나타난 것이다.

2020년에 펴낸 책《여행의 미래》에서는 여행 플랫폼의 등장으로 인해 패키지여행이 힘을 잃고 자유여행이 대세가 된 과정을 소비자 측면의 효용으로만 설명했다. 하지만 플랫폼 비즈니스의 틀에서 보면, 소비자 시장은 전체 여행 시장의 한쪽 면에 불과하다. 플랫폼은 공급자에게도 새로운 가치를 창출해야 지속적인 시장 지배력을 가질 수 있다. 자사의 상품을 잘 만들어 공급하는 것에서 그치는 것이 아니라, 양쪽 시장 참여자 모두의 이익을 극대화했을 때 비로소 성장하는 사업 모델이기 때문이다. 플랫폼 비즈니스는 단순히 소비자들의 여행 자유도를 높여주며 여행 예약 시장을 장악한 것을 넘어 수많은 개인에게 추가 소득을 창출하게 해주며 전체 시장의 규모와 범위를 더욱 확장시켰다.

소비자와 공급자 모두를 겨냥해야 살아남는다, 여행 플랫폼의 생존 법칙

여러분이 힐튼, 메리어트와 같은 체인 브랜드에 속하지 않은 독립 호텔이나 작은 펜션을 운영하는 숙박업소 주인이라고 가정해보자. 이 지역에 한 번도 방문해보지 않은 전 세계 여행자에게 여러분의 숙소를 어떻게 판매할 것인가? 여행사와 협력해 단체 여행 상품에 포함시키고, 여행 안내소에 비치된 카탈로그에 광고를 내거나 가이드북 취재에 응해 정보를 싣는 방법으로는 접근할 수 있는 소비자가 한정적이다. 그런데 OTA에 숙소를 입점시키면 어떨까? 그 지역을 검색한 모든 잠재 고객이 숙소 정보에 접근할 수 있게 된다. 그뿐 아니라 자체 결제 시스템을 갖추지 않아도 OTA에서 결제와 정산까지 대행해준다. 원한다면 광고비를 내고 검색 결과의 최상단에 숙소를 노출해 더 많은 고객을 유치할 수도 있다. 이처럼 OTA는 공급자 시장에 가장 확실한 효용인 '매출 증대'라는 가치를 제공했고, 2019년 기준 세계 온라인 여행 예약 시장에서 64%를 점유하며 직접 예약direct booking(36%)을 압도할 수 있었다.[2]

미국의 경제학자 하비 라이벤스타인Harvey Leibenstein은 특정 상품에 형성된 수요가 다른 사람들의 선택에 영향을 미치는 현상을 가리켜 '네트워크 효과'라고 명명했다. 네트워크 효과는 플랫폼 비즈니스의 대표적인 특성으로 꼽히는데, 카카오톡이나 페이스북처럼 사용자만 존재하는 소셜미디어 플랫폼에서는 상대방이 쓰는 메신저나 소셜미디어를 따라 쓰게 되면서 이용자가 점차 증가하는 방식으로 나타난다. 반면 여행과 같이 공급자와 소비자가 공존하는 양면 시장에서는 교차 네트워크 효과라는 현상이 일어난다. 공급자와 소비자 시장이 서로 영향을 주고받는 것을 뜻하는 교차 네트워크 효과는 플랫폼의 이익을 극대화하고 양쪽 시장의 이탈을 막으며 경쟁 기업과의 장벽을 높이는 역할을 한다. 예를 들어 부킹닷컴에 등록된 호텔 수가 늘어난다는 것은 사용자의 선택지가 많아진다는 것을 의미한다. 선택지의 증가는 더 많은 사용자를 끌어모은다. 그렇게 부킹닷컴의 사용자 수가 계속 늘어나면 각 호텔의 매출도 올라가 더 많은 호텔들을 공급자 시장으로 유인하게 되는 것이다.

플랫폼 비즈니스가 서비스 품질을 혁신하는 방법 또한 전통적인 비즈니스와 크게 다르다. 스스로의 기술력이나 서비스를 향상하는 데만 힘을 쏟기보다는, 수많은 제3의 업체가 자사의 솔루션을 활용해 혁신적인 시도를 할 수 있게 개방하여 전체 생태계의 크기를 키우려고 한다. 익스피디아의 시장 지배 전략에 이러한 특징이 잘 드러난다. 익스피디아는 '래피드Rapid'라는 파트너 솔루션을 통해 70만 개의 숙소 정보가 포함된 API Application Programming Interface를 공개하고 있다. 익스피디아의 API를 활용하면 익스피디아에 입점된 호텔과 항공 예약 기술 및 데이터를 자사 서비스에 손쉽게 추가할 수 있다. 이러한 솔루션은 수많은 신생 기업들이 여행 시장에 진입하도록 돕는 동시에, 익스피디아에서 숙소를 판매하는 공급자에게는 수많은 제3의 서비스에서의 매출 발생이나 상품 노출의 기회를 제공하는 효과가 있다.

이를 잘 반영한 사례가 2017년 오스트레일리아에서 창업한 블록체인 기반의 여행 플랫폼 트라발라Travala다. 트라발라는

2020년 익스피디아의 API를 도입해 고품질의 여행 상품 데이터를 추가했고, 익스피디아는 변동성 높은 암호화폐를 직접 도입하는 모험을 하지 않고도 40가지가 넘는 암호화폐 결제를 지원하는 트라발라에 여행 상품을 공급하게 됐다. 이는 암호화폐로 결제할 수 있는 여행 상품이 지극히 한정적이었던 소비자에게 70만 가지의 새로운 선택권을 주는 결과로 이어졌다.

그렇다면 코로나19 사태가 완전히 종결된 후에도 여행 플랫폼들이 여전히 굳건한 시장 지배력을 가지게 될까? 결론부터 말하자면 '그렇다, 그리고 앞으로 더 커질 것이다'라는 전망이 우세하다. 다만 어느 누구도 승자를 장담할 수 없다. 앞에서 살펴본 1세대와 2세대 플랫폼은 모두 글로벌 여행 플랫폼인데, 2년여의 팬데믹을 거치면서 이들이 세계 각국에서 미치는 영향력에 커다란 변화가 나타나고 있다. 그 과정에서 승기를 잡은 로컬 OTA들은 빠른 기업 인수와 기술력 확대를 통해 글로벌 여행 플랫폼들이 독식했던 해외여행 예약 시장을 빼앗으려 준비하고 있다. 본서에서는 앞으로의 찾아올 변화들을 주제별로 차례차례 살펴보며 흥미진진하게 펼쳐질 여행의 미래를 전망해보고자 한다.

가격에서 가치로 이동하는 팬데믹 이후의 여행자들

2021년 10월, 국내 여행 업계에 거대한 합종연횡이 동시에 일어났다. 먼저 야놀자는 하나투어와 전격 제휴해 해외여행 분야의 경쟁력 있는 공급자를 독점적으로 확보한 데 이어 오랫동안 국내 3대 여행사 중 하나로 꼽혀왔던 인터파크 투어를 전격 인수한다고 발표했다. 국내 여행 플랫폼 2위인 여기어때의 반격도 심상치 않다. 항공권 발권 실적 기준으로 국내 5위 규모의 온라인투어를 인수한 것이다. 특히 인터파크 투어의 경우, 야놀자의 인수 확정 전 여기어때는 물론 중국의 최대 OTA인 씨트립C-trip까지 눈독을 들이기도 했다. 이러한 일련의 현상은 국내 여행 업계가 플랫폼 비즈니스를 중심으로 재편되고 있음을 선명하게 보여준다.

진짜 여행 플랫폼 전쟁은 지금부터 시작인 이유

코로나19 사태가 일어난 2020년, 전 세계의 여행자 이동량은 약 30년 전인 1990년대 수준으로 급감했다. 국제 관광객 수가 갑자기 10억 명 이상 줄어들며 발생한 여행 업계의 피해 규모는 2009년 세계 금융위기 때의 11배에 달하는 것으로 알려져 있다.[3] 그러니까, 사실상 팬데믹 이후 관광 목적의 트래픽이 송두리째 사라진 것이나 다름없다는 이야기다. 그런데 이렇게 세계 여행 업계가 초토화된 상황에서 코로나19 사태 이전보다 매출이 증가해 흑자 전환까지 이뤄낸 여행 업체가 있다. 그 주인공은 바로 야놀자와 여기어때다. 2021년 4월 야놀자의 발표에 따르면 2020년 매출은 1,920억 원(영업이익 161억 원)으로, 2019년의 1,335억 원 대비 매출 성장과 흑자 전환을 기록했다. 여기어때도 2020년의 매출이 1,287억 원(영업이익 114억 원)으로, 전년 매출인 1,027억 원보다 더 나은 실적을 보였다.[4]

이러한 현상의 원인을 단순히 '국제 이동의 감소로 인한 국내 여행의 증가'로만 분석한다면 왜 수많은 여행 업체들을 제치고 이들만 성공 가도를 달리는지 이해할 수 없다. 야놀자의 경우 팬데믹 이전에도 이미 한국인이 여행 예약에 가장 많이 사용하던 플랫폼이었다. 여기서 주목해야 할 것은 코로나19 사태가 발발한 이후에는 야놀자와 여기어때에 이어 여행 사업자도 아닌 국내 포털 네이버가 여행 플랫폼 순위 3위에 올랐다는 사실이다.[5]

반대로 오랫동안 여행 예약 시장을 장악해온 부킹닷컴과 스카이스캐너 등 글로벌 OTA들의 순위는 크게 떨어졌다.

코로나19 사태를 전후로 뚜렷해진 국내 플랫폼의 강세에서 여행에 대한 소비자의 관점이 변화하고 있음을 엿볼 수 있다. 익스피디아가 8개국의 여행자 8,000명을 대상으로 여행에 대한 가치와 기대치를 측정한 '2021년 여행자 가치 지수Traveler Value Index'에 따르면 여행 예약 단계에서 가격의 중요성은 점점 줄어들고 있다.[6] 이 조사에서 응답자의 75%가 이전에 가본 적이 없는 여행지를 선택하고 싶다고 답했고, 특히 40세 이상의 응답자와 비교했을 때 2030세대가 예약 취소에 대한 환불이나 변경 가능 여부보다는 프리미엄 혜택이나 비대면 서비스 유무, 친환경 경험 가능 여부 등이 포함되어 있는지를 더 신경 쓴다는 결과가 나왔다.

이것은 오랜 세월 동안 최저가를 검색해주는 데 집중해온 글로벌 OTA에게는 실로 위협적인 변화다. 이와 관련해 눈여겨볼 것이 야놀자와 여기어때, 그리고 국내에서 탄생한 호텔 OTA 트립비토즈의 서비스 메인 화면이다. 이들의 메인 화면에는 해외 OTA들의 것과 큰 차이점이 하나 있다. 계절, 유행, 특정 시즌 등을 고려해 내수 고객의 소비 변화에 최적화된 인기 액티비티나 숙소를 전면에 배치한다는 것이다. 트렌드에 매우 민감하고 남의 시선을 의식하는 한국의 2030 소비자에게는 '지금 기꺼이 돈을 낼 만한 가치가 있는' 상품이 접속하자마자 바로 보이는지의 여부가 구매 결정에 매우 중요하다. 즉, 최근 국내 OTA 인기의 배경에는 소비자가 원하는 여행 상품이 달라진 가운데 각국의 변화에 최적화하기 어려운 글로벌 OTA보다 훨씬 빠르고 정확하게 국내 소비자의 니즈를 충족시킬 수 있는 국내 OTA의 강점이 자리하고 있는 것이다.

기존의 한국 여행 예약 시장은 익스피디아와 부킹닷컴이 운영하는 OTA들이 전체 시장의 87%을 차지하고 있었다. 특히 팬데믹 이전에는 외국계 OTA가 전체의 절반 이상을 차지했다. 그런데 코로나19 사태 이후 야놀자, 여기어때 등 국내 숙박 예약 서비스가 소비자의 달라진 여행 행태를 정확히 노리는 데 성공하며 오래도록 큰 변화가 없었던 시장점유율에 균열을 내고 있다. 그런가 하면 투어와 액티비티로 시작해 숙소와 항공 예약으로 영역을 넓혀가고 있는 마이리얼트립, 전 국민이 이용하는 막강한 사용자 시장을 기반으로 여행 시장에 뛰어든 카카오와 네이버 또한 여행 예약 업계의 강력한 플레이어로 떠오르는 중이다.

독점 시장을 지향하는 여행 플랫폼, 현명하게 활용해야

국내 여행 업계의 플랫폼 전쟁은 지금부터가 진짜 시작이라고 보는 이유는, 플랫폼 비즈니스에는 여러 플레이어를 허용하지 않는 특성이 있기 때문이다. 플랫폼은 소비자와 공급자 모두를 고객으로 삼기 때문에 여러 업체가 시장에 공존하게 될 경우 멀티

호밍Multi-homing이 일어난다. 멀티호밍이란 특정 산업에 여러 개의 플랫폼들이 존재하여, 소비자와 공급자가 하나의 플랫폼에 충성하지 않고 여러 플랫폼을 그때그때 옮겨가며 이용하는 것을 말한다. 이러한 '갈아타기' 고객이 늘어날수록 플랫폼 사업자의 성장은 둔화될 수밖에 없다. 그래서 대다수의 플랫폼은 기업 가치를 극대화하기 위해 소비자와 공급자 양쪽 시장에서 압도적인 시장 점유율을 확보하려는 경향이 있다. 코로나19 사태를 거치며 1위 여행 플랫폼으로 올라선 야놀자가 서비스의 범위를 더욱 넓히면서 빠르게 덩치를 키우고 있는 것은 네트워크 효과를 끌어올려 시장을 장악하기 위한 플랫폼 비즈니스의 전형적인 전략이다.

그러나 특정 플랫폼의 영향력이 커지면 커질수록 공급자는 플랫폼에 종속되고 수수료 상승 등 독점으로 인한 폐해는 고스란히 소비자에게 전가된다. 2019년 기준 글로벌 시장에서 호텔이 OTA를 통해 벌어들이는 매출 비중은 평균 64%로, 체인 호텔처럼 직접 예약 시스템을 원활하게 구축할 수 없는 독립 호텔들의 OTA 의존도가 특히 더 높아지는 경향을 보였다. 모텔이나 펜션과 같은 독립 숙소들은 마케팅력의 부재와 느린 디지털 전환이라는 취약점이 있는데, 이를 겨냥해 성공을 거둔 업체가 바로 야놀자와 여기어때다. 야놀자의 경우 공급자가 부담하는 판매 수수료가 매출의 10%를 차지하고, 노출을 위한 광고료는 최저 45만 원부터 최고 500만 원에 달한다고 보도된 바 있다.[7]

그러나 공급자는 가장 많은 이용자를 보유한 플랫폼을 포기하기 어려우니 수수료나 광고비가 부담된다고 해도 쉽게 플랫폼을 떠날 수 없다. 그래서 공급자와 소비자(여행자)가 플랫폼 비즈니스의 본질과 고유의 특성을 제대로 파악해야만 이를 역으로 활용하여 자신의 효용을 높일 수 있다.

플랫폼의 영향력에만 의존하는 것에 위협을 느낀 숙박 업체들은 점차 D2C Direct to Consumer(직접 판매) 전략을 강화하고 있다. 따라서 소비자 입장에서는 호텔의 탐색과 발견에는 플랫폼이 압도적으로 편리하지만, 일단 마음에 드는 호텔을 찾았다면 최저가 객실이나 부가 서비스를 포함한 패키지 상품은 해당 호텔의 공식 홈페이지에서 체크하는 것이 좋다. 특히 국내 호텔의 경우 플랫폼에서는 객실만 판매하고 자사 홈페이지에서 객실과 조식, 액티비티 등을 묶은 패키지 상품을 별도로 판매하는 경우가 많다. 또 하나의 특이한 현상은, 팬데믹 기간에 인기를 끈 전국 각지의 독채형 숙소 중 일부러 플랫폼에 등록하지 않고 소셜미디어를 통해서만 사전 예약을 받는 케이스가 크게 늘어나고 있다는 것이다. 이제는 반드시 플랫폼에 등록해야 숙소의 존재를 알릴 수 있는 시대가 아니다. 최근 들어 인스타그램을 전략적으로 활용해 숙소의 오픈 준비 단계부터 미완성 상태의 숙소를 공개해 기대감을 불러일으킨 후, 잠재 고객이 모이면 사전 예약을 공지하고 고객을 유치하는 방식이 보편화되고 있다. 물론 이러한 방식은 인스타그램을 사용하지 않는 이들에게 너무 폐쇄적이고 손님을 가려 받는다는 비판을 받기도 한다. 하지만 숙소 주인의 입장에서는 자신의 운영 의도와 맞는 고객을 어느 정도 선별해서 받음으로써 컴플레인을 줄일 수 있고, 고객의 입장에서는 희소성 있는 숙박 경험을 할 수 있다는 장점이 있다.

이런 호텔 및 독립 숙소들의 전략은 숙박이 아닌 다른 분야의 여행 공급자도 벤치마킹할 필요가 있다. 특히 가이드 투어나 지역 특화 여행 상품을 판매하는 소규모 여행사들은 플랫폼 입점에만 집중하면 자체 홈페이지와 예약 시스템 구축에 소홀해질 수 있다. 그렇게 되면 해당 플랫폼이나 외부 환경의 변화에 취약한 사업 모델이 된다. 온라인상에서 소비자와의 관계를 꾸준히 관리하고, 기업이나 서비스의 브랜드 가치를 높여 경쟁자와의 차별성을 가지기 위한 전략을 만들어가야 하는 이유다. 또한 플랫폼 사업자들은 편리함과 효용을 무기로 부당한 시장을 형성하는 플랫폼을 소비자가 무비판적으로 애용하는 시절은 지나갔음을 인지해야 한다.

에어비앤비는 어떻게 코로나19 위기를 극복했을까?

코로나19 바이러스의 글로벌 확산이 가시화된 2020년 4월, 미국의 투어리즘 전문 매체 《스키프트Skift》와의 화상 인터뷰에 임한 에어비앤비의 CEO 브라이언 체스키Brian Chesky는 조금 지친 얼굴이었다. 당시 에어비앤비는 궁지에 몰려 있었다. 코로나19 사태가 일어난 직후인 3월 14일부터 5월 31일 사이에 숙박을 예약한 이들에게 전액 환불을 결정했고, 그로 인해 치명적인 타격을 입은 숙박 호스트들이 줄지어 이탈했으며 대규모의 직원 해고가 이어질 것이라는 보도가 쏟아지고 있었다. 인터뷰에서 체스키는 "나는 원래 부동산이나 여행 사업을 하려던 것이 아니었다"라고 털어놓았다. 그저 호텔의 대안을 제공하며 사람들을 연결하는 커뮤니티 사업을 하고 싶었다는 그의 말은 다소 궁색하게 들렸다. 호텔 업계의 파이를 빠르게 가져간 후 여행 사업으로 눈을 돌린 에어비앤비는 2016년 '체험experience'으로 사업을 확장했고, 겟유어가이드Get Your Guide와 같은 투어·액티비티 플랫폼과 경쟁 구도를 형성하며 강력한 여행 플랫폼이 되어가던 중이었다. 코로나19 사태 이전의 에어비앤비는 광고를 통해 '여행은 살아보는 것'이라며 여행의 정의를 내리기까지 하지 않았던가.

예상하지 못한 위기로 드러난 에어비앤비의 구조적 문제

체스키의 말처럼 에어비앤비는 정말 부동산 회사가 아니라 사람과 사람을 연결해주는 '커뮤니티'였을까? 2020년 4월 4일 영국의 《가디언》지는 에어비앤비의 위기가 코로나19 사태에 따른 외부적 요인들이 초래한 것만은 아니라는 사실을 지적했다. 영국의 많은 에어비앤비 호스트들이 담보대출로 주택을 임대해 숙박 영업을 해왔으며, 심지어 한 명의 임대업자가 무려 881채를 등록한 사례도 있었다.[8] 이렇게 에어비앤비를 단기 숙박업에 이용해온 호스트들은 2020년 5월까지의 숙박에 대한 100% 환불 정책에 강력하게 반발하며 호스팅을 중단하고 부동산 시장에 임대매물을 쏟아냈다. 현지인의 빈방이 아닌 임대업의 빈틈을 파고들어 수익을 극대화해온 기형적인 공급자 시장은 에어비앤비가 위기에 처하자 가장 먼저 축소됐다. 호스트의 대규모 이탈에 놀란 경영진이 월급까지 반납해가며 호스트 구호기금을 마련할 만큼 사태가 심각했다.

에어비앤비는 100% 환불을 통해 소비자에게 신뢰를 얻었지만, 호스트에게는 큰 손해를 입혔다. 매달 숙박객을 받아야만 담보대출금을 갚을 수 있는 호스트에게 구호기금으로 취소 비용의 25%를 보전해준다는 조치는 소 잃고 외양간 고치는 격이었다. 이는 소비자와 공급자 양측의 시장이 모두 효용을 얻어야만 성립되는 플랫폼 비즈니스의 한계를 보여준다. 게다가 일견 선해 보이는 '공유경제'의 선봉장에 자리한 에어비앤비의 공급 시장 역시 자본력에 따라 서열화되는 현상을 피할 수 없었다. 내 집의 빈 방을 빌려주는 것보다 예쁘게 꾸며놓은 원룸이 더 많은 여행자를 끌어모으자, 호스팅을 위해 부동산을 임대하는 공급자나 아예 숙박 업체가 대거 진입해 호텔과 다름없는 객실들을 입점시키기 시작했다. 이러한 공급 시장은 더 이상 잉여 자원을 '공유'한다고 보기 어렵다. 이렇게 에어비앤비 생태계에 오랫동안 내재되어 있던 구조적 문제는 코로나19 사태를 기점으로 적나라하게 수면 위로 떠올랐다.

그런데 그로부터 1년 반 정도의 시간이 지난 2021년 11월, 에어비앤비가 위기를 극복하고 완벽하게 부활한 듯한 모습을 보이며 세상의 이목을 끌었다. 2020년 상반기에는 7억 6,000만 달러(약 8,500억 원)의 영업손실을 기록했는데, 이후 전체 임직원의 25%에 해당하는 1,900여 명을 해고하는 결정을 내렸다. 이러한 비용 절감을 통해 2020년 3분기에는 2억 2,190만 달러(약 2,500억 원)의 흑자를 냈다. 이어서 같은 해 12월에는 불가능할 것으로 보였던 나스닥 상장에 성공하며 주식 시장에 데뷔했고, 2021년의 실적은 코로나19 사태 이전인 2019년을 뛰어넘었다. 에어비앤비의 2021년 2분기 매출은 13억 4,000만 달러로, 2020년 같은 기간의 약 네 배, 2019년보다는 약 10% 증가했다.[9] 에어비앤비는 어떻게 사상 최대의 위기를 떨쳐내고 새로운 시대를 리드하는 여행 플랫폼으로 거듭날 수 있었을까?

광고비 안 받고 주식은 나눠주고…
플랫폼의 새 역할을 제시하다

많은 매체들이 에어비앤비가 위기를 극복할 수 있었던 주요 비결로 데이터 기반의 의사 결정을 꼽는다. 실제로 에어비앤비는 팬데믹 이후 여행자들이 인파가 몰리는 도심과 관광 명소를 피해 인적이 드문 곳으로 뿔뿔이 흩어지는 현상을 '여행의 재분배 redistribution'로 정의하고, 변화하는 여행자들의 예약 행태를 꾸준히 업계와 공유하며 선도적인 역할을 자처했다. 영민하게도 에어비앤비는 인적이 뜸한 교외, 국립공원, 대자연 명소 등의 인근은 호텔 사업자가 이익을 낼 수 없는 지역이라서 개인이 운영하는 숙소를 찾을 수밖에 없다는 점을 파악해냈다. 뿐만 아니라 사회적 거리두기로 인해 여행자들은 호텔처럼 많은 사람들이 동시에 머무는 숙소를 피하고 함께 간 일행들끼리만 쓸 수 있는 '독채' 형태의 숙소를 선호하게 됐다. 에어비앤비는 독채·교외·장기 체류 숙소들의 리스트를 빠르게 늘려감으로써 팬데믹에 효과적으로 대처할 수 있었다.

하지만 2년 동안 에어비앤비의 동향을 꾸준히 짚어오면서 가장 인상 깊었던 지점은 따로 있다. 코로나19 사태 이전부터 내재되어 있던 공급자 시장의 문제를 인정하고 이를 개선하려는 태도를 보였다는 점이다. 에어비앤비는 중개 사업자일 뿐이기 때문에 시장 참여자라면 누구나 가질 수밖에 없는 '이익 최대화'의 욕망을 인위적인 정책 변경으로 쉽게 없앨 수 없다는 사실을 잘 알고 있었다. 그렇다면 에어비앤비가 선택한 솔루션은 무엇일까?

공유경제 플랫폼을 대표해왔지만 기존의 시장을 파괴하면서 새로운 시장을 만들어온 에어비앤비의 사업 방향을 따르자면 기존 정책의 빈틈을 악용하는 공급자의 발생을 막을 길이 없었다. 그래서 악성 공급자의 진입을 막는 대신 에어비앤비는 두 가지 관점에서 이 문제를 해결해나가고 있다. 하나는 공급자의 퀄리티를 높이는 것이다. 일례로 에어비앤비 코리아는 2021년부터 홈즈컴퍼니와 같은 생활형 숙박 시설 공급 업체부터 한옥 체험 프로그램을 운영하는 서울시까지 안정적인 숙소 운영이 가능한 여러 주체들과 적극적으로 제휴를 맺어왔다. 다른 하나는 기술과

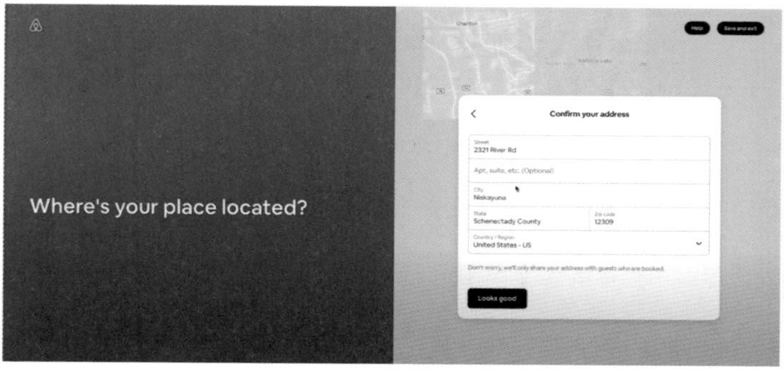

출처: 에어비앤비 공식 유튜브 채널

에어비앤비는 머신러닝 기술과 부동산 빅데이터를 활용해 호스트가 집 주소를 입력하면 해당 주택의 정보가 자동으로 입력되도록 함으로써 공급자의 진입 장벽을 낮췄다.

서비스 지원을 통해 지속적으로 호스팅의 문턱을 낮추는 것이다. 2021년 에어비앤비는 호스트가 숙소를 등록하는 과정을 대폭 간소화했다. 머신러닝 알고리즘이 도입된 에어비앤비의 숙소 등록 페이지에서는 호스트가 숙소의 이름과 설명을 제안받을 수 있다. 또한 공개된 부동산 데이터를 활용해 호스트가 집 주소만 입력하면 침실 수, 욕실 수 등의 정보가 자동으로 등록된다. 이처럼 에어비앤비는 악성 공급자를 차단하는 데 쓸 에너지를 디지털 취약계층이나 호스팅을 망설이던 잠재 공급자들의 진입 장벽을 낮추는 데 사용하며 더 다양한 공급자들이 시장에서 경쟁할 수 있는 환경을 조성했다. 이때 필요한 가치가 바로 '공정'이다.

그 밖에 에어비앤비의 정책 중 국내외 대표 여행 플랫폼들과 결정적인 차이를 보이는 것이 하나 있다. 호스트에게 검색광고 수수료를 일절 받지 않는 것이다. 이는 소비자의 검색 알고리즘이 '돈'이 아닌 '신뢰(누적 리뷰와 별점 등)'로 만들어진다는 것을 뜻한다. 익스피디아 그룹과 부킹닷컴을 비롯한 대다수의 여행 플랫폼에서는 검색 결과의 상단을 돈으로 살 수 있다. 그러나 에어비앤비에서는 '슈퍼 호스트', 즉 소비자에게 꾸준히 선택받으며 별점과 리뷰를 성실히 관리해온 호스트만이 검색에서 유리한 위치에 놓일 수 있다. 개인적으로는 이 지점이 에어비앤비가 미래 가치를 인정받는 핵심 요인이라고 본다. 미국의 브랜드 경험 분석가 조셉 미첼리Joseph Michelli는 저서 《에어비앤비, 브랜드 경험을 디자인하다》에서 에어비앤비는 처음부터 '자본주의를 민주화하고 플랫폼에 존재하는 모든 사람의 삶을 풍부하게 만들고 싶다'는 서비스 지향점을 가지고 있었다고 이야기했다. 지금 이 순간에도 에어비앤비는 스스로의 권력을 시장 참여자에게 지속적으로 나누어줌으로써 이전보다 더욱 영향력 있는 기업으로 나아가고 있다.

글로벌 여행 트렌드, 넷플릭스가 이끈다?
스크린 투어리즘

"록다운lockdown 직전에 처음으로 TV를 샀다. 그 TV는 내 여권보다 더 믿을 만한 장거리 여행 티켓이 되어주었다. (중략) 넷플릭스는 지금까지 내가 크게 관심을 두지 않았던 매혹적인 나라들로 나를 데려다주었다. 한국의 로맨스 드라마 〈사랑의 불시착〉은 첨단 기술의 도시 서울과 목가적인 풍경의 한가운데로 나를 데려갔고, 나는 완전히 중독되고 말았다. 이후 10개의 한국 드라마를 더 찾아서 보았다. 이 드라마들은 한국의 음식, 은어와 비속어, 밤풍경, 대중문화, 에티켓에 대한 충실한 가이드 역할을 했다. 지난 3개월 동안 이 단기 집중 코스를 거치며 서울은 나의 '팬데믹 이후 여행 위시 리스트' 목록 맨 위에 올랐다. 짜파구리와 붕어빵이

나를 기다리고 있다."

-《콘데 나스트 트래블러Conde Nast Traveler》 중동판 에디터 사라 칸Sarah Khan

넷플릭스가 여행 위시 리스트를 바꾼다?

2021년 8월, 미국의 여행 전문 매거진《콘데 나스트 트래블러》에는 '5명의 에디터들이 올해가 여행의 우선순위를 어떻게 바꾸었는지 이야기한다Five Editors on How This Year Has Changed Their Travel Priorities'라는 제목의 기사가 실렸다.[10] 이 기사에 참여한 5명의 에디터들은 '호텔에 다시 체크인하고 싶다', '한 번도 시도해보지 않았던 여행지로 향하고 싶다', '나를 좀 더 돌보는 여행을 해보고 싶다' 등 장장 15개월간의 팬데믹을 겪으며 가지게 된 여행에 대한 갈망을 풀어냈다. 그런데 마지막 에디터인 사라 칸은 '넷플릭스에서 받은 영감으로 여행을 계획하고 싶다'는 타이틀과 함께 서울이 자신의 최우선 여행지라고 밝혔다. 우리는 〈사랑의 불시착〉을 볼 때 오직 스토리에 집중하지만, 외국인의 시선에서는 스토리가 매력적이면 그 스토리의 '배경'까지 매력적으로 느껴진다. 특히나 그 스토리가 국가 고유의 문화적 코드를 담고 있다면 더욱 그렇다.

그로부터 두 달 뒤인 2021년 10월 기준 전 세계의 1억 4,200만 가구가 시청한 것으로 알려지며 넷플릭스 사상 가장 많은 시청자 수를 기록하게 된 넷플릭스 오리지널 드라마 〈오징어 게임〉은 세계 각국의 사람들이 여행 사이트의 검색창에 '한국'을 입력하도록 만들었다. 〈오징어 게임〉이 특별히 한국을 아름답게 소개하거나 긍정적으로 묘사한 것이 아니며, 심지어는 그 반대에 가까운데도 불구하고 말이다. 항공권 가격비교 서비스 카약Kayak은 〈오징어 게임〉이 릴리즈된 2021년 9월 17일 이후 한국행 항공권을 검색하는 영국인의 수가 50% 이상 급증했다고 발표했다.[11] 또한 구글의 검색 분석 도구인 구글 트렌드에서 10월 2주 차 검색 관심도 만점을 기록한 키워드는 다름 아닌 '제주도'였다. 〈오징어 게임〉 6화에 탈북자가 '가보고 싶은 여행지'로 해외 휴양지가 아닌 제주도를 꼽는 장면이 나왔기 때문이다.

2021년 9월, 유엔세계관광기구UNWTO, UN World Tourism Organization는 넷플릭스와 협력하여 관광 산업에 넷플릭스가 끼치는 영향력을 연구한 보고서를 내놓았다.[12] 이 보고서에서는 넷플릭스의 영향을 세 가지로 나누어 분석했는데 그 내용은 다음과 같다. 첫째, 다른 국가나 문화 관련 콘텐츠를 시청하는 이들이 해당 지역으로 여행할 가능성을 높인다. 둘째, 넷플릭스를 통해 이전에 몰랐던 타국의 콘텐츠를 접하고 나면 해당 국가에 대한 관심이 더 확장되는 경향을 보인다. 그 국가의 역사, 언어, 요리법, 현지인, 제품, 특정 도시의 랜드마크 등 다양한 키워드에 흥미를 가지게 되는 것이다. 이는 해당 국가에 대한 검색을 촉진하는 결과로 이어진다. 실제로 미식 테마의 넷플릭스 오리지널 다큐멘터리 〈필이 좋은 여행, 한입만!Somebody Feed Phil〉의 캐나다 몬트리올 편을 시청한 5개국 시청자들의 캐나다 미식 문화에 대한 관심도는 무려 78%나 높아졌다. 또한 넷플릭스의 일본어 콘텐츠에 노출된 사람들은 일본어 학습에 관심을 표현할 가능성이 여섯 배나 더 높았다. 셋째, 이러한 결과는 넷플릭스가 이전에 접해보지 않았던 국가와 문화에 대한 접근성을 높여 문화적인 동기를 가진 관광객을 촉진할 가능성을 시사한다. 또한 현지 문화를 전면에 반영한 영상 매체의 영향력은 단순히 여행을 넘어 유·무형 상품에 대한 새로운 수요를 만들어내고 해당 국가의 브랜드에 영향을 미친다.

영상 콘텐츠가 관광 산업에 미치는 영향력

스크린 투어리즘은 영화나 TV 프로그램 같은 영상 콘텐츠의 파급력이 목적지의 방문이나 추가 활동을 하는 데 동인이 되면서 형성된 관광 산업 분야다. 특정 영상 콘텐츠를 계기로 여행을 하게 된 전 세계 관광객은 지난 5년간 두 배로 늘었고, 2019년 기준으로 그 규모는 약 8,000만 명에 이르는 것으로 알려져 있다. 넷플릭스의 등장 이전에 스크린 투어리즘의 대표적인 사례로 언급되던 것은 뉴질랜드와 영화 〈반지의 제왕〉 시리즈다. 〈반지의 제왕〉 시리즈가 전 세계적인 인기를 모았던 2000년에서 2006년 사이에 뉴질랜드의 연간 방문객 수는 40%나 증가했다. 뉴질랜드 관광청은 2006년 《USA 투데이》와의 인터뷰에서 "이 영화는 뉴질랜드 역사상 최고의 무료 광고"라고 이야기한 데 이어, 2019년에도 "첫 시리즈가 개봉된 지 20년이 지났지만 지금도 뉴질랜드 방문객 5명 중 1명은 〈반지의 제왕〉 3부작을 방문 이유로 꼽는다"고 밝혔다.

지난 20년간 세계 40여 개국을 여행하고 취재해온 내게도 영상 콘텐츠가 여행의 일정에 절대적인 영향을 끼친 경험이 많이 있다. 2014년에 영국 런던에 갔을 때 여행 일정에 최우선순위로 넣은 곳은 대영 박물관이나 런던 아이London Eye가 아닌, BBC가 제작한 드라마 〈셜록〉의 다양한 굿즈들을 구매할 수 있는 셜록 홈즈 뮤지엄이었다. 그다음으로 향한 곳은 영화 〈해리 포터〉 시리즈에 등장하는 킹스크로스역인데, 역사 내에는 호그와트로 향하는 기차를 탈 수 있는 '9와 4분의 3 승강장'이 있다. 영화에서 카트가 벽을 통과하는 모습을 그대로 재현해두었다. 이 두 곳은 일반적인 관광 명소와는 조금 다르다. 셜록 홈즈 뮤지엄이 있는 베이커 스트리트는 평범한 런던의 어느 거리일 뿐이고, 킹스크로스역도 그저 인파로 붐비는 런던의 기차역 중 한 곳이다. 하지만 〈셜록〉과 〈해리 포터〉를 본 사람에게 이 두 장소는 유명 관광지보다 훨씬 중요한 위시 리스트가 된다. 실제로 〈해리 포터〉 시리즈의 마지막 편이 개봉된 2011년부터 2013년까지 영국에서는 관련 장소를 방문하는 여행자가 230%나 증가하는 등 열풍이 일었다.

출처: 셔터스톡

런던 킹스크로스역에 재현된 〈해리 포터〉 속 9와 4분의 3 승강장. 카트를 잡고 인증샷을 남기기 위해 수많은 여행자들이 이곳을 방문한다.

하지만 스크린 투어리즘의 부상에는 커다란 파급력만큼이나 오버 투어리즘(지역이 수용할 수 있는 규모를 넘어선 관광객들이 계속해서 찾아올 때 발생하는 사회적 부작용)에 대한 우려도 뒤따른다. 크로아티아의 두브로브니크는 미국 HBO에서 방영된 드라마 〈왕좌의 게임〉 시리즈의 배경으로 등장한 이후 4년 동안 관광 산업이 무려 38% 가까이 성장했는데, 시리즈가 끝난 후에도 증가세가 멈추지 않았다. 이처럼 급격히 늘어난 관광객의 수요는 두브로브니크의 도시 혼잡도를 가중시켰고, 지역 고유의 생태계와 문화유산을 파괴하여 스크린 투어리즘이 부정적 영향을 미친 사례로 회자되곤 한다.

또 다른 사례로는 프랑스가 있다. 프랑스를 배경으로 한 넷플릭스 오리지널 시리즈 〈에밀리, 파리에 가다Emily In Paris〉, 〈뤼팽Lupine〉, 〈마르세유Marseille〉가 연달아 인기를 끌면서, 해당 시리즈에 등장한 특정 지역들에 많은 관광객이 몰려들었다. 특히 2021년 상반기 〈뤼팽〉이 공개된 후 드라마에 등장한 노르망디의 작은 마을 에트르타Etretat의 방문객 수는 2020년 같은 기간 대비 2021년에 약 21% 증가했다. 문제는 이 마을에 방문한 수천 명의 관광객들이 전부 드라마의 한 에피소드에 나온 에트르타 절벽에 올라가는 바람에 지반 침식이 가속화되고 있다는 것이다. 이 침식을 자연 상태로 되돌리기 위해서는 최대 5년간 절벽을 봉쇄해야 할 위기에 놓였다. 모네의 그림에 등장해 원래 유명했던 절벽이지만,

주변에 쓰레기가 넘쳐나고 불법 주차된 차량들도 크게 늘어나는 등 전형적인 오버 투어리즘에 몸살을 앓게 됐다.[13]

넷플릭스 측에서는 창조 산업과 문화 교류, 스토리텔링과 관광은 유기적으로 연결되어 있으며 인류가 서로를 인식하고 연결하는 방식이 미디어 콘텐츠를 통해 긍정적으로 변화하고 있다고 주장한다. 하지만 많은 사람들이 동일한 콘텐츠를 소비하게 됐을 때 필연적으로 나타나는 오버 투어리즘의 가능성은 놓쳐서는 안 될 주제다. 나아가 미디어 산업에 투자할 자본이 많은 선진국이 그렇지 않은 나라들에 비해 자국을 전 세계에 알리고 선전하는 데 더 유리하다는 사실 또한 반드시 생각해봐야 한다.

워케이션부터 주거 구독까지, 일과 여행의 흐릿해진 경계

2022년 1월, 에어비앤비의 CEO 브라이언 체스키가 자신의 트위터에 '오늘부터 2주씩 다른 도시와 타운의 에어비앤비로 옮겨다니며 원격근무를 하겠다'라는 글을 올려 세계의 이목을 끌었다. 그로부터 3개월 뒤, 에어비앤비는 CEO뿐 아니라 전 직원이 자신이 근무하는 국가 내 어디서든 일할 수 있는 새로운 근무 체계를 도입하고 나아가 2022년 9월부터는 전 직원이 170개 이상의 나라에서 연간 최대 90일 동안 머물며 일할 수 있게 하겠다고 발표했다. 에어비앤비는 왜 직원들에게 원격근무와 체류형 여행을 장려하도록 근무 시스템을 바꾼 것일까?

재택근무가 만들어내는 새로운 여행의 방식

에어비앤비는 2021년부터 전 세계에서 장기 투숙을 예약하는 사용자가 확연히 늘어나는 현상에 주목해왔다. 2021년 하반기 기준으로 글로벌 예약자 중 20%가 한 달 이상의 장기 예약을 선택했으며, 일주일 이상의 예약을 선택한 예약자는 50%에 가까웠다. 재택근무의 장기화와 함께 점점 더 많은 사람들이 답답한 도심을 떠나 숲, 바다 등 휴가지에 머물며 일을 병행하는 워케이션 work + vacation을 지향하고 있는 것이다. 물론, 코로나19 사태 이전에도 '한 달 살기'라고 불리는 체류형 여행이 있었지만, 워케이션은 일과 여행을 분리하지 않고 근무 형태와 위치를 바꾼다는 점에서 여행이 주가 되는 한 달 살기와 차이가 있다. 워케이션은 집이 아닌 곳에 살면서 일과 여행을 함께 하는 새로운 삶의 방식이다. 에어비앤비는 이 새로운 여행 시장을 선점하기 위해 전 직원이 이를 직접 경험해보게끔 근무 시스템을 혁신함으로써 서비스의 품질을 개선하고 발전시키려는 것이다.

워케이션 트렌드는 리오프닝 이후의 여행 소비를 이끌 것으로 전망되고 있다. 미국의 직장인을 대상으로 2022년 2월 진행된 한 설문 조사에 따르면 응답자의 60%가 팬데믹이 끝나도 재택근무를 유지하기를 희망하는 것으로 나타났다.[14] 출퇴근의 고통 대신 일하는 장소의 자유를 경험한 재택근무자들은 팬데믹이 끝나면 집이 아닌 다양한 장소들에서 일할 수 있기를 기대하고 있다. 기업도 이러한 변화를 수용하는 모습이다. 빅테크 기업들은 영구적으로 주 1~2회의 재택근무를 허용하는 식으로 근무 제도를 바꾸고 있으며, 심지어 가장 보수적인 근무 환경을 요하는 뉴욕 월스트리트에서도 영구적인 재택근무를 부분 허용하겠다는 입장을 밝혔다.[15] 한국에서 이러한 시도를 한 첫 사례는 네이버의 자회사인 라인플러스로, 2022년 7월부터 재택근무 장소의 국가 제한을 없애 해외에서의 원격근무도 허용하겠다고 밝혔다.

특히 소비 변화의 관점에서 워케이션 트렌드에 주목해야 하는 이유는 기존의 레저 여행자와는 소비의 기준이 다르기 때문이다. 워케이션 소비자가 숙소를 고를 때는 침대의 크기보다 콘센트 위치나 무선 인터넷 속도가 더 중요할 수 있고, 화려한 조식 뷔페보다 코워킹 라운지의 접근성과 커피의 맛을 더 고려할 수 있다. 이러한 워케이션 소비자의 출현은 이미 기존의 호텔 산업 곳곳에도 변화를 가져오는 중이다. 국내 대형 호텔들은 라운지나 비즈니스 센터 이용권 등을 포함한 워케이션 전용 숙박 패키지를 앞다투어 선보이고 있다. 신라호텔은 2021년 4분기 흑자 전환의 주요 요인으로, 워케이션 수요 증가로 늘어난 장기 체류 고객층을 꼽았다.[16] 아예 워케이션에 최적화된 숙소와 여행 상품도 새롭게 탄생하고 있다. 제주의 워케이션 숙소로 지점을 넓혀가고 있는 '오피스', 강릉의 워케이션 프로그램 '일로오션' 등이 그 대표 주자로 꼽힌다.

미국에서는 일과 여행을 함께 하는 여행자를 겨냥한 신개념 호텔 브랜드 셀리나Selina가 팬데믹 기간에 빠른 성장세를 보였다. 위워크의 창업자 애덤 뉴먼Adam Neumann이 초기 투자자로 참여한 것으로도 유명한 셀리나는 2015년 파나마에 첫 호텔을 연 이후 북미, 남미, 유럽 및 중동 전역에 134개의 체인을 세우며 사업을 확장했다. 셀리나가 설정한 고객 페르소나는 '라틴아메리카 출신으로 전 세계를 여행하는 29살의 모험적인 여성, 셀리나'로, 여행하며 일도 하는 이들에게 필요한 호텔과 코워킹 스페이스co-working space, 지역 커뮤니티 체험의 결합 모델을 제안한다. 팬데믹 이후 미국 기업의 66%가 재택근무를 채택하면서 디지털 노마드 시장이 급격하게 성장했고, 셀리나는 이 기회를 놓치지 않았다. 원격근무자를 위한 여행 프로그램 개발 업체 리모트 이어Remote Year를 인수해 타깃 고객을 흡수한 데 이어, '패스포트passport'와 같은 구독형 요금제를 출시하는 등 변화된 여행 트렌드에 신속하게 대응했다. 나아가 2022년 상반기 중에 뉴욕증권거래소 상장을 목표로 IPOInitial Public Offering(기업공개)를 추진하고 있다.

지금보다 재택근무나 원격근무의 비중이 더 높아지면 우리가 살아가는 방식 자체가 통째로 바뀔 수도 있다. 예를 들어 봄에는 남해, 가을에는 평창에서 살면서 일하는 삶이 가능해진다면, 우리의 삶의 질은 또 어떻게 달라질까? 일본에서는 이러한 라이프스타일이 이미 현실화되는 중이다. 2019년 창업한 일본의 아도

출처: 셀리나

전 세계의 젊은 디지털 노마드를 타깃으로 자유롭고 감각적인 분위기의 호텔과 코워킹 스페이스, 체험 프로그램을 함께 제공하는 셀리나.

레스ADDress는 매월 정해진 비용만 지불하면 여러 지역을 옮겨 다니며 거주할 수 있는 '다거점 주거 구독'의 시발점이 된 서비스다. 아도레스는 폐업하여 빈집이 된 전국 각지의 숙소를 전문가들이 새롭게 리노베이션하고, 정기구독 회원들에게 제공한다. 한 달에 4만 엔(약 45만 원)을 내면 일본 전역에 있는 50곳 이상의 주택들 중 원하는 곳을 골라 원하는 기간 동안 머물 수 있다.

아도레스가 성공을 거두자 경쟁사들이 속속 등장하기 시작했는데, 그중 가장 대표적인 곳은 하프HafH, Home away from Home다. 하프는 3성급 부티크 호텔, 도심형 비즈니스 호텔, 게스트하우스 등 일본 전역에 있는 950개 이상의 숙박 업체와 제휴하여 호텔 구독 서비스를 운영하고 있다. 월 8만 2,000엔을 내면 한 달 내내 무제한으로 원하는 호텔에서 투숙이 가능하다. 출판사 편집자로 근무하는 25세 여성 유이 마츠모토 씨는 하프의 사용기를 꾸준히 블로그에 올리는 사용자 중 한 명이다. 그녀는 호텔 구독 서비스의 가장 좋은 점으로 '눈앞의 과제에만 집중할 수 있다'는 점을 꼽았다.[17] 일상적인 할 일들이 쌓여 있는 집과 달리 간소한 호텔 객실에서는 매일의 고민을 차분히 돌아보거나 여유를 가지고 더 멀리까지 생각해볼 수 있다. 또한 자신이 사는 도시를 새로운 시각으로 바라보면서 의식주에 가벼운 변화를 주기도 쉬워진다. 하프는 이러한 사용자의 피드백을 통해 요금제를 지속적으로 세분화하고 있다. 무제한 요금제 외에도 2,980엔에 1박을 묵을 수 있는 라이트 요금제부터 3만 800엔으로 총 10박을 투숙할 수 있는 프리미엄 요금제까지 선보였다. 한 달 내내 호텔에서 살고 싶은 사람이 있는 한편, 하루에서 열흘 정도만 호텔에 머물며 일상을 리프레시하고 싶은 사람도 있다는 것을 알게 됐기 때문이다.

한국의 한 달 살기 예약 플랫폼 리브 애니웨어는 월 단위 임대가 가능한 숙박 시설을 체류형 여행자와 연결해준다. 2020년 창업한 이후 1년 만에 앱 다운로드 수 30만 건 돌파, 시리즈A 투자 유치 등 빠르게 성장하고 있다. 국내 여행자들이 한 달 살이에 알맞은 숙소만을 손쉽게 찾고 계약까지 안전하게 맺을 수 있는 플랫폼이 없다는 틈새를 겨냥한 점이 주효했다. 리브 애니웨어는 전자임대차계약서로 호스트의 신분을 보증하며 신용카드 등으로 편리한 결제가 가능하다. 최소 6박부터 예약을 받지만 주로 월 단위로 계약할 수 있는 집들을 많이 확보하고 있어, 직방이나 에어비앤비에서도 해결하지 못하는 장기 체류 숙박 예약에 최적화됐다는 평가를 받고 있다.

일과 여행의 결합, 여행지 선택의 기준을 바꾸다

2021년 2월 1일, 북대서양의 작은 섬마을이 6개월간 새로운 이름을 쓰기로 결정했다. 포르투갈령 마데이라 제도에 세계 최초의 디지털 노마드 전용 마을, '디지털 노마드 마데이라 아일랜드 Digital Nomads Madeira Islands'가 탄생하는 순간이었다. 아쉽게도 당초

출처: 디지털 노마드 마데이라 아일랜드 공식 페이스북

세계 최초의 디지털 노마드 전용 마을, '디지털 노마드 마데이라 아일랜드'. 이곳을 방문한 디지털 노마드들은 아름다운 자연환경 속에서 일과 여가를 모두 즐길 수 있다.

100명으로 시작하려던 이 프로젝트는 하루 평균 1만 5,000여 명의 감염자가 발생하던 포르투갈의 코로나19 상황 탓에 미처 정원을 다 채우지 못하고 출범해야 했다. 그로부터 9개월이 흐른 뒤, 마데이라 제도는 디지털 노마드의 새로운 성지로 거듭났다. 전 세계 106개국에서 9,200명이 마데이라 제도에서의 원격근무를 신청했으며 그중 3,500명은 실제로 방문해 원격근무와 여행을 경험하고 돌아갔다. 천혜의 바다가 펼쳐진 자연환경, 사회적 거리두기가 가능한 외딴 마을에 갖춰진 무료 사무공간, 1박에 최저 50유로부터 시작하는 저렴한 숙박 비용 등 일과 여행을 함께 할 수 있는 최적의 조건을 갖춘 덕이었다. 이 프로젝트의 규모는 크게 확장됐고, 포르투갈 정부는 이들 섬을 활용한 스타트업 육성 및 원격근무 사업을 최소 2024년까지 연장 운영할 계획이라고 밝혔다.

코로나19 사태 이전의 관광 산업이 양적 성장과 오버 투어리즘을 동시에 불러왔다면, 이제는 세계 각국이 좀 더 '양질'의 여행자, 즉 오래 머물면서 로컬 문화를 존중하고 현지 경제에 기여할 수 있는 여행자를 유치하는 데 관심을 가지게 됐다. 이에 따라 원격근무와 여행을 한꺼번에 하려는 디지털 노마드가 여행 산업이 새롭게 주목해야 할 강력한 소비자군으로 떠오르고 있다. 이 새로운 시장을 잡기 위해 먼저 움직이기 시작한 유럽 국가가 에스토니아와 크로아티아다. 에스토니아는 이미 국가적으로 디지털 혁신을 전면에 내세우며 외국인이 자유롭게 법인을 설립할 수 있는 전자시민권 제도 '이레지던시e-Residency'를 운영해왔다. 이어서 2020년 7월에는 디지털 노마드 비자를 발빠르게 선보이며 전 세계 체류 여행자들을 불러들이기 시작했으며, 2021년 상반기부터 크로아티아 역시 디지털 노마드 비자 제도를 도입했다. 코로나19 사태의 발생 이후 관광 목적의 외국인 입국을 전면 제한했던 크로아티아가 디지털 노마드 비자를 받은 외국인에게는 입국을 허용한 것이다. 두 나라의 비자 발급 조건은 비슷한데, 신청 전 6개월 동안 월평균 3,500유로(약 400만 원) 이상의 소득을 증명해야 한다. 그렇다면 크로아티아와 에스토니아는 왜 일정한 소득을 올리는 외국인들의 유치에 적극적으로 나선 걸까? 100% 원격근무가 가능한 업종은 IT 기술 분야인 경우가 많고, 해당 업종 종사자는 고소득자일 확률이 높다. 게다가 수입원이 국외에 있기 때문에 자국의 고용에 해를 끼치지 않으면서 소비 창출에는 기여한다. 그러니 세계 각국에서 고소득 원격근무자의 중장기 체류가 자국 경제에 미치는 파급력에 주목하는 것은 당연한 현상이다.

일과 여행을 함께 하려는 사람들은 어떤 기준으로 여행지를 선택할까? 디지털 노마드 전문 블로그 '노마드걸'에서 디지털 노마드 비자 발급 국가 34개국 중 가장 매력적인 체류지 1위로 선정한 곳은 조지아다.[18] 조지아는 '리모틀리 프롬 조지아Remotely From Georgia'라는 원격근무 프로그램을 운영하는데, 월 2,000달러 정도의 소득을 증명하면 최대 1년까지 머물 수 있다. 전 세계의 생활비 지수를 측정하는 눔베오Numbeo 순위에 따르면 조지아는 139개국 중 125위로, 유럽의 어떤 국가보다도 저렴한 생활 물가를 자랑한다. 참고로 같은 순위에서 한국은 20위에 랭크됐다.[19] 한 설문 조사에서는 전 세계 디지털 노마드의 수를 총 3,500만 명으로 추정하며, 그들이 체류지를 선택하는 가장 중요한 기준으로 생활비와 인터넷 속도를 꼽은 것 또한 비슷한 맥락에서 이해할 수 있다. 그 밖의 주요 기준으로는 범죄와 환경 등의 안전 문제, 산이나 바다 같은 아웃도어 활동의 접근성, 비자 발급의 편의성 등이 언급됐다.[20] 이를 토대로 체류형 여행자나 디지털 노마드에게는 유명 장소 위주의 관광 마케팅이 그다지 유효하지 않을 것임을 유추해볼 수 있다. 그보다는 '당신이 지금 살고 있는 나라보다 더 나은 삶을 선사하겠다'는 메시지를 던지는 나라가 더욱 매력적으로 다가갈 것이다.

정리해보면, 앞으로 뚜렷하게 나타날 여행 행태의 변화는 바로 '선택의 기준'의 변화다. 그동안 랜드마크나 문화 명소 등 소위 '관광 인프라'를 잘 갖춘 나라들이 많은 관광객을 불러모을 수 있었다면, 이제는 중장기 체류부터 단기 방문, 워케이션 등 다채로워진 여행 목적에 빠르게 대응하며 생활과 안전을 보장하는 나라들이 선택의 우선순위에 오를 새로운 가능성이 열리고 있다.

위기에 빠진 여행의 미래를 구한 어느 20대 혁신가의 도전

초등학교 2학년 때 아버지를 따라 미국 횡단 여행을 떠난 일본인 소녀는 "장소를 옮길 때마다 경치도 문화도 바뀌는데, 왜 호텔은 죄다 똑같이 생겼을까?"라는 의문을 갖게 됐다. 일본에 돌아와서도 천편일률적인 호텔 문화를 경험하면서 새로운 호텔을 만들고 싶다는 꿈을 꾸게 된 소녀는 19세가 된 2015년에 어머니를 설득해 홋카이도 후라노富良野의 작은 펜션을 상속받았고, 이를 자신만의 스타일로 리뉴얼한 쁘띠 호텔 멜론 후라노petit-hotel #MELON Furano를 열게 된다. 그리고 불과 6년 후, 그녀는 코로나19 사태로 초토화된 일본의 호텔과 여행 업계를 다양한 방식으로 활성화시키며 일본의 여행 혁신가로 우뚝 섰다. 20대의 젊은 나이에 5개의 호텔을 세우고 호텔 회사 L&G 글로벌 비즈니스(이하 L&G)를 운영하는 CEO로 거듭난 류자키 쇼코龍崎翔子의 이야기다.

호텔리어를 꿈꾸던 소녀, 위기의 호텔 업계를 구하기까지

류자키 쇼코의 호텔 회사 L&G의 본격적인 시작은 자체적인 체인 브랜드 호텔 쉬Hotel She의 탄생부터다. 기존의 일본 호텔 업계에 만연했던 원칙을 깨고 개성 넘치는 정체성을 선보이며 주목받은 호텔 쉬는 2016년 교토와 2017년 오사카에 연달아 체인을 론칭하며 차근차근 성장해갔다. 한때 항구로 번성했지만 지금은 다소 쇠퇴한 오사카의 벤텐초역 부근에 자리 잡은 호텔 쉬 오사카는 동네가 가진 특유의 아날로그 분위기를 캐치해서 호텔 전체에 감각적으로 덧입혔다. 전 객실에 LP 플레이어를 설치했고, 1층에는 공유 주방과 라운지를 마련해 여행자들이 서로 교류할 수 있도록 유도했다. 대표와 직원이 모두 20대의 젊은이로 구성된 만큼 발 빠르게 지역 기반의 예술가와 협업하여 흥미로운 문화 행사를 끊임없이 열었다. 그러나 여기까지는 지역 기반으로 성장하는 독립 호텔 회사의 전형적인 행보다.

코로나19 바이러스가 세계를 강타한 2020년 4월, 일본의 관광 업계는 패닉에 빠졌다. 큰 관광 매출을 기대했던 도쿄 올림픽이 1년 연기되면서 해외 입국 수요는 전무하다시피 했으며, 내수 시장을 견인하는 벚꽃 축제도 전면 중단되어 많은 숙박업소가 폐업의 기로에 놓였다. 교토 숙박업소의 40%가 전년 대비 80%의 수입 감소에 직면하고 오사카에서는 호텔 가동률이 기존의 20~30% 수준으로 줄어드는 등 상황은 심각했다.[21] 그나마 자본과 인력을 바탕으로 대책을 세울 수 있는 대형 체인 호텔에 비해 작은 호텔들은 외부 위기에 훨씬 취약할 수밖에 없다. 독립 호텔 브랜드를 운영하던 류자키 쇼코는 이 위기가 자신만이 아닌 일본 전역의 소규모 숙박 업체가 공통으로 처한 문제라고 인식했다. 그리고 자가 격리 및 임시 피난처가 필요한 사람과 격리 수용이 가능한 호텔을 연결해주는 플랫폼 호텔 셸터Hotel Shelter를 고안해 냈다. 그녀는 아이디어를 창안한 지 열흘 만에 플랫폼을 완성했고, 플랫폼을 오픈한 후 무려 150개의 호텔들이 이곳에 모여들었다. 1996년생의 젊은 창업가 한 명이 일본 관광 업계 전체에 영향력을 끼친 방식은 실로 민첩하고 스마트했다.

이 과정에서 쇼코는 소규모 호텔들의 취약한 생존 구조가 단지 코로나19 바이러스 탓이 아니며, OTA에 대한 의존도가 높고 자체 홍보를 하기 어렵기 때문이라는 본질적인 문제에도 주목했다. 그리고 부티크 호텔 브랜드를 기획하고 운영하면서 기발한 콘텐츠 마케팅으로 호응을 얻었던 경험을 바탕으로 호텔의 D2C 판매를 대행해주는 스토리텔링 기반의 숙박 플랫폼 칠린CHILL'NN을 론칭했다. 다시 말해 호텔 기업이 OTA에 해당하는 중개 플랫폼을 직접 만든 것이다. 칠린은 단 6개월 만에 일본 전역에 있는 호텔 350여 개를 입점시키며 라쿠텐, 자란 등 메이저 호텔 플랫폼의 강력한 대안으로 떠올랐다. 쇼코는 관광 컨설팅 업체 수이세이SUISEI inc.도 설립해 지자체의 신규 브랜딩과 관광 활성화에 기여하고 있다. 수이세이는 지역의 유휴 시설이나 상업 공간을 개발하고, 브랜딩부터 관광 프로모션까지 일련의 서비스를 원스톱으로 제공하며 총체적인 관광 브랜드 컨설팅을 수행한다.

류자키 쇼코의 프로젝트 중 개인적으로 인상적이었던 것은 온라인 관광 아카데미 '썸웨어Somewhere'다. 코로나19 사태로 위기에 빠진 관광 업계에는 이전과는 다른 경쟁력과 트렌디한 지식이 필요하다. 그런데 이를 제공하는 곳이 없으니 직접 나서서 누구보다 빠르게 교육 프로그램을 만들었다는 점에서 특유의 추진력이 돋보였다. 그녀는 자신이 졸업한 교토대학교를 비롯해 각종 유관 기관들과 협업하여 '새로운 호텔 개론', '관광 사업 전략론', '관광 인재 육성 강좌' 등의 과정을 개설하고, 침체에 빠진 관광 산업에 필요한 인재를 양성하기 시작했다.

세상에 없던 여행 회사에서 발견한 세 가지 인사이트

20대 CEO가 이끄는 L&G의 끝없는 도전에서 앞으로의 여행이 어디로 향하고 있는지에 대한 흥미로운 인사이트를 얻을 수 있다. 첫 번째로 눈여겨봐야 할 점은 숙박 시설을 검색하고 선택하는 새로운 기준이 탄생하고 있다는 것이다. 지난 20년간 부킹닷컴과 익스피디아를 위시한 주류 OTA들은 호텔을 지역, 가격, 등급 등에 따라 기계적으로 검색해 보여주는 방식에서 벗어나지 않았다. 일본 최대 OTA인 자란넷jalan.net에서도 소비자는 숙박 패키지(일본에서는 '플랜'이라고 한다)의 종류를 고르는 것 빼고는 각 호텔의 특성을 확인할 수 없다. 호텔의 개성과 아름다움이 저마다 다름에도 기존 플랫폼들은 일률적인 틀 안에서 무미건조하게 보여줄 뿐 이를 제대로 살리지 못하고 있다. 앞에서 소개한 L&G의 칠린은 이러한 기존 OTA와 정반대로 포지셔닝한 콘텐츠 기반의 여행 예약 플랫폼이다.

팬데믹을 겪으면서 사람들이 숙박 시설을 찾는 목적과 방식, 기준이 모두 달라졌다. 류자키 쇼코는 바로 이 지점에 주목했다. 칠린이 호텔을 분류하고 보여주는 기준은 가격이나 등급이 아니라 고객의 효용성과 여행 목적이다. 예를 들어 '#조용한 공간', '#눈이 즐거워지는 식사', '#오래된 느낌' 등의 해시태그를 클릭하면 해당 해시태그가 등록된 호텔들을 모아서 살펴보고 마음에 드는 호텔을 고를 수 있다. 인스타그램에 익숙한 2030세대가 해시태그를 검색 도구로 즐겨 사용하는 것을 반영한 방식이다. 숙박 업체들이 각자의 개성과 스토리를 충분히 보여줄 수 있도록 숙박 상품 상세 페이지의 편집 기능을 편리하게 구축한 점 역시 칠린의 특징 중 하나다. 전문적인 기술이나 노하우를 갖추기 어려운 작은 호텔이나 료칸들도 칠린의 편집 기능을 직접 활용해 세련

출처: chillnn.com

기존 OTA들과 다르게 여행의 목적에 따른 구체적이고 세분화된 검색이 가능한 칠린. 예를 들어 '#눈이 즐거워지는 식사'를 선택하면 미식을 즐길 수 있는 일본 각지의 숙소를 제안해준다.

된 디자인의 웹사이트에 차별화된 콘텐츠를 선보이고 고객을 끌어당길 수 있다. 요금제도 다르다. 기존 OTA들이 판매 수수료를 책정하여 숙박 업체들에게 부과했던 것과 달리, 칠린은 호스팅을 대행해주는 대가(일종의 회원비)로 매월 1만 엔을 받고 판매 수수료는 종량제(숙박 요금의 3%)와 정액제(월 9,800엔 고정액) 중 각 업체에게 유리한 것을 선택할 수 있도록 했다.

두 번째로 주목할 점은 호텔을 일종의 '미디어'로 바라보는 새로운 시각이다. L&G의 사업 영역은 기존 호텔 업체와는 전혀 다른데, 이러한 혁신이 가능한 이유는 기성세대와는 완전히 다른 관점에서 호텔을 바라보기 때문이다. 호텔 운영사가 호텔 OTA를 만들어 다른 호텔들을 입점시키고 함께 성장하려는 시도는 세계적으로도 유사한 사례를 찾기 어렵다. 쇼코는 호텔이 숙박 서비스에서 탈피하여 공간 기반의 종합적인 엔터테인먼트를 제공하는 미디어로서 기능해야만 경쟁력이 있다고 본다. '호텔은 미디어다'라는 L&G의 독특한 철학은 그동안의 호텔 업계가 지점 수를 늘려 체인화하는 방식으로 성장을 도모하던 것을 답습하지 않고, 칠린과 같은 플랫폼 비즈니스를 통해 안정적인 수익을 창출하는 동시에 과감하고 실험적인 프로젝트에 거침없이 도전할 수 있는 원동력이 됐다.

L&G는 2020년부터 '토마레루엔케키泊まれる演劇(묵을 수 있는 연극)'라는 프로젝트를 시작했다. 2030세대가 여행을 하는 중요한 목적이 '몰입형 경험'이라는 점에서 착안한 것으로, 투숙객이 가상의 이야기에 참여하게 만드는 새로운 유형의 여행 상품이다. 마치 호텔에서 방탈출 게임을 즐기는 것과 비슷하다. 이는 호텔을 새롭게 바라봤기에 가능했던 시도다. 팬데믹 기간에는 화상회의 플랫폼 줌zoom을 활용해 고객이 스토리에 참여할 수 있는 온라인 호텔 연극 상품을 내놓기도 했다. 이러한 몰입형 경험 상품은 고객이 호텔에 와야만 하는 이유를 만들어주어 일반 숙박료보다 높은 가격을 책정할 수 있고, 엔터테인먼트 산업과 자유자재로 협업할 수 있는 선도 사례가 된다. 실제로 호텔 쉬 오사카는 2021년에 일본의 가수 시럽SIRUP과 협업하여 새 앨범 〈cure〉에 수록된 12곡의 세계관을 각각 12개 객실에 구현하고 라이브 공연

을 진행하기도 했다. 직원이 65명뿐인 호텔 회사가 이렇게 다양한 분야의 일을 기획해낸다는 것이 놀라울 따름이다. 더불어 위드 코로나 시기를 지나온 젊은 세대가 만들어낸 혁신적인 여행을 체험할 순간이 벌써부터 기다려진다.

투어와 액티비티,
여행의 새로운 목적으로 부상하다

지난 10여 년간 여행 산업이 격변하고 있는 가운데 새롭게 등장한 카테고리가 있다. 바로 항공과 호텔에 이어 '제3의 산업'으로 불리는 투어와 액티비티tours & activities다. 교통과 숙박을 개별로 예약하는 자유여행이 대세가 되면서 '여행지에서 무엇을 할 것인가'가 화두로 떠오른 것이다. 문화, 레저 등 다양한 분야를 아우르는 일체의 활동을 의미하는 액티비티는 그 자체로 여행의 목적이 됐다. 여행에서 액티비티가 중요해진 것은 MZ세대가 여행 산업의 최대 소비자로 부상하면서부터다. 이들은 장소 위주의 관광을 '경험' 중심의 여행으로 이동시켰고, 덕분에 액티비티 분야가 급속도로 성장할 수 있었다. 세계 최대의 여행 커뮤니티 서비스 트립어드바이저는 이 시장을 선점하기 위해 2014년에 액티비티 플랫폼 비아터viator를 인수했고, 2016년에는 세계 최대의 숙박 공유 플랫폼 에어비앤비가 '체험' 카테고리를 신설했다. 이제 액티비티는 경험지향적인 소비 트렌드를 설명하는 주요 키워드가 됐으며, 코로나19 바이러스의 확산세가 잦아든 후에도 액티비티 시장은 꾸준히 커지고 있다. 실제로 에어비앤비는 2021년의 아웃도어 관련 온라인 체험 예약률이 2020년 4분기보다 130% 증가했다고 밝혔다.[22] 그렇다면 코로나19 사태가 완전히 종결되고 났을 때 액티비티는 여행의 목적을 어떻게 바꾸게 될까?

세계 각국의 여행 회복을 견인하는 액티비티 여행

여행 업계에서는 액티비티를 중심으로 한 관광 산업을 '어드벤처 투어리즘Adventure Tourism'이라고 구분하여 지칭하기도 한다. 이 분야는 세계가 팬데믹에 빠지기 전까지 글로벌 여행 산업에서 지속적이면서도 빠르게 성장해왔고, 유엔세계관광기구에 따르면 2019년에는 2018년 대비 5%의 성장률을 보였다. 코로나19 사태 직후인 2020년, 전체 여행 시장은 크게 축소됐으나 세계 각국이 자국 내의 액티비티 여행 상품을 활발하게 개발하면서 경험과 활동 중심의 여행은 빠른 속도로 회복되는 중이다.

트립어드바이저의 2021년 2분기 실적을 보면 이 회복세를 분명히 알 수 있다. 트립어드바이저의 액티비티 분야를 포괄하는

'익스페리언스&다이닝' 부문 매출은 6,800만 달러로, 2020년 대비 386%나 증가했는데,[23] 전년 대비 매출 증가세가 가장 큰 카테고리다. 물론 2019년과 비교하면 동일 분기 수익의 54%로 아직 절반 정도 회복한 수준이지만, 국내 활동에 대한 지출은 업계의 예상보다 빠르게 증가하고 있다. 이러한 증가세는 기존에 액티비티와 투어를 공급하던 여행사들이 혁신적인 액티비티 여행 상품을 내놓으면서 견인하고 있다. 1962년 창업해 체험과 액티비티를 럭셔리 여행 시장에 도입하며 선구자적 역할을 한 여행사 아베크롬비앤켄트는 코로나19 사태 이후에도 액티비티 상품의 혁신을 주도하고 있다. 코로나19 바이러스의 확산세가 심각했던 2020년 5월, 아베크롬비앤켄트는 모험 활동을 기반으로 한 6개의 여행 상품과 2개의 미국 내 로드트립 상품을 추가하면서 '개인화된 야외 액티비티'를 여행 상품의 매력적인 셀링 포인트로 만드는 대담함을 보여주었다. 알래스카에서 야생동물 체험 활동을 하거나 미국 전역의 국립공원을 둘러보는 로드트립 등 거리두기를 유지하면서 즐길 수 있는 색다른 액티비티 여행 상품을 꾸준히 선보이는 중이다.

한편, 유럽 시장은 유럽 최대 여행사 투이Tui의 움직임을 통해 살펴볼 수 있다. 투이는 2021년 초에 '투어 및 액티비티 시장의 회복과 성장'을 주요 목표로 천명했다. 투이의 투어와 액티비티 카테고리인 '투이 뮤즈먼트'에는 이미 140개국 17만 건 이상의 액티비티 상품이 등록되어 있지만, 2021년 4월 여행 가격 검색 플랫폼 트리바고와의 협력을 통해 무려 5만 5,000개 이상의 상품을 추가했다. 이와 함께 투이는 액티비티는 더 이상 여행의 옵션 중 하나가 아니며 휴가를 위한 의사 결정 프로세스의 핵심 요소라고 밝혔다.[24]

그동안 여행 산업을 리드했던 회사들은 글로벌 여행 시장 위주의 액티비티 상품군을 개발해왔다. 하지만 코로나19 사태로 인해 인트라바운드intrabound 여행(내국인의 국내 여행) 중심으로 개편된 지금의 여행 시장에서는 타깃 소비자층이 내국인으로 바뀌었고, 더 세분화된 액티비티 상품군이 대거 추가되는 추세다. 앞으로 세계의 여행이 재개된다면 훨씬 다채로워진 지역 기반의 투어와 액티비티 상품을 만나게 될 가능성이 높다.

중국에서도 젊은 소비자들의 경험지향적 성향이 두드러지며 여행지 선택의 기준에서 액티비티가 차지하는 비중이 커지고 있다. 이러한 흐름에 따라 중국 최대의 자유여행 플랫폼 마펑워馬蜂窩는 중국 관광 아카데미와 협력해서 2021년 상반기의 '스포츠 투어리즘' 인기를 분석했다.[25] 여기서 스포츠 투어리즘이란, 스포츠 경기를 관람하거나 스포츠를 직접 즐기기 위해 특정 지역을 방문하는 여행을 말한다. 마펑워의 보고서에 따르면 전체 스포츠 관광의 70%를 MZ세대가 소비했으며, 그중에서도 1990년대 이후 출생자가 40%를 소비해 젊은 층에게 스포츠 선호도가 여행지 선정에 얼마나 큰 요인이 되는지 알 수 있었다. 더불어 MZ세대가 이끄는 스포츠 투어리즘의 형태는 주로 참여형(62.8%)으로, 그 비중은 단순 관람형(37.2%)의 거의 두 배에 가까웠다.

최근 중국의 스포츠 투어리즘 소비 트렌드는 크게 세 가지로 나뉜다. 첫째는 스쿠버다이빙, 세일링, 서핑, 스키 등 신흥 스포츠의 열풍이다. 이를테면 패러글라이딩이나 열기구 체험이 인기를 끌면서 해외(터키)에 가지 않고도 열기구를 즐길 수 있는 항저우 인근의 톈지 열기구 공원 같은 곳들로 젊은이들의 발길이 몰리고, 이들의 사진이나 영상이 SNS를 타고 퍼져 해당 지역 전체의 방문객이 증가하는 식이다. 두 번째는 럭셔리 스포츠의 인기다. 예약 금액만 8,000위안(약 153만 원)이 넘는 고가의 여행 상품 소비가 2020년 대비 2021년에 86.2% 증가했다. RV Recreational Vehicle 캠핑, 저고도 비행, 수상 게임, 얼음이나 눈 스포츠, 항공 사진 같은 체험들이 중국 소비자에게 사랑받고 있다. 젊은 층에게 소셜미디어 속 라이프스타일은 곧 자신의 사회적 지위나 취향을 나타내는데, 이를 공유하기 위한 도구로서 럭셔리 액티비티를 즐기는 것으로 보인다. 세 번째 트렌드는 소셜라이징, 즉 사람과 사람을 교류하게 해주는 활동의 유행이다. 마펑워의 보고서에 따르면 중국 스포츠 관광객 전체의 40%가 친구나 동료와 함께 여행한다고 응답했다. 이는 혼자 여행한다는 응답(28%)보다 높은 수치로, 액티비티를 다른 사람과 함께 즐김으로써 인적 네트워크를 돈독히 하거나 새로운 추억을 만들려는 경향을 보여준다.

액티비티 관광의 경쟁력, 무엇을 준비해야 할까?

2030세대는 원하는 경험을 직접 해보기 위해 여행지를 선택하는, 액티비티 중심의 여행 시장을 주도하는 소비자층이다. 이들이 주류 소비자가 된 글로벌 여행 업계에서 액티비티 시장이 차지하는 비중과 성장세를 보면 이제 새로운 경쟁력이 필요한 시점이라는 것을 알 수 있다. 특히 중국의 스포츠 투어리즘 열풍은 단순히 코로나19 사태로 중단된 해외여행을 대체하기 위한 국내 여행에 그치는 것이 아니라 장기적인 관광 정책과 전략의 일환에 가깝다. 젊은 세대가 '액티브'한 여행을 선호하는 것 자체를 막을 수는 없지만, 자국 내에서도 열기구나 스키와 같은 고급 액티비티를 얼마든지 즐길 수 있음을 알리려는 의도가 숨어 있는 것이다. 이는 중국 정부가 적극적으로 장려하고 있는 홍색관광紅色旅遊(중국 공산당의 역사와 관련 있는 유적지나 기념지로 가는 여행, 레드 투어리즘이라고도 부른다)의 연장선이기도 하다. 2018년 기준 한국의 여행 수입(국제수지)에서 중국인 지출의 비중이 무려 47.6%가량이었음을 감안한다면, 우리 역시 관광자원으로 활용할 수 있는 액티비티 분야의 경쟁력을 시급히 재고해야 할 때다.

먼저 국내 '로컬'의 매력을 더욱 부각시킬 수 있는 창의적인 액티비티의 개발이 필요하다. 제주나 양양, 고성 하면 자연스레

서핑이 떠오르는 것처럼 각 지역마다 특색 있는 액티비티를 개발하거나 조합하는 것이 굉장히 중요해지고 있다. 이 지점에서 새롭게 부상하고 있는 요소가 지역 고유의 문화 혹은 이야기다. 야외 액티비티를 구상할 때 지역의 자연환경을 활용하는 것도 좋지만, 그곳만의 문화와 연결 지어 기획한다면 신선한 발상의 전환을 도모할 수 있을 것이다. 크라우드펀딩 플랫폼 와디즈에서 성공적으로 펀딩을 마친 제주 오름·화산 체험 전문 업체 더제주스토리의 '갈옷 입고 오름 오르기' 체험 여행이 좋은 사례다. 제주의 전통의복인 갈옷(지역 문화)과 오름 오르기(야외 액티비티)의 창의적인 조합은 내국인뿐 아니라 20~30대 젊은 외국인 여행자에게 매력적으로 어필할 만한 액티비티 프로그램이다.

앞으로의 액티비티 시장에서 살아남기 위해서는 디지털 경쟁력의 강화도 필수다. 이 시장을 이끄는 세계 각국의 여행 플랫폼들은 코로나19 사태 이후 발 빠르게 자국의 여행 시장으로 눈을 돌렸다. 지역 여행사가 개발한 투어와 액티비티 상품을 플랫폼에 유치하여 판매하고, 대외적으로는 자국의 관광 산업을 홍보하며 여행 시장의 회복을 돕고 있다. 예를 들어 홍콩의 클룩KLOOK은 주한 홍콩 관광청과 협력해 홍콩의 문화를 경험할 수 있는 관광 비행 상품을 한국 고객에게 판매했다. 대만의 케이케이데이KKday는 일본 요코하마에 있는 차이나타운에서 대만 여행이 그리운 일본인을 위한 대만 미식 및 문화 체험 투어를 진행했다. 이런 시도가 가능했던 이유는 클룩과 케이케이데이가 각각 한국과 일본 시장에 이미 진입해 있었기 때문이다. 반면 한국의 투어 · 액티비티 플랫폼 중에는 글로벌 시장에 진출한 서비스가 없다.

프랑스에서 액티비티 전문 플랫폼 마나와Manawa를 창업한 필리프 비셰Philippe Bichet는 2021년 진행한 인터뷰에서 "유럽에서 스카이다이빙 장소가 가장 많은 곳이 프랑스라는 사실을 아는 외국인 여행자는 거의 없습니다"라고 이야기한 바 있다.[26] 이는 유럽 내에 글로벌 액티비티 시장을 선도하는 여행 플랫폼이 없어 자국 소비자 중심으로만 액티비티 상품이 거래되고 있으며, 다수의 레저와 액티비티가 여전히 온라인 플랫폼으로 옮겨오지 못한 현실을 지적한 것이다. 이러한 현실은 한국에도 그대로 적용된다. 현재 마이리얼트립, 프립Frip 등의 액티비티 플랫폼에 수많은 상품들이 입점되어 있긴 하지만, 어디까지나 국내 서비스이기 때문에 한국에 방문한 외국인들은 접근하기 어렵다. 한국에서도 클룩처럼 글로벌 시장에 성공적으로 진출하는 투어 · 액티비티 플랫폼이 탄생한다면, 지금까지 알려지지 않았던 다양한 지역들의 독특한 액티비티를 즐기기 위해 한국을 찾는 외국 여행자들이 늘어날 수 있을 것이다. 액티비티 업계 또한 디지털 전환을 빠르게 시도하여 글로벌 액티비티 플랫폼에 활발하게 입점하고 저마다의 매력을 해외 시장에 알려야 할 시점이다.

CHAPTER 2

MZ세대의
경험 소비가 바꾸는 여행

여행사가 필요 없는 밀레니얼, 여행사를 모르는 Z세대

며칠 전 '석촌호수 주변의 공간 33곳'이나 '충남 천안의 공간 14곳' 등을 카드뉴스 형태로 소개하는 인스타그램 계정을 우연히 발견했다. 물론, 인스타그램에는 이와 같이 핫플레이스나 예쁜 숙소만 모아서 보여주는 계정이 굉장히 많다. 그런데 이 계정의 경우 프로필에 등록된 링크를 클릭했더니 앱 다운로드 페이지로 연결됐다. 해당 앱을 홍보하기 위한 계정이었던 것이다. 앱을 다운로드받아 사용해보니 경치가 아름답거나 잘 꾸며진 카페, 갤러리 등 인증샷을 찍기 좋은 공간들을 위주로 소개하는 서비스였다. 특히 사용자의 현재 위치를 GPS로 파악해서 이를 기준으로 주변의 신상 공간을 지도에 표시해 알려주는 점이 좋았다. 이 앱의 이름은 '데이트립'으로, 코로나19 사태가 일어난 후인 2020년 8월에 창업됐다. 론칭한 지 1년여 만인 2021년 10월, 데이트립의 인스타그램 팔로워 수는 18만 명을 넘어섰고 초기 투자 유치에도 성공하며 서비스의 가치를 인정받고 있다.

상품 단위로 여행을 소비하지 않는 MZ세대

데이트립처럼 '인증샷 장소 탐색'을 돕는 서비스의 빠른 성장은 밀레니얼과 Z세대의 여행이 휴양이나 관람의 목적을 넘어 자신의 취향과 라이프스타일을 표현하는 도구로 진화했다는 것을 보여준다. 여행하면서 스마트폰으로 인증샷을 찍고 이를 자신의 SNS에 실시간으로 공유하는 일은 여행의 결과에서 주요 목적으로 이동할 만큼 핵심적인 액티비티로 자리 잡았다. 이전 세대가 여행에서 추구하는 가치가 몰랐던 외부 세계를 '발견'하는 관광이었다면, MZ세대는 그 외부 세계에 놓인 '나'의 존재감을 확인하고 표현하고자 한다. 여기에 팬데믹을 거치면서 인증샷의 목적과 기준이 달라졌다. 사람이 많은 맛집이나 명소에서 찍은 사진, 무리한 해외여행을 즐기는 사진 등 방역 수칙을 지키지 않는 것처럼 보이는 인증샷들이 대중들의 공감을 얻지 못하고 비난의 대상이 됐기 때문이다. 따라서 캠핑이나 차박(차에서 자거나 쉬며 즐기는 캠핑) 같은 야외, 사람이 없는 독채 숙소, 한적한 교외의 카페 등을 배경으로 하는 것이 주류를 이루게 됐다.

팬데믹 전후로 달라지지 않은 게 하나 있다면, 소비자의 여행 패턴과 인증샷 트렌드가 계속 변화하고 있는 가운데에도 '잘 짜인 여행 코스로 구성된 패키지 상품'은 여전히 인기가 없다는 것이다. 이유는 간단하다. 그런 상품이 필요 없기 때문이다. 제주관광협회가 발표한 2021년 상반기 제주도 관광객 현황 자료에 따르면 전체 관광객 수는 550만여 명으로 2020년 동기 대비 21% 증가했고, 그중 개별 여행의 비중이 97%에 달했다.[1] 팬데믹 2년차에 접어들며 어느 정도 적응을 끝낸 사람들이 첫해에 비해 더 많이 여행을 다니기 시작했는데, 그 와중에 여행사 상품은 거의 이용하지 않는다는 것이 적나라하게 드러난 통계 결과다. 앞서 살펴본 데이트립의 인기에서 엿볼 수 있듯 2030세대는 특정 장소에 가서 찍어야만 하는 사진과 영상이 있다. 그래서 가야 할 공간을 미리 정하고 매우 구체적인 여행 계획을 세운 뒤 여행지에 방문한다. 그러니 원하지 않는 관광 명소 중심의 상품을 굳이 돈을 내고 이용할 이유가 없다.

1981년생부터 1996년생, 현재 20대 후반에서 40대 초반 사이인 밀레니얼 세대는 여행사가 제공하는 여행을 경험해보았거나 적어도 인지는 하고 있는 세대다. 2010년 전후로 LCC Low Cost Carrier(저비용 항공사)의 대중화와 함께 본격적인 자유여행 시대가 열리기 전, 이들 중 고연령대에 속하는 1980년대 초중반 출생자들은 1970년대 출생자인 X세대와 함께 해외여행 대중화 초기인

2000년대에 여행을 시작했다. 당시 한국에서 해외여행은 플랫폼이 아닌 여행사를 통해 예약하고 즐기는 것이 일반적이었다. 또한 부모 세대와 가족 단위로 해외여행을 떠나거나 자녀 없이 부모 세대만 여행을 할 경우 인솔과 이동의 어려움 때문에 패키지 상품에 대한 의존도가 높았다. 1997~2012년에 태어난 Z세대는 밀레니얼과 다르다. 이들은 청소년기에 스마트폰 전성시대를 맞았고 글로벌 OTA들이 여행 산업을 완전히 장악한 2010년대 중반에 성인이 됐다. 스마트폰을 몇 번 터치하기만 하면 원하는 장소에 차량을 불러 이동할 수 있고, 스스로 원하는 숙소와 핫플레이스를 골라 계획을 짤 수 있는 Z세대는 여행사가 만든 상품이 어떤 대목에서 구매 가치를 지니는지조차 알지 못할 가능성이 높다.

하지만 Z세대도 여행 상품을 이용한다. 단품 또는 부분 패키지의 형태로 말이다. 렌터카, 버스 투어, 특정 공간의 입장권 등의 개별 상품을 온라인으로 미리 구매하는 것은 일종의 '예약'을 하는 것과 비슷하다. 매진이나 인원 제한 같은 현장 구매에서 벌어질 수 있는 돌발 상황을 방지할 수 있기 때문이다. 이러한 개별 상품 온라인 구매 시장은 현재 마이리얼트립, 프립 등 투어 · 액티비티 플랫폼이 선도하고 있다. 그런데 이들 플랫폼에서는 교통편이나 입장권만 파는 게 아니라 기존에는 없던 '경험'의 영역도 여행 상품으로 분류한다. 모르는 여행자들끼리 모여 함께 산에 오른 후 커피를 마시러 가거나 제주도에서 우쿨렐레를 배우는 등의 활동들이 '여행' 상품으로 판매되고 있다. 동일한 관심사를 가진 사람들이 모일 수 있는 장을 만들어주고, 이 관심사를 구체적으로 배우거나 체험해보는 일이 여행의 일부로 편입되고 있는 것이다. 에어비앤비의 체험 카테고리를 보면 이러한 변화가 한국뿐 아니라 세계 곳곳에서 일어나고 있음을 알 수 있다.

여행사에서 커뮤니티로 진화하는 여행 회사의 새로운 역할

MZ세대가 여행사를 아냐 모르느냐보다 더 중요한 것은 이들이 여전히 여행 상품을 소비하고 있다는 점이다. 단지 여행 상품으로부터 얻고자 하는 핵심 가치가 달라진 것뿐이다. 네이버 예약이나 카카오톡의 비즈니스 채널 기능 등 IT 기업이 제공하는 간편한 예약과 결제 기능, 여행 플랫폼이 제공하는 편리한 입점 과정은 이전보다 여행업의 진입 장벽을 크게 낮춰주었다. 이러한 환경 속에서 또래 세대가 필요로 하는 여행이 무엇인지 정확히 알고 있는 MZ세대 창업자들이 만든 여행 상품을 살펴보면, 향후 여행의 핵심 가치가 어디로 이동할지 가늠할 수 있다.

제주의 오르머는 오름을 좋아하는 20~30대로 구성된 동호회에서 출발해 트렌디한 체험 프로그램을 다채롭게 선보이는 여행 회사로 발전했다. 지금까지 진행한 프로그램으로는 오름에서 요가 하기, 오름에서 플로깅plogging(쓰레기를 주우며 조깅을 하는 것) 하기, 오름에서 캠크닉(캠핑 + 피크닉) 즐기기, 오름에서 그림 그리기 등이 있다. 이 프로그램들은 체험 자체보다는 연결과 교류에 조금 더 무게를 둔다. 오르머는 비슷한 생각을 하는 사람들이 자연스럽게 모이게 해주는 커뮤니티 중개자 역할을 한다는 점에서 기존의 여행사들과 다르다. 여기서 '비슷한 생각'이란 제주, 그중에서도 오름을 좋아하는 동시에 보존하고 지켜야 한다는 생각을 말한다. 제주의 오름을 테마로 한 여행 상품은 이미 수많은 여행사들이 판매 중이고, 여행 플랫폼에도 많은 오름 투어 상품들이 등록되어 있다. 하지만 라이프스타일의 관점에서 오름을 해석하고 같은 가치관과 취향을 나누는 커뮤니티로서의 여행 체험을 제안하는 곳은 드물다. 오르머는 스스로를 '단순한 여행사가 아닌 제주 오름 보존을 위한 브랜드'라고 소개하는데, 이를 통해 상품이 아닌 커뮤니티 기반의 회사를 지향하고 있음을 알 수 있다.

액티비티 예약 플랫폼 와그Waug가 SNS 여행 커뮤니티에서 시작됐다는 것을 아는 사람은 많지 않다. 그 과정을 간단히 소개하자면 다음과 같다. 홍보 전문가 출신인 와그의 창업자 선우윤 대표는 여행 분야 비경력자의 시선에서 "스마트폰으로 뭐든 사고파는 세상인데, 왜 여행 분야는 예전 시스템 그대로일까?"라는 의문을 가지게 됐다. 그는 밀레니얼 세대답게 우선 페이스북에 여행 관련 페이지page를 여러 개 개설해 운영하며 트렌드부터 살폈다. 그중 '레이브트립'이라는 페이지가 큰 인기를 얻으며 팔로

출처: 오르머 공식 페이스북

오름을 비롯한 제주의 자연을 배경으로 다채로운 체험과 교류 프로그램을 제안하는 오르머. 캠핑, 요가, 플로깅, 친환경 등의 키워드로 MZ세대의 호응을 얻고 있다.

워 수가 50만 명을 넘어섰고, 이를 활용해 몇 차례의 테스트 투어를 진행하며 액티비티와 투어 시장의 가능성을 확인할 수 있었다. 그리고 소셜미디어와 온라인 결제에 익숙한 MZ세대를 타깃으로 삼아 모바일 기반의 플랫폼 와그를 개발했다. 시장 테스트를 거쳤을뿐더러 여행을 선호하는 잠재적 소비자를 확보한 상태에서 사업을 시작한 덕분에 와그는 신생 기업이 으레 감당해야 하는 막대한 마케팅 비용을 절감할 수 있었다.

국내의 토종 호텔 예약 플랫폼 트립비토즈는 기존의 여행 업계가 네트워킹과 리뷰 부분에서 혁신이 이뤄지지 않고 있다는 것에 주목하고, 동영상과 커뮤니티 기반의 OTA로 포지셔닝하여 글로벌 플랫폼들과 경쟁하고 있다. 이용자들이 직접 다녀온 호텔의 영상 리뷰를 올리면 보상을 제공하는 방식으로, 꼭 리뷰를 업로드하지 않더라도 이용자로 하여금 새로운 영상을 끊임없이 접하게 함으로써 앱 이용률과 체류 시간을 늘리는 효과를 얻었다. 익스피디아 출신의 정지하 트립비토즈 대표는 글로벌 OTA들이 각국의 현지화에 취약하며, 특히 한국인 여행자의 높은 눈높이를 충족시키기에는 다소 부족한 여행 콘텐츠를 제공하고 있다는 지점에서 새로운 기회를 찾았다.

오늘날의 여행자들은 명소 관광을 여행의 전체가 아닌 일부로 인식한다. 이들에게는 여행지에서 어떤 시간을 즐길 수 있는지, 누구와 만나 어떤 교류를 할 수 있는지가 더 중요하다. 그러나 현재의 여행업에서는 이러한 부분이 완전히 배제되어 있다. 그렇다면 새로운 여행자들의 니즈를 반영하기 위해 여행 상품은 어떤 방향으로 나아가야 할까? 바로 같은 목적이나 취향을 가진 여행자들을 연결해주는 '플랫폼', 말하자면 현지의 문화와 사람 혹은 특정 분야의 전문가와 교류하게 해주는 거점의 역할을 수행하는 것이다. 앞서 여러 사례를 통해 살펴보았듯 이러한 여행 상품의 진화는 이미 다양한 방식으로 이뤄지는 중이다. 이때 여행자 개인이 스스로 현지와의 접점을 만들거나 발견하기가 어려우므로, 로컬과 여행자를 더 깊게 연결해주는 상품이 경쟁력을 가질 수 있다. 앞으로는 가치 소비를 중시하는 Z세대를 중심으로 '관심사가 비슷한 새로운 사람들과의 네트워크'를 통한 양질의 여행 경험을 제공하는 커뮤니티형 여행 회사들이 여행 공급 시장의 새로운 한 축을 담당하게 될 것이다.

아웃도어 열풍과 함께 떠오른 밴라이프와 글램핑의 매력

코로나19 바이러스의 등장과 함께 한국에서 인기를 끌기 시작한 차박과 캠핑은 비교적 짧은 여행에 속한다. 일상생활에 지장을 받지 않는 선에서 즐길 수 있는 아웃도어 액티비티이기 때문에 팬데믹으로 여행이 제한된 상황에서 답답한 현실의 환기구 역할을 하고 대리 만족을 제공해왔다. 이와는 달리 미국에서는 훨씬 모험적인 형태의 아웃도어 여행이 부상했는데, 캠핑용 승합차를 끌고 오랜 기간 동안 여러 지역을 여행하며 생활하는 밴라이프다. 미국은 몇 달씩 휴가를 쓰는 것이 가능해서 이러한 밴라이프가 가능한 것일까? 그렇지 않다. 미국의 보편적인 연간 휴가일수는 약 2주로, 한국과 크게 다르지 않다. 이를 고려하면 미국 내 밴라이프 열풍이 단순히 레저나 취미 차원의 활동이 아니라 삶의 방식을 바꾸는 것이라는 점에 주목할 필요가 있다.

밴라이프는 어떻게 Z세대의 무브먼트가 됐을까?

2020년 1월부터 10월까지 틱톡에 업로드된 영상 중 '#vanlife'라는 해시태그가 달린 영상들의 총 누적 조회 수는 2020년 10월 기준 21억 회를 기록했다.[2] 틱톡의 주 사용층인 Z세대 사이에서 밴라이프를 추종하는 소비 시장이 얼마나 거대해졌는지 알 수 있는 대목이다. 이러한 밴라이프의 광풍은 곧바로 미국의 여행 산업에 투영되어 RV 차량을 렌트해주거나 차량 소유자와 대여자를 연결해주는 플랫폼이 부상하는 기반이 됐다. 대표적인 사례로, '아웃도어계의 에어비앤비'라고 불리는 캠핑카 공유 플랫폼 아웃도어시Outdoorsy는 RV 차량을 소유한 이들과 이를 대여해서 밴라이프에 뛰어들려는 여행자를 연결해준다. 그런가 하면 캠핑 여행자들과 캠핑 장소 호스트들을 연결해주는 플랫폼도 있다. 멤버십 회원제로 운영되는 하베스트 호스트Harvest Host를 이용하면 와이너리, 농장, 박물관 등 2,000여 곳의 특별한 장소에서 RV 캠핑을 즐길 수 있다. 이 두 업체의 공통점은 팬데믹 기간에 투자 유치에 성공했다는 것이다.

그렇다고 해서 밴라이프 열풍의 원인이 오직 코로나19 바이러스뿐인 것은 아니다. 이미 2018년부터 인스타그램에 관련 게

시물 수가 350만 개를 넘어설 만큼 밴라이프는 엄청난 트렌드가 될 조짐을 보여왔다(2020년이 되자 700만 개 수준으로 증가했다).[3] 소셜미디어에서 밴라이프는 인스타그래머블리티instagrammability, 방랑벽wanderlust, 미니멀 라이프스타일 등을 간접적으로 상징한다. 통상적인 아웃도어 여행의 효용성이 자연과의 연결이나 탁 트인 해방감, 건강 증진과 같은 내면적인 가치라면, 밴라이프는 소셜미디어에서 자신이 특별한 삶이나 일을 선택했다는 것을 증명해주는 수단이라는 점에서 차이가 있다. 온라인상에서 특별한 존재감을 발산하고 대중의 주목을 끌기 위해 선택한 새로운 삶의 방식이라는 것이다. 미국의 MZ세대 트렌드 분석 기관 와이펄스Ypulse에 따르면 18~34세의 소셜미디어 사용자 중 70%가 여행지 선택에 있어 SNS 업로드용 사진에 멋지게 보이는지의 여부가 중요하다고 응답했는데, 이러한 특징이 Z세대 사이에서 밴라이프가 폭발적인 인기를 끈 중요한 요인이 됐을 것으로 보인다.[4] 팬데믹 이전부터 몇 년에 걸친 밴라이프 콘텐츠 소비가 이들의 삶에 영향을 미쳤고, 코로나19 사태를 기점으로 이를 실행에 옮기게 됐다는 것이다. 미국의 한 설문 조사 결과를 보면 코로나19 사태 때문에 밴라이프를 고려한다는 응답자는 전체의 52%였고, 이 중 대다수가 MZ세대였다.[5]

그런데 경제적으로 어느 정도 안정기에 접어든 뒤에 코로나19 사태가 터진 밀레니얼 세대에 비해, 막 대학을 졸업하고 사회에

밴라이프에 대한 미국인의 인식

52%
코로나19 사태 때문에
밴라이프를 고려한다

72%
빚을 갚기 위해 집을 팔고
밴라이프를 할 것이다

24%
2년 이상 밴라이프를
할 의향이 있다

35%
바닷가에서
밴라이프를
즐기고 싶다

35%
아웃도어를 더 많이
하는 밴라이프에
흥미를 느낀다

7%
한 번도 밴라이프를
고려해본 적이 없다

출처: Move, 2020.

진출하는 시기였던 Z세대는 팬데믹과 록다운으로 인한 경제 위기의 직격탄을 맞아야 했다. 이와 관련해《경향신문》은 영국《파이낸셜 타임즈》의 글로벌 설문 조사 결과를 인용해 코로나19 팬데믹을 경험한 1020세대의 가장 큰 걱정거리가 고용, 가처분소득 등 경제적 문제라고 보도한 바 있다.[6] 지금의 Z세대는 이전 세대의 방식으로는 삶과 일을 선택할 수 없게 됐고, 전에 없던 방식으로 자신의 미래를 그려나가야 하는 과제에 봉착했다. 이 지점에서 다시금 대두되는 것이 디지털 노마드다. 밀레니얼 세대 사이에서 먼저 화두가 된 디지털 노마드라는 새로운 일의 방식이 소셜미디어를 통해 Z세대에게도 영향을 미치게 된 것이다. 모든 디지털 노마드가 밴라이프를 선택하는 것은 아니지만, 밴라이프를 선택한 이들은 장기적으로 삶의 방식을 바꾸고자 하기 때문에 온라인을 통해 소득을 창출하는 디지털 노마드로 일하는 경우가 많다.

Z세대는 밀레니얼 세대의 디지털 노마드 직업관과 자유롭게 여행하는 밴라이프를 조합해 새로운 삶의 방식을 만들었고, 이는 밴라이프의 유행을 넘어 하나의 '무브먼트movement'로 묘사된다. 스스로가 일반적인 삶을 버리고 밴라이프로 이동하는 현상을 일종의 대안적이고 혁명적인 삶의 방식으로 표현하는 것이다.

과시성 여행보다 일상의 풍요에 지갑을 여는 Z세대

밴라이프를 선택한 23세의 미국인 애비 개더럼Abbie Gatherum은 한 여행 미디어에 코로나19 사태로 인해 밴라이프 무브먼트에 동참하게 된 사연을 기고했는데,[7] 그 내용을 요약하자면 다음과 같다. 대학 졸업 후 캐나다로 건너가 일을 하던 그녀는 코로나19 바이러스의 발생과 함께 모든 꿈을 포기하고 미국의 집으로 돌아갈 상황에 놓였다. 갑자기 삶의 계획이 물거품이 되어 별다른 구직 활동도 못하던 애비는 인스타그램에서 우연히 보게 된 밴라이프 콘텐츠를 통해 거리두기를 유지하며 삶과 여행을 모두 누릴 수 있는 생활 방식이 존재한다는 것을 알게 됐다.

애비가 밴라이프를 실행에 옮기는 건 그리 어렵지 않았다. 페이스북의 중고 장터에서 낡은 밴을 쉽게 구할 수 있었고, 그동안 모아둔 돈을 투자해 그 밴을 완벽한 생활 공간으로 변신시켰다. 좋아하지 않는 일로 돈을 버는 것을 그만두고 온전히 여행하는 삶을 지속하기 위해 그녀는 프리랜서와 클라이언트를 연결해주는 플랫폼 파이버Fiverr를 통해 여행 중에도 일을 하기 시작했다. 이러한 일련의 과정은 밴라이프를 실천하는 Z세대들의 전형적인 스토리다.

미국 내 밴라이프 열풍에서 주목해야 하는 것은, Z세대가 전통적인 의미의 여행 소비에서 빠르게 멀어지고 있다는 것이다. 글로벌 경영컨설팅 업체 맥킨지는 미국의 밀레니얼 세대와 Z세대의 특성을 연구한 결과 소비를 희망하는 경험의 종류가 다르다는 것을 가장 눈에 띄는 차이점으로 꼽았다.[8] Z세대도 밀레니얼처럼 경험을 중요하게 생각하긴 하지만, 해외여행이나 특급 호텔 등의 이벤트성 소비를 과시하기보다는 자신의 취미나 홈 엔터테인먼트에 돈을 더 쓰는 경향이 있다는 것이다. 즉, Z세대는 밀레니얼에 비해 자신의 일상을 풍요롭게 만드는 아이템을 소비하려고 한다. 이와 같은 특성은 밴라이프 열풍에도 적지 않은 영향을 주었다. 밴라이프를 핫하게 만든 대표적인 영상 콘텐츠가 차량 내부 DIY 비디오라는 점에서 이를 알 수 있다. 밴라이프를 결심한 여행자들은 앞으로 먹고, 자고, 쉬고, 일할 차량의 내부를 생활 공간으로 탈바꿈하고, 그 과정을 소셜미디어에 자랑스럽게 공유한다. 이때 쾌적하고 안정적인 일상을 구현하고 유지하는 데 도움을 주는 장비에 투자를 아끼지 않는다. 국립공원 같은 야생의 자연환경 속에서도 편리한 생활을 누릴 수 있고, 맛있는 요리나 티타임을 즐기고 그 순간을 포착한 인증샷을 공유할 때의 만족감도 극대화시킬 수 있기 때문이다. 한국에서 유행했던 '감성 차박'이나 '감성 캠핑' 인증샷 역시 이러한 효용성과 맞닿아 있으며, 기자 출신의 고재열 여행 감독은 한 기고문에서 이를 '현대인의 도시 옮기기 욕망'이라 표현하기도 했다.[9]

이러한 여행 소비자의 욕망을 발 빠르게 반영한 또 다른 여행 분야가 글램핑Glamping이다. 글램핑의 부상은 코로나19 사태 이후 벌어진 세계적인 현상 중 하나로, 야외에서의 불편함을 일종의 액티비티로 즐기는 기존의 캠핑과 달리 글램핑은 마치 숲속의 작은 집을 임대하는 것처럼 자연의 정취와 도시적인 편리함이 공존한다. 미국에서 큰 인기를 끈 글램핑 업체 텐터Tentrr는 미 전역에 자체적으로 860곳의 캠핑 숙소를 운영한다. 텐터의 이용자들은 많은 캠핑 장비들을 힘들게 챙겨오지 않아도 야외형 글램핑 숙소에서 캠핑의 '이점'만 골라 누릴 수 있다. 팬데믹을 기점으로 캠핑 붐이 인 것은 영국도 마찬가지다. 2021년에는 영국 내에 신규 캠핑장이 500곳 이상 생겼고, 캠핑장 예약률 또한 전년 대비 233%나 증가했다.[10] 그런데 변덕스러운 날씨와 척박한 자연환경에서의 캠핑은 썩 유쾌한 휴가 경험이 되지 못했다. 이에 고급형 글램핑을 선보이는 업체들이 속속 출현하기 시작했다. 가족 단위의 여행자를 타깃으로 팝업 캠핑장과 액티비티를 패키지로 제공하는 클라우드 나인 글램핑Cloud Nine Glamping을 그 대표적인 예로 들 수 있다.

한편, 중국에서도 글램핑 산업이 초고속 성장 중이다. 2020년 말 하이난섬 남단의 도시인 싼야에서 설립된 데어글램핑大热荒野은 단 9개월 만에 중국 전역에 20개의 글램핑 캠프를 세울 만큼 규모가 커졌다. 아침 식사, 애프터눈 티, 텐트 설치 체험, 저녁 식사 및 캠프장 활동을 묶은 표준화된 패키지를 1인당 799위안(약 15만 원)에 제공한다. 이러한 상품 구성을 보면 소비자가 느끼는 글램핑의 매력 포인트가 자연 속에서 도시의 편리함을 누리는 것에 있음을 짐작해볼 수 있다.

팬데믹 이후 세계 곳곳에서 불고 있는 밴라이프와 글램핑 열풍은 우리에게 두 가지의 시사점을 준다. 하나는 사회·경제적 환경의 변화로 인해 Z세대가 새로운 삶의 방식을 좇게 됐으며 그 중심에는 '여행에 대한 열망'이 있다는 점이고, 다른 하나는 극도의 효율성을 추구하는 캠핑용 밴과 완벽한 시설을 갖춘 글램핑의 인기 뒤에는 자연 속에서도 도시의 편리함을 그대로 추구하려는 경향성이 있다는 점이다. 언뜻 밴라이프는 매우 '모험적인' 도전처럼 보이지만 실제로는 외부 환경의 변화가 젊은 세대로 하여금

출처: 데어글램핑, 클라우드 나인 글램핑

캠핑의 즐거움을 편리하게 누리는 동시에 고급스러운 여가나 역동적인 액티비티까지 즐길 수 있도록 한 중국의 데어글램핑(위)과 영국의 클라우드 나인 글램핑(아래).

'대안적' 삶을 찾도록 촉구한 결과다. 이런 가운데 Z세대는 여행 그 자체보다는 자유와 도전이라는 가치지향적인 경험을 수집하고, 이를 다시 대안적 직업인 '인플루언서'로서 콘텐츠에 활용하려는 특성을 보인다. 이와 같은 소비자 욕망의 방향성을 빠르게 파악하고 상품화하려는 여행 기업들이 RV 차량 대여 중개 플랫폼이나 글램핑 공급 업체의 형태로 나타나고 있는 것이다. 여기서 우리는 현재 한국의 아웃도어 여행 소비가 레저에서 '감성'으로 이동한 이유를 발견하고, 향후 Z세대가 이끌어나갈 새로운 여행 소비의 길 역시 짐작해볼 수 있다.

열망이 이끌어온 여행 소비, 퍼스트 클래스에 숨겨진 양극화 비즈니스

잠시 우리의 항공 여행 '전성기' 시절로 돌아가보자. 번거로운 출국 절차를 거쳐 면세점 물품 수령처 순례까지 익숙하게 마치고 탑승 게이트에 도착하면 두 개의 통로가 보인다. 왼쪽은 퍼스트 클래스와 비즈니스석 탑승객용 통로, 오른쪽은 이코노미석 탑승객용 통로다. 나는 앞으로 내가 어떤 일을 겪게 될지 잘 알고 있다. 왼쪽 통로로 향하는 사람들의 한가로운 행렬이 끝나기를 기다려야 한다는 것을 말이다. 마침내 기나긴 이코노미석 줄이 움직이기 시작한다! 어느새 들어선 비행기 안, 먼저 탑승해 편안히 앉아 있는 비즈니스석 사람들의 곁을 애써 '무심한 척' 지나치며 내 자리를 찾아 앉는다. 내릴 때도 텅 빈 비즈니스석과 퍼스트 클래스를 통과해서 내린다. 이쯤 되면 '나도 돈 벌어서 꼭 비즈니스 타야지'라는 생각이 저절로 든다.

"나도 언젠가는 돈 벌어서…" 이코노미석 탑승 동선이 의미하는 것

얼마 전까지만 해도 퍼스트 클래스는 부자들의 전유물이라는 인식이 만연했다. 심지어 '퍼스트 클래스 승객=부자 혹은 사회적 성공을 거둔 사람'으로 상정하고 이들의 습관을 다룬 《퍼스트 클래스 승객은 펜을 빌리지 않는다》라는 책이 출간됐을 정도다. 그러나 5~6년 전부터 퍼스트 클래스가 보통 사람들의 '재테크' 대상으로 변화하기 시작했다. 네이버 여행 카페 '스사사(스마트 컨슈머를 사랑하는 사람들)'의 퍼스트 클래스 탑승 후기를 세어보니 2015년을 기점으로 그 개수가 크게 늘어났음을 알 수 있었다. 2012~2014년의 3년 치 리뷰를 합친 것(15개)보다 2015년 한 해 동안 등록된 리뷰가 더 많았다(16개). 이 시점은 개별 여행 규모가 급격히 커지고 단체 여행업은 축소되던 시기이기도 하다.

커뮤니티에 올라오는 퍼스트 클래스 리뷰의 공통점은 사진이 많다는 것이다. 내부 시설, 기내식, 각종 서비스를 매 순간 기록했다는 것은 퍼스트 클래스 탑승이 그 사람의 삶에서 매우 특별한 경험임을 시사한다. 이렇게 '평범한' 사람들의 일등석 경험을 더 많이 접할 수 있게 되면서 여행자들에게는 '부자는 아니지만, 퍼스트 클래스는 타고 싶어'라는 새로운 열망이 생겨났다. 앞서 꿈을 이룬 이들의 노하우를 부지런히 좇으며, 각종 카드를 발급하고 마일리지를 모으는 법을 공유하는 온라인 커뮤니티도 덩달아 커졌다. 코로나19 사태가 벌어지기 전까지 스사사가 90만 명이라는 엄청난 수의 회원을 확보할 수 있었던 이유다. 이와 같은 커뮤니티를 중심으로 비행기 탑승이 아닌 다른 방법들로 항공 마일리지를 쌓아서 좌석을 업그레이드하는 팁들이 퍼졌고, 이를 알아챈 항공사들은 퍼스트 클래스 마케팅의 대상을 부자가 아닌 일반 서민들로 변경하기 시작했다.

퍼스트 클래스를 열망하는 새로운 계층을 우연히 포착한 항공사 중 하나가 아랍에미리트의 국영 항공사 에미레이트항공Emirates Airlines이다. 2016년, 에미레이트항공은 일등석을 향한 열망을 극대화할 방법을 찾고 있었다. 퍼스트 클래스 광고에 57억 원이라는 엄청난 출연료를 투자해 할리우드 배우 제니퍼 애니스톤을 출연시키고 '하늘 위의 특급 호텔'이라는 럭셔리함을 과시했지만, 조회 수는 600만 회라는 신통치 않은 성적에 그쳤다. 반면 같은 해에 세계적인 유튜버 케이시 네이스탯Casey Neistat이 직접 만든 퍼스트 클래스 후기 영상은 별도의 출연료도 없이 좌석 협찬만으로 무려 6,000만 뷰의 노출을 끌어냈다. 유명 배우가 아닌 평범한 사람이 특권을 누리는 영상에 대중들이 자기 자신을 투사하며 호응한 것이다. 이후 '퍼스트 클래스를 누구에게 팔 것인가'에 대한 항공사들의 인식이 조금씩 바뀌게 됐다. 퍼스트 클래스의 프리미엄 서비스를 일생일대의 호사라고 느끼며 탑승하는 순간부터 1분 1초를 놓치지 않고 촬영해서 SNS에 공유하는 일반 고객에 대한 마케팅도 필요하다는 것을 알게 된 것이다. 즉, 우리가 이코노미석을 타더라도 퍼스트 클래스를 지나치며 '관람'하게끔 되어 있는 탑승 동선은 우연이 아니라는 이야기다.

항공사가 더 적극적으로 계급 경제를 반영하고 상류지향적 소비를 부추기며 동경하게 만들수록 여행자는 더 많은 항공 여행과 더 비싼 상위 좌석을 갈망한다. 사회적 불평등이 만들어내는 비즈니스를 '벨벳 로프 이코노미velvet rope economy'라고 부르는데, 그 대표적인 분야가 다름 아닌 여행이다. 비행기 운항 시 배출되는 탄소에 대한 논란이 거센 지금도 퍼스트 클래스와 비즈니스석에 대해 동경과 거부감이라는 양가감정이 자연스레 드는 이유는 이들 좌석이 사회적으로 상징하는 벨벳 로프(경계선)가 명확하기 때문일 것이다. 벨벳 로프 이코노미에 대한 연구를 책으로 펴낸 바 있는 《뉴욕 타임스》의 저널리스트 넬슨 슈워츠Nelson Schwartz는 취재를 통해 항공사가 노리는 퍼스트 클래스의 은밀한 타깃이 부자가 아닌 '보통 사람'임을 밝혀냈다. 평범한 고객이 마일리지로 플렉스flex를 하든 부자가 현금으로 사든 항공사는 계급 경제를 활용해 돈을 벌고 있다는 것이다.

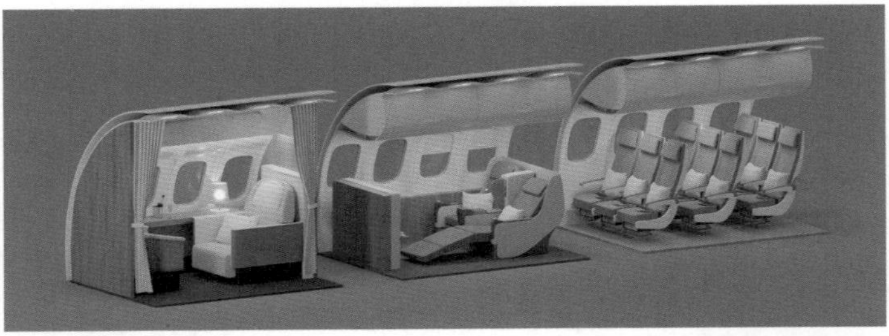

출처: 셔터스톡

상위 좌석을 거쳐 지나가게 되어 있는 이코노미석의 탑승 동선에는 MZ세대의 플렉스 소비를 부추기며 열망을 셀링하려는 항공사들의 의도가 숨겨져 있다.

계급 욕망을 투영하는 여행 소비가 기후 위기로 연결된다고?

퍼스트 클래스의 열망을 셀링하는 항공사의 사례는 사회·경제적 격차를 이용한 기업의 '플렉스 소비 부추기기'를 잘 보여준다. 모든 사람이 '부자'와의 경제적 격차를 늘 인식하는 양극화 사회에서는 나보다 위에 있는 계급을 열망하며 소비하는 새로운 비즈니스가 만들어진다. 그 예시로 명품 시장이 자주 언급되는데 여행 산업도 그에 못지않다. 여행은 필수재가 아닌 일종의 사치재로, 간절히 '열망'해서 구매하는 상품에 속한다. 안타까운 현실은 여행 상품에서의 클래스 세분화가 계급을 '학습'시키는 역할을 한다는 점이다.

2016년 5월, 미국 국립 과학 아카데미National Academy of Sciences 학회지에 실린 마이클 노턴Michael Norton과 캐서린 더셀스Katherine A. DeCelles의 논문 〈비행기의 물리적·상황적 불평등이 비행 중 분노를 예측한다Physical and Situational Inequality on Airplanes Predicts Air Rage〉에 의하면 물리적 불평등과 분노 감정 사이에는 강력한 연관성이 존재한다.[11] 이코노미 승객의 경우 비즈니스석을 지나쳐야 하는 입구로 탑승했을 때 승무원을 상대로 한 폭력이나 기내 난동을 벌이는 확률이 이코노미석으로 바로 탑승하는 입구를 이용했을 때보다 두 배 이상 높았다. 퍼스트 클래스 승객이 기내에서 무질서한 행동을 할 확률 역시 탑승 시 이코노미 승객이 비즈니스석을 거쳐갔을 때가 그렇지 않았을 때보다 거의 12배 가까이 높았다. 이처럼 계급을 학습하게 되는 승차 구조는 퍼스트 클래스 승객과 이코노미 승객 모두에게 좋지 않은 영향을 끼친다. 그럼에도 차곡차곡 쌓인 계급 격차 경험은 일등석에 대한 수요로 이어진다. 현실에서는 재벌 3세가 될 수 없어도, 그들이 타는 퍼스트 클래스는 조금만 무리하면 탈 수 있다는 암묵적인 유혹이 마일리지 제도와 탑승 동선 곳곳에 숨어 있는 것이다.

MZ세대의 플렉스 소비는 양극화 비즈니스 모델의 대중화로 나타난 과시성 소비의 일종이다. 팬데믹 이후 경제의 양극화는 국가를 막론하고 더욱 가속화되고 있고, 이러한 소비 문화는 결국 계급화된 소비자를 만들어낸다. SNS에서 쏟아져 나오는 호캉스 경험은 왜곡된 열망을 서로에게 끊임없이 제공해왔다. 남에게 뒤처지면 안 되는 한국인 특유의 불안감, 힘겨운 사회생활로 소진된 내면을 소비로 채우려는 보상 심리 등이 겹친 해외여행과 호캉스 열풍은 전 세계 호텔 산업이 소비자의 지갑을 마음껏 '분류'하는 좋은 구실이 되어주었다.

퍼스트 클래스가 이코노미석보다 여섯 배나 많은 탄소를 배출한다는 연구 결과를 꺼내지 않더라도, 항공기 내에 더 많은 공간을 차지하고 평균적으로 더 많은 수하물을 올리는 퍼스트 클래스의 면적당 탄소 배출량은 더 클 수밖에 없다. 물론, 퍼스트 클래스 탑승이 희소하고 특별한 경험임은 틀림없다. 하지만 시장에서 우리가 어떤 소비자로 분류되고 있는지, 나의 '열망'이 외부

(특히 양극화 사회)로부터 왜곡되어 투사된 감정은 아니었는지 냉정히 살펴볼 필요가 있다. 그것이 일차적으로는 내 삶을 풍요롭게 해주는 경험의 기준을 만드는 과정이며, 나아가 지구에 덜 해로운 여행 경험의 기준을 만드는 과정이기 때문이다. 우리가 열망의 기준을 바꾸면, 여행 서비스의 기준도 자연히 더 나은 방향으로 변화할 수 있다.

특급 호텔 문 닫는 한국,
로컬 호텔 문 여는 일본

코로나19 사태의 발발 이후 국내 호텔 업계에서는 매각 소식이 끊이지 않았다. 밀레니엄 힐튼 서울과 쉐라톤 디큐브 시티를 비롯해 서울 내 10여 곳 이상의 특급 호텔들이 줄줄이 매각되어 호텔 타이틀을 완전히 내려놓거나 내릴 예정에 있다. 그러나 이러한 국내 호텔 산업의 위기를 팬데믹으로 인한 여행자의 감소 탓으로만 분석할 수는 없다. 숙박을 동반한 국내 여행 시장 자체는 코로나19 사태 이전과 비교해 큰 변동이 없었기 때문이다.

1장에서 살펴본 것처럼 야놀자나 여기어때와 같은 국내 숙박 예약 플랫폼의 매출과 순이익은 코로나19 사태 이전 대비 모두 상승했다. 여행 전문 리서치 업체 컨슈머인사이트가 측정한 숙박 여행 경험율에서도 2020년의 국내 숙박 여행은 2019년 대비 크게 줄어들지 않았다. '최근 3개월 이내에 1박 이상의 일정으로 여행한 적이 있는가'라는 질문에 그렇다고 답한 비율이 2019년에 69%였는데, 2020년은 58%로 11%p 하락하는 데 그쳤다.[12] 해외여행 시장의 경우 코로나19 사태 이후 90% 이상 축소된 것에 비하면 내수 시장, 그중에서도 숙박 여행은 꾸준히 유지됐다는 이야기다. 따라서 전통적인 호텔 산업의 위기는 전염병이라는 외부 환경뿐 아니라, 변화하는 여행 시장에서 호텔이 스스로의 존재 이유를 정의하는 데 실패했기 때문이라고 보는 게 더 타당하겠다.

국내 여행객들은 왜 특급 호텔을 외면했을까?

2018년에 펴낸 《나는 호텔을 여행한다》의 서문에서 나는 '여행자가 굳이 불편한 에어비앤비를 선택하는 이유를 알아내지 못한다면 호텔의 위기가 시작될 것'이라고 전망한 바 있다. 2018년은 '호캉스의 원년'으로 꼽힐 만큼 특급 호텔들이 호황을 누리던 때였다. 그럼에도 호캉스의 인기가 호텔의 문제점을 반증한다는 역설적인 이야기를 꺼낸 이유는 호캉스가 제공하는 핵심 가치가 소비자가 아닌 공급자의 관점을 더 따르고 있기 때문이었다.

호캉스는 럭셔리하고 편리한 휴식을 누리는 여행이지만, 그 이면에는 호텔 내에서 최대한 많은 부대시설을 이용해야만 호캉스

다운 휴식이 보장된다는 의미도 내포되어 있다. 호텔이 자사의 매출을 극대화하려면 여행자가 시설 내에서 가능한 많은 돈을 써야 하므로 보통 호캉스 패키지 상품은 객실과 부대시설을 촘촘하게 묶어 구성된다. 그렇다 보니 호텔이 제공하는 휴식은 고객이 호텔 밖으로 나갈 수 없도록 외부와의 연결성을 배제해야 한다. 또한 단체 고객과 연회, 콘퍼런스 등을 통한 B2B 매출이 대단히 중요한 수입원인 호텔은 레저 여행자보다 비즈니스 고객에 최적화된 시설로 특화되어왔다. 그런데 코로나19 사태 이후 각종 연회 및 대규모 행사, 회의 등이 전면 취소되면서 그동안 단체와 비즈니스 고객에 초점을 맞추었던 호텔의 매출 구조는 치명적인 약점이 됐다.

메리어트, 힐튼 등 글로벌 대규모 호텔 체인들은 호텔의 포트폴리오를 늘려가면서 비즈니스와 레저 시장 양쪽에 대응하는 다양한 호텔 브랜드를 출시했다. 하지만 한국의 특급 호텔은 비즈니스 브랜드를 주로 선택하여 보수적으로 접근해왔다. 2020년 7월 글로벌 호텔 체인 아코르Accor 호텔 그룹이 머큐어 앰배서더 서울 홍대를 오픈한 일은 이러한 국내 특급 호텔들의 경향이 드러난 대표적인 사례다. 사실 아코르 호텔 그룹은 홍대에 신생 브랜드 조앤조Jo&Joe를 론칭하려 했었다.[13] 조앤조는 아코르 호텔 그룹이 MZ세대의 변화하는 여행 패턴을 겨냥하며 디자인과 지역 문화를 강조해 만든 호텔 브랜드로, 역동적인 스트리트 문화가 살아 있는 홍대와 잘 어울린다. 그런데 막상 오픈한 호텔은 머큐어 앰버서더로, 아코르의 전형적인 비즈니스 브랜드여서 사람들의 고개를 갸우뚱하게 했다. 홍대라는 지역적 특성과 연결되지 않는 데다 인근 지역인 용산의 드래곤시티에 머큐어 브랜드의 숙박 시설이 있어 희소성도 부족해 보였다. 그러한 우려 속에 문을 연 머큐어 앰버서더 서울 홍대는 코로나19 사태가 장기화되면서 호텔을 오픈한 지 1년도 안 되어 매물로 나왔고, 결국 이랜드그룹에서 현대자산운용으로 운영사가 바뀌었다. 2022년 5월 현재 호텔 영업은 지속하고 있으나, 저층부에 무신사와 같은 트렌디한 상업 시설을 유치하여 수익성을 유지하는 중이라고 알려졌다.

반면에 팬데믹을 거치며 사세를 더 확장한 일본의 유일무이한 호텔 기업이 있다. 바로 2022년에 최대 700여 명의 신규 채용을 계획하고 있다고 밝힌 호시노 리조트다.[14] 코로나19 사태가 호텔 업계에 위기를 몰고 온 결정적 요인이라면, 같은 조건에 있음에도 호시노 리조트는 어떻게 체인 수가 줄어들기는커녕 계속해서 새로운 지점을 오픈할 수 있었던 걸까? 2019년에 호시노 리조트의 한국 담당자와의 미팅에서 "저희는 여행사 단체 고객은 거의 받지 않습니다. 내국인도 외국인도 개별 여행자를 주요 타깃으로 운영합니다"라는 말을 듣고 놀란 적이 있다. 개인 여행과 레저 시장에 집중해온 호시노 리조트의 전략은 수많은 호텔들을 무너뜨린 팬데믹뿐 아니라 한국 수요가 통째로 날아간 2019년의 '노재팬 운동(일본 상품 및 브랜드, 여행에 대한 불매운동)'이라는 악재를 뚫고 지속가능한 성장을 이룰 수 있었던 본질적인 강점으로 작용했다.

호시노 리조트의 호시노 요시하루星野佳路 대표는 2021년 10월 한 매체와의 인터뷰에서 2020~2021년에 이루어낸 핵심 성과는 '마이크로 투어리즘에 본격적으로 뛰어든 것'이라고 밝혔다.[15] 마이크로 투어리즘이란 내가 현재 살고 있는 지역을 중심으로 한 근거리 여행 활동을 의미한다. 단체나 연회에 의존하지 않고 철저히 여행을 목적으로 그 지역을 찾는 사람들을 고객으로 삼아온 호시노 리조트는 호텔의 모든 체험 및 식음료를 각 지역에 맞춰 개발하고 지역 경제와의 선순환을 꾀하며 정체성을 다져왔다. 그리고 코로나19 사태를 기점으로 지역 여행을 독려하는 정책을 더욱 적극적으로 펼치기 시작했다. 우선 각 호텔이 위치한 지역의 언론 매체들과 함께 마이크로 투어리즘 캠페인을 전개했고, 숙박 상품을 홍보할 때 주변의 여행 정보도 안내하는 방식으로 고객을 끌어모았다. 나아가 호시노 대표는 일본의 인바운드 시장(외국인의 방일 관광)은 쉽게 회복되지 않겠지만, 마이크로 투어리즘 시장은 2019년 대비 2021년에 약 300% 이상 성장할 것으로 전망하기도 했다. 이러한 예측은 현재 일본 전역에서 이뤄지고 있는 로컬 숙소 시장의 진화와도 연관이 있다.

호스텔을 운영하는 청바지 회사

현대 일본의 사회·경제적 변화를 패션 산업의 측면에서 풀어낸 책《아메토라》에는 오카야마岡山라는 낯선 도시가 등장한다. 한때 섬유 생산으로 번성했던 오카야마는 1965년 미국에서 들어온 청바지를 처음으로 만들기 시작한 도시다. 1990년대 이후 제조업의 침체와 함께 쇠락의 길을 걸었지만, 지금도 오카야마에는 다양한 청바지 브랜드가 있다. 그중 한 브랜드인 '에브리 데님Every Denim'의 창업자들은 인적이 뜸해진 오카야마에 좀 더 많은 사람들이 찾아오기를 바랐고, 그러기 위해서는 오카야마에 방문해야 하는 여행의 이유가 있어야 한다고 생각했다. 그리고 직접 숙소를 만들어 그 이유를 모색해보기로 했다.

그렇게 출발해 2019년 9월 문을 연 데님 호스텔 플로트Denim Hostel Float는 이름에서 알 수 있듯 '데님'을 키워드로 한 공간이다. 슬리퍼부터 가운, 소파 커버 등 객실 곳곳에 그들이 만든 데님이 자연스레 녹아 있다. 오카야마의 탁 트인 바다와 데님의 푸른빛이 어우러진 풍경은 오카야마가 품고 있는 일본 데님의 역사와 연결되며 여행자가 '꼭 경험해야 할 이야기'로 거듭났다. 데님 호스텔 플로트의 존재만으로 사람들의 발길이 끊겼던 소도시에 젊은 세대가 다시 찾아오기 시작한 것이다. 비록 오픈한 지 얼마 되지 않아 코로나19 사태라는 위기를 마주하게 됐지만 청바지를 주제로 한 염색 체험, 주변 바다를 활용한 해양 레저 액티비티 등

출처: 데님 호스텔 플로트 공식 페이스북

지역의 특색을 드러내는 동시에 자사 브랜드의 핵심 요소인 '데님'을 전면에 내세운 데님 호스텔 플로트. 객실 내 가구와 소품, 어메니티 등에 데님을 적극 활용하여 차별화 포인트로 삼은 것이 눈에 띈다.

의 경험 상품과 연계하며 이를 현명하게 극복하고 성장세를 보이고 있다.

호텔이 아닌 단기 렌털 숙소 시장의 급성장으로 인한 글로벌 OTA 순위 변화는 여행자의 행태가 크게 변화해왔음을 시사한다. 투어리즘 전문 매체《스키프트》가 발표한 자료에 따르면 2015년을 기점으로 아파트, 레지던스 등 주거 형태의 숙소 예약 시장에서 에어비앤비가 세계 1위로 부상했고, 2019년에는 경쟁 플랫폼들이 따라잡지 못할 만큼 그 격차가 벌어졌다.[16] 호텔을 판매하는 부킹닷컴과 익스피디아에도 단기 렌털 숙소가 적잖게 등록되어 있기는 하지만 에어비앤비의 '체험'처럼 지역과 밀착된 경험을 숙소와 함께 제공하지는 못했다. 일본에서는 에어비앤비뿐 아니라 1장에서 소개한 칠린처럼 가격이 아닌 여행의 목적으로 숙소를 검색할 수 있는 플랫폼이 생겨나면서, 소규모의 지역 숙소들도 스스로 널리 홍보하고 판매할 수 있는 환경이 조성됐다. 데님 호스텔 플로트의 창업자 역시 자신의 블로그를 통해 코로나19 사태로 폐업 직전까지 갔었지만 칠린에 객실을 등록한 것이 결정적인 도움이 되어 위기를 넘길 수 있었다고 회고한 바 있다.[17]

도시에서 이주하거나 고향으로 돌아온 젊은 세대가 지역에서 만드는 호텔은 기존의 틀에 얽매이지 않는다. 특히 일본에서는 숙소가 제공하는 '콘텐츠'의 변화가 크게 일어나고 있는데, 이는 일본의 사회·경제적 변화와도 연관이 깊다. 오랜 경기 침체 속에서 일본의 MZ세대가 도시에서 눈길을 돌려 로컬 창업으로 향하게 된 것이다. 호텔업에 종사해본 적이 없는 라이프스타일(의식주) 전문가들이 새로이 호텔에 뛰어들었고, 이들이 만든 호텔은 이전과는 다른 모습을 보이고 있다. 지역의 식당, 카페 등과 숙소가 느슨한 연합을 이루며 그 지역 경제를 이끄는 형태로, 앞서 소개한 데님 호스텔 플로트가 그 대표적인 사례라 하겠다.

지역에 특화된 개성 넘치는 숙소의 탄생, 그리고 이들을 소비자와 가까이 연결해주는 새로운 여행 플랫폼의 등장은 숙소 선택의 자유를 대폭 확장시켰다. 이러한 변화 속에서 기존의 호텔들은 스스로 여행자에게 어떤 가치를 제공해야 하는지 되물어야 할 때다. 호시노 리조트가 전통적인 호텔과 달리 개인 여행자에 초점을 맞춰 영업해온 것 역시 급변하는 여행 트렌드 속에서 호텔의 존재 가치에 대한 고민의 결과라고 볼 수 있다.

도한놀이 즐기는 일본 Z세대 vs 한옥 테마파크 가는 인도네시아 Z세대

2021년 11월, 일본의 쉐라톤 그란데 도쿄 베이 호텔은 한국을 테마로 특별한 숙박 플랜과 뷔페 메뉴를 제공하는 코리안 페어 '심쿵 쉐라톤'을 한 달 동안 진행했다. '심장에 쿵 하고 충격이 올 만큼 설렌다'라는 의미로 쓰이는 한국의 신조어 '심쿵'을 페어 이름에 그대로 사용한 것이 인상적이다. 주일 한국문화원의 협조로 설치한 이동식 박물관, 방탄소년단 등 K-팝 배경음악, 대한항공과 진로 등 한국 기업과의 협업을 통한 다채로운 체험 프로그램을 선보였으며, 페어 기간 동안 1,800개의 객실이 전일 매진됐다.[18] 기획 당시에는 2030 젊은 여성층이 주요 타깃이 될 것이라 예측

출처: 쉐라톤 그란데 도쿄 베이 호텔

✈ 쉐라톤 그란데 도쿄 베이 호텔에서는 '심쿵 쉐라톤' 페어 기간 동안 호텔 가든을 한국의 포장마차 콘셉트로 꾸미고 한국 음식과 주류를 제공하는 등 다양한 프로그램을 운영했다.

했지만, 실제로는 자녀를 동반한 가족 단위 고객 등 예약 연령대의 폭이 넓어 호텔 측의 기대를 뛰어넘었다. 이처럼 도쿄의 대형 호텔이 한국을 여행 경험의 주요 테마로 삼아 인기를 끈 배경에는 2021년 한 해 동안 일본 인스타그램의 최대 인기 해시태그로 떠오른 '도한놀이渡韓ごっこ'라는 키워드가 있다.

일본과 인도네시아의 Z세대와 새로운 한국 여행

일본에서는 1984년부터 해마다 연말이 되면 그해 일본에서 가장 많이 회자된 신조어나 유행어를 선정해 관련 인물이나 단체에게 상을 주는 '유캔 신어·유행어 대상'을 발표한다. 2021년에는 도한놀이가 단일 부문에서 4위를 차지했으며, 1위와 2위도 각각 Mnet의 오디션 프로그램 〈걸스플래닛 999: 소녀대전〉과 넷플릭스 오리지널 드라마 〈오징어 게임〉이 차지했다.[19] 상위권에 한국 문화 관련 키워드가 3개나 랭크된 것이다. 도한놀이는 한국에 여행을 간 것처럼 연출하는 호캉스 여행으로, 일본의 Z세대 여성들 사이에서 하나의 '현상'으로 떠오르며 트렌드가 됐다. 해외여행이 불가능한 기간이 길어지자 일본의 젊은이들은 자국의 호텔에서 한국 음식과 과자, 음료를 먹고 마시며 그 인증샷을 인스타그램에 업로드하기 시작했다. 한국 캐릭터가 그려진 잠옷, 방탄소년단이 광고모델인 음료 등 도한놀이의 아이템은 디테일하고 다양하다. 2021년 초부터 여러 매체에 소개되며 화제에 오른 도한놀이 열풍에 가장 먼저 주목한 것은 여행 업계, 그중에서도 호텔 업계였다. 도한놀이의 핵심이 호텔 객실에서 남기는 인증샷이기 때문이다. 이에 쉐라톤 그란데 도쿄 베이 호텔 외에도 더 라이블리 아자부주반 도쿄, 호텔 닛코 오사카, 몬테레이 호텔 오사카 등 일본 내 여러 호텔들이 도한놀이 숙박 패키지를 선보였다.

하지만 도한놀이 열풍은 여행 업계에서 그치지 않았다. 한국 여행을 흉내 내는 액티비티의 영향력은 일상에서 쉽게 접근할 수 있는 체험 활동으로 확대되고 있다. 일본의 주요 도시들에 '한국 패션 렌털 숍'이 체인 점포를 늘리며 유행하는 현상이 대표적인

출처: 유튜브 채널 'モデル料理家 茉莉香'

일본의 한 유튜버의 도한놀이 콘텐츠 섬네일. 일본의 Z세대 사이에서는 한국의 과자나 음료, 주류를 비롯해 치킨과 김밥을 즐기는 것이 하나의 놀이이자 트렌드가 되고 있다.

사례다. 이 렌털 숍에서는 한국의 교복이나 K-팝 아이돌의 무대 의상과 비슷한 옷을 빌려 입고, 한국 학교의 교실을 재현한 공간에서 사진을 찍고, 한국풍의 카페에서 한국 편의점에서 판매하는 과자나 시리얼 등을 먹을 수 있다. 일본의 인기 유튜버와 인플루언서들이 이러한 렌털 숍 체험 콘텐츠를 업로드하면서 더 많은 Z세대들이 또래에게 주목받기 위해 한국 렌털 숍으로 향하고 있다.

2021년 초부터 불기 시작한 도한놀이 열풍에 몇몇 일본 매체는 코로나19 사태의 반작용으로 일어난 반짝 인기에 그칠 것이라고 전망하기도 했으나, 2022년 들어서며 그 열기는 오히려 더욱 뜨거워지는 모양새다. 이에 2022년 5월 13일 《요미우리신문》

은 골든위크 연휴(4월 말부터 5월 초까지 약 일주일에 걸친 일본의 연휴 기간) 동안 10~20대 여성들로 발 디딜 틈이 없었던 오사카 코리아타운을 조명하며 4차 한류 열풍에 대해 다뤘다. 서울로 여행을 갈 수 없는 상황에서 일본의 젊은 여성들이 한국의 길거리 음식을 사 먹거나 셀프 즉석 사진을 찍으며 대리 만족하기 위해 코리아타운을 찾은 것이다. 호텔 숙박과 한국 음식 인증샷으로 시작됐던 도한놀이가 이제 그 형태를 바꿔가며 새로운 한류 소비 문화로 자리 잡고 있다. 이는 한국 문화가 일본 젊은 세대의 소셜미디어에서 가장 트렌디한 글로벌 문화로 통용되고 있으며, 이를 활용해 자신의 여행과 일상을 연출하는 것이 콘텐츠로서 가치가 있다고 인식된다는 것을 보여준다.

이러한 현상은 일본에만 국한되지 않는다. 해외여행 길이 막히면서 일본의 Z세대가 스스로 한국 여행을 액티비티로 만들었다면, 인도네시아는 정부가 나서서 한옥마을 콘셉트의 관광지를 조성해 Z세대를 끌어모으고 있다. 2021년 4월, 인도네시아의 한 테마파크 내에 한국의 한옥마을을 재현한다는 소식이 국내 언론을 통해 전해진 지 불과 3개월 만에 해당 테마파크가 정식으로 문을 열었다. 자바주의 타시크말라야Tasikmalaya 관광지구에 있는 말라야 파크는 한국을 비롯한 5개국을 나라별로 재현한 테마 공원이다. 그중 한국을 테마로 한 '제주 공원'은 서울의 북촌 한옥마을을 모티브로 한 전통 공간과 K-팝 등 한류를 즐길 수 있는 현대 공간으로 구성되어 있다. 아무리 해외여행을 갈 수 없는 시국이 됐다지만 다른 나라의 문화 명소를 통째로 옮겨 관광지를 조성하는 사례는 세계적으로도 흔하지 않다. 더 놀라운 것은 인도네시아에는 말라야 파크 말고도 한국의 전통문화를 테마로 한 마을이나 거리가 7곳이나 더 있다는 사실이다.

한 스타트업 투자사의 '인도네시아 Z세대 100인 인터뷰 리포트'를 보면 인도네시아가 자국 내에 한국풍의 명소를 만드는 데 왜 이토록 열성적인지 알 수 있다.[20] 이 보고서에서 눈여겨봐야 할 부분은 크게 두 가지인데, 하나는 인도네시아의 Z세대가 가장 선호하는 콘텐츠가 한국 콘텐츠라는 것이다. 한국 콘텐츠에 대한 이들의 선호도는 자국 콘텐츠의 두 배 이상이었다. 이것은 이들이 한국 문화에 관심이 많고 이를 실제로 체험하고 싶은 니즈가 크다는 것을 보여준다. 다른 하나는 인도네시아 Z세대가 가장 많이 사용하는 스마트폰 앱이 인스타그램이라는 것이다. 다른 나라의 Z세대들과 마찬가지로 이들 역시 또래가 부러워할 만한 경험을 기록하고 공유하는 것을 즐긴다. 이런 인도네시아의 젊은이들에게 한복을 입고 마음껏 사진을 찍을 수 있는 한옥마을은 최적의 공간인 셈이다.

일본과 인도네시아는 같은 아시아권에 속하지만 지리적으로나 문화적으로나 서로 다른 점이 많은 나라들이다. 그럼에도 두 나라 Z세대의 트렌드에는 차이가 거의 없다. 이는 Z세대를 대상으로 한 수많은 연구들에서 공통적으로 언급하는 지점이기도 하다. '디지털 네이티브(태어날 때부터 디지털 환경에 둘러싸여 자란 세대)'인 Z세대는 인스타그램, 틱톡 등 글로벌 SNS로 정보를 습득하며 넷플릭스와 같은 미디어를 통해 해외 문화를 빠르고 쉽게 접한다. 오늘날 일본과 인도네시아의 Z세대가 즐기는 도한놀이와 한옥마을 트렌드는 말 그대로 '국경 없는' 문화 트렌드가 여행 산업에 직·간접적으로 영향을 미치고 있음을 단적으로 보여주는 사례라 볼 수 있다. 그렇다면 한국의 여행 업계가 전 세계 Z세대의 마음을 얻으려면 어떻게 해야 할까?

덕후 투어하고 공간 순례하는 Z세대, 이런 여행 정보를 원한다

2021년 10월의 어느 날, 내가 일하는 홍대 사무실 인근의 작은 골목에 온종일 사람들의 발걸음이 끊이지 않았다. 이들은 아이돌 그룹 몬스타엑스의 팬들이었다. 좋아하는 멤버의 생일을 기념해 이벤트를 여는 카페에 방문해서 축하 메시지가 적힌 컵홀더와 굿즈 등을 받으려 평소에는 오가는 이가 많지 않은 조용한 골목까지 찾아온 것이다. 나 역시 이 그룹의 팬인데, 이벤트 정보를 미리 알아둔 덕분에 직접 참여해볼 수 있었다. 스타트립이나 덕플 같은 앱을 이용하면 나의 현재 위치를 기준으로 주변에서 열리는 팬덤 이벤트를 한눈에 확인하고 관련 정보들을 쉽게 얻을 수 있다. 이런 앱이 개발되기 전까지 K-팝 팬들은 트위터 등 SNS에 산발적으로 올라오는 이벤트 일정들을 일일이 취합하고 엑셀 파일로 정리해서 이벤트 투어를 도는 불편을 감수해야 했다. 좋아하는 아이돌의 생일을 축하하기 위해 카페를 대관하는 일명 '생일 카페' 이벤트는 이미 수년 전부터 자리 잡아온 K-팝 팬덤 특유의 문화다. 국내뿐 아니라 세계의 K-팝 팬들도 이에 대해 잘 알고 있고, 일부 국가에서는 현지에서 생일 이벤트를 열기도 한다.

그런데 최근 국내에서 크게 유행하고 있는 생일 카페 이벤트의 파생 문화가 하나 있다. 바로 '컵홀더 투어'다. 생일 카페 이벤트가 보편화되고 한 아이돌의 생일 카페가 여러 곳에 마련되는 일이 많아지면서 마치 성지순례를 하듯 카페들을 돌며 컵홀더를 모으는 문화가 생긴 것이다. 물론 수집한 컵홀더 사진을 SNS에 인증하는 것은 필수다. 이러한 새로운 팬 문화는 해외의 K-팝 팬들 입장에서 무척 체험해보고 싶은 경험이 아닐 수 없고, 이들이 한국에 방문했을 때 분명 SNS를 통해서 보기만 했던 컵홀더 투어에 직접 나서길 희망할 것이다. 따라서 관련 앱들이 여러 언어를 지원하게 된다면 외국인 팬들에게도 매력적으로 다가갈 수 있다. 이는 꼭 K-팝 팬덤에 국한되는 방법이 아니라, 앞서 언급한 데이트립 같은 서비스에도 적용 가능하다. 국내 Z세대를 타깃으로 멋진 공간을 안내하는 만큼 그 정보를 다양한 외국어로도 제공할 수 있다면 한국을 찾은 외국인 Z세대 여행자들의 취향을 저격할 수 있을 것이다. Z세대가 여행에서 추구하는 '공간'의 의미와 효용은 그들의 국적과 크게 상관없이 유사하기 때문이다.

한국은 오래전부터 방한 관광 활성화를 위해 비자 정책을 적극적으로 완화하고 전략적 마케팅을 시도하며 꾸준히 노력해왔다. 그 결과 2019년에는 누적 외국인 방문객 수가 1,750만 명을 돌파하며 역대 최고 기록을 세우기도 했다. 2017년 사드 사태를 겪은 후에는 시장 다변화 정책을 통해 비중국 중화권인 대만, 홍콩과 일본, 중동 지역까지 마케팅 영역을 넓히면서 중국에 대한 여행 시장의 의존도는 낮추고 그 밖에 모든 권역의 외래객이 증가하는 환경을 만들었다. 그 영향으로 다양한 국적의 외국인들이 한국을 궁금해하고 관련 콘텐츠를 검색하거나 물품을 구매하려는 수요가 늘어날 수밖에 없다. 크리에이트립은 이러한 흐름을 읽고 비즈니스로 연결시킨 대표적인 사례다. 방한 외국인을 위한 한국 여행 정보 공유 및 전자상거래 플랫폼인 크리에이트립은 한국 전통문화를 넘어 요즘의 한국 사람처럼 즐기고 소비하는 데 유용한 정보들을 제공하는 활동에 집중해왔다.

크리에이트립의 임혜민 대표는 대학 졸업 후 외국인을 상대로 홍삼 판매 아르바이트를 하면서 한국을 찾은 외국인들이 대부분 여행사에 의존해서 패키지여행을 하는 이유가 한국에 대한 양질의 정보가 턱없이 부족하기 때문임을 알게 됐다. 이를 개선하기로 마음먹은 임 대표는 먼저 한국에 대한 관심도와 친근감이 높은 중화권부터 공략하기 시작했다. 대만, 홍콩 시장을 중심으로 아시아 MZ세대의 트렌드에 맞춘 콘텐츠를 꾸준히 발행했는데, 여기서 콘텐츠가 한국의 '지금'을 알리는 콘텐츠라는 점에 주목해야 한다.

그동안 국내 여행 업계는 외국인 관광객을 대상으로 주로 전통문화나 역사 위주의 콘텐츠들을 노출시켜왔지만 크리에이트립은 이런 콘텐츠를 일부러 배제했다. 대신 한국의 현대적 감성이 아시아 MZ세대의 소비 트렌드를 문화적으로 선도하는 지점을 겨냥해, 이들이 알고 싶어하는 한국의 최신 정보를 영어와 중국어로 공급했다. 이를테면 '한국 편의점의 신상 스낵 BEST5'이나 'K-팝 아이돌의 거울 셀카 포즈' 같은 콘텐츠들이 있다. 이처럼 차별화된 콘텐츠로 월 150만 명의 사용자를 확보한 덕분에 크리에이트립은 한국 상품을 판매하는 커머스 플랫폼으로의 확장을 꾀할 수 있었다. 일반적인 여행 상품과 달리 온라인쇼핑은 굳이 한국을 방문하지 않더라도 가능하다. 때문에 코로나19 바이러스 같은 초유의 사태가 벌어져도 외국인을 대상으로 꾸준히 매출을 끌어낼 수 있어 외부 위기에도 사업을 탄력적으로 운영할 수 있는 기반이 된다. 향후에도 글로벌 Z세대에게 어필할 수 있는 관광 정보는 '얼마나 현지인(한국인)처럼 여행할 수 있는가'에 최적화되어야 한다는 것을 잘 보여주는 사례다.

170억 원 들인 관광 캠페인, 남은 것은 패러디뿐?

2019년 말, 오스트레일리아 관광청이 무려 1,500만 달러(약 170억 원)의 예산을 투입해 글로벌 관광 캠페인 영상을 제작했다. 오스트레일리아 출신의 세계적인 팝스타 카일리 미노그Kylie Minogue가 주인공과 주제가를 맡고 오스트레일리아의 관광지들을 화려하게 담은 캠페인 영상 '메이트송Matesong'이 공개되자 이에 대한 대중의 반응은 극과 극으로 갈렸다. 애국심이 고취된 오스트레일리아 사람들의 칭찬 댓글도 많았지만, '진지한 거냐, 아니면 패러디냐'와 같은 혹평도 이어졌다. 가장 웃지 못할 댓글은 '카일리는 오스트레일리아가 이렇게나 좋은데 영국에서 사는군요'라는 것이었다. 셀러브리티의 유명세에 의존하여 대중의 높아진 수준을 고려하지 못한 관광 캠페인의 한계를 보여준 사례다. 그런데 Z세대는 단지 댓글로 평을 다는 것에서 멈추지 않는다.

공급자 중심의 관광 홍보, 소비자의 관점으로 스토리텔링해야

오스트레일리아의 10대 영상 크리에이터 타라 벨로즈Tara Belrose는 메이트송이 공개된 지 4일도 되지 않아 이를 비틀어 패러디한 '현실적인 오스트레일리아의 관광 광고Realistic Australian Tourism Ad'를 업로드했다. 위트 있는 가사의 랩을 통해 오스트레일리아 사회에 만연한 문제를 지적하고, '기후 위기 정책이나 개선하라'라는 일침을 날린다. 이처럼 Z세대는 진정성과 철학이 결여된 기업이나 정부의 광고를 보면 '쿨'하지 않다고 느낀다. Z세대의 날카로운 비판을 받은 메이트송 캠페인은 영상 공개 직후인 2020년 1월의 오스트레일리아 산불 사태에 팬데믹까지 겹치면서 별다른 홍보 효과를 거두지 못했다. 이 해프닝은 관광 홍보 영상의 선호도와 기준이 어떻게 변화하고 있는지 잘 보여준다. 특히 공급자 관점에서 이야기하는 일방적인 자국 홍보는 주체적으로 정보를 소비하는 MZ세대에게 설득력이 떨어진다.

2021년 6월에 아이슬란드가 선보인 여름철 관광 캠페인은 공급자가 아닌 소비자 관점에서 만든 관광 캠페인의 좋은 예다. 캠페인의 슬로건인 '당신의 스웨트팬츠를 부츠로 바꿔라Turn Your

Sweatpants into Boots'에는 아이슬란드의 국가명조차 포함되어 있지 않다. 우선 캠페인을 위한 별도의 웹사이트sweatpantboots.com를 구축하고, 캠페인 뮤직비디오를 만들어 공개했다. '당신에게 모험이 필요한 것 같군요Looks Like You Need An Adventure'라는 제목의 영상에는 단순하고 명확하며 소비자 관점의 메시지가 담겨 있다.

'그동안 스웨트팬츠 차림으로 집 안에만 갇혀 지내느라 지루했죠? 이제 부츠를 신고 밖으로 나가세요! 눈앞에 펼쳐질 모험들이 당신을 맞이할 겁니다.'

이 뮤직비디오는 유튜브에도 업로드됐는데, 해당 영상에는 아이슬란드의 국가 마케팅 플랫폼인 '인스파이어드 바이 아이슬란드Inspired by Iceland' 웹사이트가 링크되어 있다. 이 링크를 클릭하면 코로나19 사태 속에서 안전하게 여행하는 법을 흥미롭게 안내해준다. 실제로 레이캬비크 시내에 팝업숍을 마련하여 오래된 운동복을 가져온 여행자에게 새 하이킹 부츠를 증정하거나 소품으로 업사이클링해주는 이벤트를 진행하기도 했다. 이렇게 기관과 민간이 협력해 만든 커뮤니케이션 플랫폼을 통해 국가관광을 마케팅하는 것은 북유럽에서는 보편화된 방식이다. 핀란드 정부 역시 '비즈니스 핀란드'라는 기관을 만들어 자국의 관광 산업 및 혁신 사업을 국가관광 브랜드의 일환으로 함께 다룬다. 이것은 관광 산업을 국가의 중요한 경쟁력이자 수출 자원으로 바라보고 접근해야만 가능한 일이다.

한편, 한국은 관광 산업이 멈춰버린 2020년부터 창의적인 국가관광 홍보 영상을 연달아 선보이며 세계적인 주목을 받았다. 바로 한국관광공사의 홍보 캠페인 '필 더 리듬 오브 코리아Feel the Rhythm of Korea' 시리즈다. 2020년 7월부터 5회에 걸쳐 제작된 시즌1의 전체 누적 조회 수는 2억 5,000만 회를 넘어섰는데(2022년 5월 기준), 보도에 따르면 제작비는 편당 2억여 원 수준이었다.[21] 오스트레일리아가 170억 원의 예산을 들여 만든 메이트송 캠페인 영상의 조회 수가 여전히 200만 회에 그치고 있는 것에 비하면 한국은 비용 대비 큰 효과를 거둔 셈이다.

시즌1의 인기에 힘입어 2021년 9월에 '필 더 리듬 오브 코리아' 시즌2가 공개됐고(총 8회), 2022년 5월 현재 시즌3도 순차적으로 릴리즈되고 있다. 그 성공에 결정적인 역할을 한 주요 요인은 크게 두 가지다. 하나는 창작자에게 콘텐츠 기획의 주도권을 넘겨주어 자유롭게 역량을 발휘할 수 있게 한 것이고, 다른 하나는 MZ세대의 한국 여행 목적이 유형에서 무형의 자원으로 이동하고 있음을 이해하고 반영한 것이다. 한국이 가지고 있는 역동성, 독창성 등 눈에 보이지 않는 문화 자원을 진정성 있게 구현해 '쿨'하고 '힙'하다는 반응을 이끌어냈다는 측면에서 기존의 관광 홍보와는 확실한 차별점을 지닌다. 다만 한국관광공사의 유튜브

출처: 한국관광공사 유튜브 채널 'imagine your Korea'

한국관광공사의 홍보 캠페인 '필 더 리듬 오브 코리아'. 기존의 국가관광 홍보 영상과는 달리 한국의 아름다움을 독창적이고 유머러스하게 담아내 국내외에서 큰 호응을 얻었다.

콘텐츠 중 대부분의 본문 설명에 랜딩 페이지로 연결되는 링크가 빠져 있어 다소 아쉽다. 추가 링크가 없다는 것은 시청자가 영상을 본 후 그냥 빠져나간다는 뜻이기 때문이다. 이 캠페인은 전국의 주요 도시별로 구성되어 있으므로 각 도시의 관광 관련 링크를 제공하는 간단한 방식으로도 사용자 경험을 충분히 확대 설계할 수 있다. 다행히 2022년 5월에 업로드된 평창 편에는 캠페인 랜딩 페이지가 링크되어 있다.

'우리가 정의하는 우리의 관광 이미지'가 중요해지는 시대

수년에 걸쳐 전 세계의 다양한 관광 산업 콘퍼런스를 취재하면서 세계 각국의 유튜브 캠페인들을 지속적으로 살펴볼 수 있었다. 그중 주요 관광 국가들의 캠페인은 그 나라가 전달하고 싶은 메시지를 효과적인 사용자 설계를 통해 표현하고 있다는 공통점이 눈에 띄었다. 특히 최근에는 MZ세대가 여행의 중요 목적으로 고려하는 아웃도어 액티비티 또는 로컬 체험을 주제로 내세운 경우가 많다. 노르웨이 관광청에서 운영하는 국가관광 브랜드 비짓 노르웨이Visit Norway의 2020년 광고 캠페인 '웰컴 투 스페이스Welcome to Space'는 팬데믹 이후 거리두기를 원하는 여행자들의 시선을 사로잡는 노르웨이의 광활한 대자연과 낮은 인구밀도를 새로운 강점으로 어필한다. 이 캠페인 영상의 유튜브 본문에는 관광청 웹사이트의 캠페인 소개 페이지로 연결되는 링크가 포함되어 있다. 사이트에 접속하면 'Need some space? Norway's got it(공간이 필요하세요? 노르웨이에 있습니다)'라는 재치 있는 메시지가 제일 먼저 보인다. 2021년 '이스탄불 이즈 더 뉴 쿨İstanbul is The New Cool'이라는 세련된 관광 브랜드 캠페인을 선보인 터키 역시 안전여행 웹사이트를 별도로 만들어 영상과 함께 안내했다. 미국의 캘리포니아주 관광청과 일본의 관광국 JNTOJapan National Tourism Organization가 코로나19 사태 이후 제작한 관광 캠페인도 별도의 랜딩 페이지를 링크하여 안전한 여행지를 안내하거나, 아직 국경이 열리진 않았으나 희망을 전하는 페이지로 연결하고 있다.

현재 우리의 국가 브랜드는 2014년 선정된 '이매진 유어 코리아Imagine your Korea'로, '당신의 한국을 상상하라'라는 메시지를 던지고 있다. 우리가 '우리를 어떤 나라다'라고 정의해서 알리는 게 아니라, 타국이나 타인이 우리를 바라보는 제3자의 관점으로 해석될 여지가 있다는 점에서 그리 긍정적이지는 않다. 또한 서울시와 서울관광재단이 운영하는 도시관광 웹사이트 '비짓 서울korean.visitseoul.net'에서는 도시관광 브랜드 메시지가 보이지 않는다. 서울에 거주하는 천만 인구가 만들어내는 역동적인 도시 문화가 두드러지지 않는 점이 특히 아쉽다. 한국관광공사의 공식 관광 사이트인 비짓 서울 내에 사용되는 '한류Hallyu'라는 용어는 이미 일상 전반의 깊숙이 한국 대중문화를 접하고 있는 2030 외국인들에게는 오히려 낯설다. 전 세계의 관광 마케팅은 국가 브랜드와 밀접하게 연계되어 있고 자국이 가진 장점과 특성을 자국의 관점으로 도출해서 브랜딩하는데, 한국은 여전히 외부 세계가 인정하는 우리 것을 기준으로만 관광에 접근한다는 느낌이 든다.

최근 관광 명소가 아닌 '사람'들의 매력을 주체적으로 해석해서 스토리텔링하는 국가관광 캠페인들이 늘고 있다는 점을 눈여겨볼 필요가 있다. 싱가포르의 관광 브랜드 '패션 메이드 파서블Passion Made Possible(열정을 가능하게 하다)'은 전 세계 MZ세대 여행자에게 '이 도시에서 당신의 열정과 잠재력을 깨워라'라는 자기 발견의 메시지를 던진다. 관광청 웹사이트의 캠페인 안내 페이지에는 싱가포르의 팝아트 예술가나 슈즈 디자이너 등 다양한 직군에 종사하는 이들과의 인터뷰가 게재되어 있는데, 이를 통해 싱가포르에서의 삶이 꿈을 이루는 데 미친 영향과 직업적 영감을 얻는 현지 명소를 자연스럽게 전달한다. 여행자의 입장에서는 세련된 취향을 가진 현지인이 소개하는 고급 여행 정보를 얻을 수 있는 셈이다. 유명 관광지 대신 현지의 문화와 그 문화 속 인물을 조명하는 관광 마케팅의 또 다른 사례로 베트남의 '#마이베트남' 캠페인이 있다. 특히 현재 베트남의 관광 업계에 종사하는 현지인들의 콘텐츠를 소개하는 점이 인상적이다. 예를 들면 호텔리어나 투어 가이드가 자신이 거주하는 지역의 잘 알려지지 않은 명소나 카페, 꼭 먹어봐야 할 로컬 음식 등을 알려주는 식이다.

이렇게 자국민이 바라보는 나라의 매력과 강점을 외부에 꾸준

출처: 베트남 관광청

장소가 아닌 '사람'에 초점을 맞춘 베트남의 국가관광 캠페인, '#마이베트남'. 자국민이 바라보는 현지의 문화와 매력을 공유한다는 점에서 MZ세대 여행자들에게 어필한다.

히 알리는 작업이 중요한 이유는 MZ세대 여행자들이 현지인들이 '지금' 향유하고 있는 문화를 즐기는 여행을 지향하기 때문이다. 지역의 소상공인들이 만들어내는 풍성한 로컬 문화로 유명한 도시 포틀랜드Portland가 속해 있는 미국 오리건주에서는 세 종류의 관광 뉴스레터를 제작하고 있는데, 일반적인 관광 명소들의 소식을 전하는 제너럴 뉴스레터를 주축으로 짝수 달에는 신상 맛집과 그 음식을 다루는 컬리너리culinary 뉴스레터를, 홀수 달에는 숨겨진 산책로 등 야외 활동 소식을 전하는 아웃도어 뉴스레터를 발행한다. 구독자는 자신의 관심사에 맞춰 전문적인 정보를 받아볼 수 있다. 덴마크 수도인 코펜하겐의 관광청 웹사이트에서는 현지의 미식과 문화, 도시개발에 관여하는 각 분야의 전문가들이 각자의 관점에서 코펜하겐을 창의적이고 독특하게 만드는 요소를 소개한다. 이를테면 '휘게hygge(가까운 사람들과 함께 하는 일상에서 얻는 소박한 행복)'의 뒤를 이어 떠오른 유행어 '팰레스피싱fællesspisning(소셜 다이닝과 유사한 개념으로, 비슷한 관심사를 가진 사람들이 모여 식사를 하고 인간관계를 맺는 것)'을 통해 덴마크의 '요즘' 라이프스타일을 설명하는 것이다. 이런 콘텐츠를 접한 외국인들은 덴마크 사람들이 추구하는 삶의 방식을 알 수 있고, 이를 현지인처럼 체험하고 싶어진다. 지역에서 열리는 작은 다이닝 행사에 가보고 싶다는 흥미는 잠재적인 여행 욕구로 이어질 수 있다.

현재 비짓 서울이 외국인 여행자를 대상으로 제공하는 뉴스레터의 주요 콘텐츠는 계절 명소, 북카페, 자전거 라이딩 코스 등 대체로 테마별로 장소를 소개하는 전통적인 여행 콘텐츠다. 이러한 정보성 콘텐츠는 당장 서울을 방문할 계획이 있는 여행자에게는 유용하겠지만, 그렇지 않은 외국인의 관심을 끌기는 어렵다. 전 세계가 한국과 한국인의 '현대성'에 주목하고 글로벌 트렌드의 선봉장으로 인식하게 된 지금, 우리도 스스로의 강점을 정의하고 한국만의 라이프스타일과 도시를 이루는 사람들의 현재를 전 세계에 보여줄 준비에 빠르게 나서야 할 시점이다.

밀크티 하나로 Z세대 줄 서게 만드는 도시

팬데믹 이후 첫 국경절 연휴를 맞게 된 2020년 10월의 중국, 이전에는 잘 알려지지 않았던 한 도시가 인기 여행지 10위권 내에 이름을 올려 눈길을 끌었다. 바로 중국 후난성의 성도인 창사長沙다. 후난성에는 중국뿐 아니라 세계적으로도 유명한 관광지 장자제張家界가 있다 보니 창사는 관광지로서 인지도가 그리 높지 않았다. 그런데 중국 내에서 그런 창사의 인기가 갑자기 치솟은 것이다. 심지어 '중국판 인스타그램'이라고도 불리는 소셜미디어 샤오훙슈小红书가 발표한 2021년 노동절의 인기 여행지 순위에서는 창사가 1위를 하기까지 했다.[22] 주로 2030세대의 여성 인플루언서가 활약하며 소비 아이템을 공유하는 소셜미디어에서 가장 인기 있는 여행지로 선정됐다는 것은 그들의 관심을 끌 만한 뚜렷한 매력 포인트가 존재한다는 것을 의미한다. 도대체 창사에 무엇이 있길래 중국 젊은이들에게 이토록 어필하고 있는 것일까?

Z세대에게 관광 명소보다 중요한 창사의 밀크티

중국의 젊은 여행자들이 창사 여행에서 가장 먼저 떠올리는 첫 번째 키워드는 뜻밖에도 '밀크티'다. 언뜻 밀크티와 여행은 특별한 연관성이 없어 보이지만, 창사에서 시작한 밀크티 카페 체인 차옌웨써茶颜悦色를 빼놓고는 젊은 세대의 창사 여행을 말할 수 없다. '창사에서는 스타벅스에는 빈 자리가 있어도 차옌웨써에는 빈 자리 찾기 힘들다'라는 말이 있을 만큼 그 인기가 엄청나다. 몇 시간씩 줄을 서서 기다리는 것도 모자라 '대리 줄 서기' 아르바이트가 성행할 정도다. 30대의 젊은 창업자 뤼량吕良이 설립한 차옌웨써는 2020년에 선전과 우한에 진출하기 전까지 오직 창사에서만 지점을 늘려왔고, 2021년 11월 기준 창사에는 500곳이 넘는 차옌웨써 지점이 운영되기에 이르렀다.[23] 이 정도 인기라면 다른 지역에 빠르게 진출할 법도 한데, 차옌웨써는 이를 서두르지 않았다. 창사의 지역 브랜드로서 각인되기 위해서였다. 그 결과 처음으로 창사 외의 지역인 선전에 지점을 연 날에는 무려 5만 명이 매장 앞에 줄을 서며 장사진을 이뤘고, 한국 언론까지 이 현상을 보도할 정도로 열풍이 일었다.[24]

그렇다면 무엇이 이렇게 많은 이들로 하여금 밀크티 집 앞에 줄을 서게 만드는 것일까? 차옌웨쌰는 1989년 톈안먼天安門 사태 이후 강화된 애국주의 사상을 교육받은 중국 MZ세대의 자국 우월주의를 브랜딩에 절묘하게 활용했다. 중국의 전통 미인화를 연상시키는 로고가 대표적인데, 이 로고가 그려진 종이컵에 서양의 휘핑크림이 잔뜩 올라간 음료를 담아 마시는 조합은 중국의 젊은 세대에게 일종의 문화적 자긍심을 불러일으킨다. 또한 수백 곳에 이르는 매장들의 내부 인테리어를 저마다 다르게 연출하고, 시즌별로 새로운 디자인의 종이컵을 선보이는 등 차옌웨쌰라는 커다란 테두리 안에서 다채로움을 추구하는 전략을 펼치고 있다. 이를 알고 창사를 방문한 여행자들은 각기 다른 차옌웨쌰 매장들을 돌면서 컵을 수집하거나 인증샷을 찍으며 소위 '도장 깨기'를 즐긴다. 그러니 여행자들이 차옌웨쌰의 밀크티를 마시기 위해 창사에 온다고 해도 과장이 아니다.

창사에 있는 한 차옌웨쌰 매장. 많은 사람들로 붐비는 가운데 중국의 전통문화를 반영한 로고가 눈에 띈다.

밀크티가 창사로 향하는 동인이라면, 창사에서 더 오랫동안 머물게 하는 요소는 '야간 관광'이다. 야간 관광이란 말 그대로 야간이라는 시간대의 특성을 활용해 먹거리와 볼거리, 체험 등을 즐기는 여행을 말한다. 에어비앤비 차이나는 '2021년 여름 휴가 트렌드 리포트'를 통해 Z세대 응답자 중 41%가 여행 일정에 야간 관광을 포함시킨다는 결과를 발표했는데, 이는 다른 어떤 세대보다도 높은 수치였다.[25] 동시에 씨트립의 '2021년 5월 1일 여행 빅데이터 보고서'를 인용한 후난성의 발표에 따르면 창사가 충칭, 광저우에 이어 야간 관광 인기 도시 상위 3위에 선정됐다.[26] 창사의 밤에 어떤 매력이 있길래 노동절 연휴 시즌에 사람들이 앞다투어 찾아온 것일까?

야간 관광의 랜드마크 역할을 하는 창사 내 최대 번화가인 포즈지에坡子街에는 매일 저녁 젊은이들이 몰려든다. 쇼핑과 맛집 탐방을 위해 방문하기도 하지만 젊은이들이 이곳을 찾는 중요한 목적이 하나 더 있다. 바로 한 경찰서 앞에서 사진을 찍기 위해서다. 이 경찰서는 2019년 9월 중국에서 방영된 사건 관찰 리얼리티 프로그램 〈수호해방서守护解放西〉의 실제 배경이 된 곳으로 프로그램이 인기를 끌면서 함께 유명세를 얻었다. 〈수호해방서〉의 애청자들은 방송에서 봤던 장면처럼 해가 진 저녁 시간에 경찰서 외벽 앞에 쪼그려 앉아 체포되는 용의자 자세를 흉내 내며 인증샷을 찍는다. 이 프로그램의 제작사를 소유한 후난위성TV는 지난 20년간 중국의 예능 프로그램 트렌드를 이끌어온 방송국으로, 후난성을 넘어 중국 전역에 커다란 영향력을 갖고 있다. 방송사가 중국 전역의 시청자에게 창사의 매력과 가치를 꾸준히 알리며 축적된 도시 고유의 정체성과 문화 콘텐츠가 Z세대의 발걸음을 이끄는 주요 원동력이 된 것이다.

'노잼' 도시와 '유잼' 도시를 가르는 한 끗 차이

지난 2021년 11월, 대전에서 처음으로 빵 축제 '빵모았당'이 개최됐다. 당시 도로를 따라 끝없이 이어진 대기 줄 풍경이 소셜미디어에 실시간으로 업로드되며 전국적으로 큰 화제를 모았다. 코로나19 방역 수칙 때문에 많은 인원을 수용할 수 없었음에도 이 축제는 기간 내내 도무지 줄이 줄어들지 않을 정도로 뜨거운 호응을 얻으며 성황리에 막을 내렸다. 그런데 대전이 어떤 도시인가? 오랫동안 '노잼(재미없는) 도시'라는 불명예스러운 별명이 붙을 만큼 관광 분야에서 유독 주목받지 못했던 곳이다. 제주나 부산처럼 관광 인프라가 풍부하지도, 경주나 부여처럼 역사적 서사를 갖추지도 못한 대전은 교통의 요충지이자 교육 특화 도시로서의 이미지가 강했다. 그런 도시에 (전국 모든 도시들이 꿈꾸는) 2030 여행자들의 발길을 사로잡는 축제가 탄생했다는 사실은 타 지자체에서도 성공 비결을 궁금해할 만큼 큰 이슈가 됐다.

대전 빵모았당 축제의 성공 비결은 지역 고유의 스토리를 담아내는 동시에 MZ세대의 여행 목적과 접점이 있는 요소를 찾아낸 것에 있다. 대전은 밀가루 음식이 특히 발달한 지역이다. 한국 전쟁을 겪으며 미국 구호물자로 대량의 밀가루가 국내에 들어오게 됐고, 중간 기착 지점인 대전에 물류 창고들이 다수 생기면서 대전 시내에 밀가루가 많이 보급됐다. 그 과정에서 칼국수나 가락국수집과 빵집들이 생겨났는데, 그중에는 오늘날 우리가 '대전' 하면 흔히 떠올리는 토착 기업 성심당도 있었다. 성심당은 지금까지도 대전 이외의 지역에 체인 지점을 내지 않는 것으로 유명하다. 지역 고유의 특산물이나 브랜드를 희소하게 만들어 정체성을 확고히 하는 전략은 앞서 언급한 창사의 차옌웨써와도 매우 닮아 있다. 성심당은 빵 축제에서도 주축 역할을 맡았고 다른 대전 로컬 빵집 34곳과 함께 축제를 성공으로 이끌었다.

이렇게 대전의 빵 축제에는 로컬 문화와 브랜드가 반영되어 있기 때문에 다른 지역들이 단순히 'MZ세대가 빵을 좋아한다니 우리도 빵 축제를 열자'라는 식으로 접근할 수 없다. 더불어 'SNS에서만 봤던 대전의 유명 빵들을 한자리에서 즐길 수 있다'라는 경쟁력은 여행의 목적이 장소가 아닌 경험인 MZ세대에게 더없이 중요한 목표가 된다. 덕분에 대전은 더 이상 노잼 도시가 아닌, '유잼(재미있는) 도시'로 재탄생할 수 있었다. 2021년의 성공에 힘입어 2022년 5월에 제2회 빵모았당 축제가 6개월 만에 참여 업체 수가 두 배 가까이 늘어난 규모로 열렸고, 성공적으로 마무리됐다. 물론, 축제는 단기간 동안 진행되는 일회성 이벤트이므로 꾸준히 여행자들을 유치하기 위해서는 '대전 빵 투어'처럼 유사한 경험을 상시적으로 즐길 수 있는 콘텐츠가 마련되어야 할 것이다.

MZ세대의 달라진 여행 목적을 반영한 국내의 대표적인 여행지를 또 하나 꼽아보자면 강원도 양양이 있다. 2010년대 초반까지 양양은 주변의 인기 관광지인 속초나 강릉에 비해 뚜렷한 차별점을 갖지 못했다. 그러던 중 '서핑'이라는 트렌디한 레저 활동이 양양을 중심으로 활성화되기 시작하면서 전국을 대표하는 서핑 여행지로 거듭나게 됐다. 2015년에는 양양에 국내 최초의 서핑 전용 비치 '서피비치'가 문을 열었는데, 코로나19 사태가 일어나기 전까지 해마다 여름이 되면 70만~80만 명의 서핑 여행자들이 모이는 핫플레이스로 떠올랐다. 그 결과 양양은 동해안의 수많은 해변 도시 중에서도 MZ세대가 열광하는 차별화된 관광지가 됐다. 이러한 변화에 맞춰 한화리조트는 2021년 7월에 기존의 자사 체인과 확연히 다른 분위기의 브리드 호텔 양양을 론칭했다. 서핑을 테마로 하여 관련 셀렉트숍부터 휴양지를 연상시키는 야외 레스토랑과 바까지 갖춘 이 호텔은 서핑의 자유로움을 선망하는 여행자들을 타깃으로 한다. 꼭 서핑을 하지 않고 호텔에서 머물기만 해도 서핑 여행지의 무드를 만끽할 수 있도록 기획한 것이다.

요즘 MZ세대들이 '부산' 하면 해운대보다 영도를 떠올리는 것 역시 같은 맥락에서 이해할 수 있다. 국내 최초의 조선소가 생겼던 곳인 만큼 영도는 조선업을 중심으로 번성했던 곳이다. 하지만 시간이 흐르며 조선업이 침체하면서 이 일대도 쇠퇴의 길을 걷게 됐고 관광 및 도시 개발 사업에서 뒷전으로 밀리곤 했다. 그랬던 영도가 부산 여행의 성지로 떠오르게 된 것은 '피아크'라는 3,000평 규모의 대형 복합문화공간이 들어서면서부터다. 선박수리 기업인 제일SR그룹이 영도 일대에 대규모 부지를 매입한 뒤 도시기획 전문가와 예술가들을 동원하여 완성한 피아크는 거대한 배를 닮은 모습으로, 영도 앞바다가 한눈에 들어오는 오션뷰를 자랑한다. 카페와 베이커리뿐 아니라 전시, 공연, 팝업스토어 등도 즐길 수 있어 MZ세대의 취향을 저격했다. 피아크의 등장과 함께 일약 부산의 핫플레이스로 거듭난 영도 일대에는 지금도 도시재생을 시도하는 새로운 카페와 공간들이 계속해서 생겨나고 있다.

지금까지 소개한 중국과 한국의 사례에서 우리는 두 가지 공통점을 찾을 수 있다. 첫째는 지금 MZ세대가 모여드는 지역은 기존의 관광지들이 누리던 유명세와는 무관하게 결정된다는 것이다. 이에 로컬 기업들이 해당 지역의 희소성을 발굴해내고, MZ세대의 니즈와의 교집합을 끌어내어 이전에는 없던 매력을 상품화하고 있다. 둘째는 '유잼' 도시로 떠오르는 지역은 경험을 '공유'하려는 MZ세대의 성향에 가장 최적화되어 있다는 것이다. 그런데 이는 트렌드에 따라 계속 변하기 때문에 기존 관광 산업의 틀

안에서는 예측하거나 대응하기가 불가능하다. 해마다 전국 각지의 지자체들이 너 나 할 것 없이 SNS 관광홍보단을 모집하고 영상 콘테스트를 진행하지만 이렇게 생산된 여행 콘텐츠는 입소문을 타지 못하고 홍보 효과도 미미하다. 변화에 발맞추지 못하고 여전히 기관이 홍보하고 싶은 관광 명소에 집중된 미션을 주거나 영상을 제작하게 하기 때문이다. 체류형 관광을 독려하기 위해 지자체들이 실시하는 '한 달 살기' 지원 제도도 마찬가지다. 이를 통해 지원금 혜택을 받는 경우 기관에서 미리 설정한 장소와 체험을 위주로 여행하고 그 결과를 보고하도록 한다. 여행자가 자신의 취향에 따라 지역을 탐색하고, 발견하고, 스스로 콘텐츠를 만들 여지를 주지 않는 셈이다. 노잼 도시가 젊은 층의 발걸음을 끌어당기기 위해서는 트렌드를 더 잘 아는 소비자와 로컬 기업에게 더 많은 주도권을 주고 역동적인 관광 콘텐츠를 개발하도록 독려해야 한다. 그래야 창사나 양양과 같은 긍정적 결실을 거둘 수 있다.

CHAPTER 3

트래블테크가 판을 뒤집는다,
여행의 디지털 전환

팬데믹 이후 전 세계 여행 기업의 순위가 바뀌고 있다?

글로벌 모바일데이터 분석 업체 센서타워SensorTower의 '2021년 미국의 여행 앱' 보고서에 따르면, 코로나19 바이러스가 세계를 강타한 2020년 한 해 동안 앱스토어와 구글 플레이의 여행 카테고리에서 가장 많이 다운로드된 앱은 '호퍼Hopper'였다.[1] 십수 년간 전 세계 여행 예약 플랫폼의 최강자로 군림해온 부킹닷컴이 2위로 밀려나고 생소한 이름의 서비스가 1위를 차지한 것이다. 호퍼는 어떤 회사이며, 어떻게 막강한 글로벌 플랫폼을 제치고 미국 내에서 가장 많이 다운로드된 여행 앱이 된 것일까?

기술이 바꾸는 여행 플랫폼의 새로운 질서

미국의 항공 및 호텔 예약 플랫폼 호퍼는 한국에서는 그 이름이 다소 생소하지만, 익스피디아 부사장을 지낸 프레더릭 랄론드Frederic Lalonde가 2007년 창업한 꽤나 업력이 긴 회사다. 호퍼는 항공과 호텔 요금이 더 저렴해질지 혹은 더 비싸질지 예측하는 인공지능 알고리즘을 개발해왔다. 특히 2019년 말부터는 이용자가 자신이 찾은 항공과 호텔의 최적 가격을 당장 결제하지 않고 고정해둔 뒤 나중에 그 가격으로 결제할 수 있는 '가격 동결price freeze'이라는 독점적인 기능을 제공해왔는데, 이는 팬데믹 이후 가격 변동이 더욱 잦아진 국내선 항공 예약에서 이용자들에게 큰 호응을 얻었던 핵심 기술이다. 호퍼는 이를 핀테크finance + technology(금융과 IT 기술의 융합 서비스) 기술로 분류하며, 인공지능으로 수백만 건의 항공편 가격을 추적해 소비자가 최대 40%의 요금을 절약할 수 있게 해준다고 소개한다. 호퍼의 이용자들은 이 기술을 통해 '지금 비행기를 예약할까, 아니면 좀 더 기

출처: 호퍼

✈ 호퍼에서는 '가격 동결' 기능을 활용해 이용자가 자신이 찾은 최적의 항공권이나 호텔 객실을 지금 가격으로 나중에 결제할 수 있다. 이는 여행에 핀테크가 결합된 혁신적인 사례다.

다릴까?'를 결정할 수 있다. 이는 기존 글로벌 플랫폼들이 오직 '최저가순' 검색 결과에 몰두해온 것과는 다른 관점의 문제 해결 방식이다.

호퍼 역시 여행 플랫폼인지라 팬데믹 직후에는 큰 타격을 입었고 전 직원의 40%를 해고하기도 했다. 하지만 그 상태에 매몰되지 않고 재빨리 자신들의 활동 시장을 B2B로 넓혔다. 그리고 지금까지 개발한 인공지능 기술을 솔루션화하여 여행 업계 전체가 사용할 수 있도록 '호퍼 클라우드'라는 서비스를 시작했다. 항공사, 온라인 여행사, 메타 검색 서비스, 기업 대상 여행사 등 여행 업계에 속한 회사라면 누구든 호퍼 클라우드를 사용해서 '가격 동결'을 비롯한 핵심 핀테크 기술을 손쉽게 도입할 수 있다. 이러한 기술지향적 전략은 호퍼를 수많은 여행 플랫폼 중의 하나에서 대세 서비스로 성장시키는 동력이 됐다. 그 결과 팬데믹 이전까지 전 직원 수가 362명이었던 호퍼의 규모는 2021년 8월 기준 1,000명 이상으로 세 배 가까이 성장했다. 2021년 상반기에만 두 차례의 투자 유치에 성공했는데, 3월에 700만 달러를 확보한 데 이어 4월에는 캐피털 원으로부터 1억 7,000만 달러의 시리즈F 투자를 유치했다. 여러 외신에서는 호퍼가 익스피디아나 부킹닷컴, 심지어 구글 트래블과 경쟁 관계에 있다고 보도하기도 한다.

반면, 주류 여행 플랫폼들은 인공지능과 핀테크보다는 검색 기술 고도화에 주력해왔는데, 그 이유는 공급자로부터 거둬들이는 막대한 검색광고 수익 때문이다. 부킹닷컴이나 익스피디아 이용자라면 호텔을 검색했을 때 검색 결과의 최상단에 광고비를 더 지불한 호텔이 놓이는 것을 자주 목격했을 것이다. 이렇게 입점 파트너에게 막대한 광고비를 받아 검색 상단에 올려주는 검색광고 상품은 구글과 네이버를 비롯해 거의 모든 검색 기반 플랫폼의 '당연한' 수익 모델로 입증되어온 사업 분야다. 하지만 소비자 입장에서는 내가 원하는 콘텐츠보다 광고가 먼저 보인다면 소비자 친화적인 서비스로 보기는 어렵다. 전 세계 최대 숙박 플랫폼으로 떠오르는 에어비앤비가 이러한 검색광고 정책을 배제한 것도 플랫폼에는 좋은 사업 모델이지만 소비자에게는 불편함이나 혼동을 주기 때문이다. 공급자와 소비자 모두에게 이익을 주는 플랫폼이 성장하는 것은 물론, 트래블테크 역시 양쪽 모두의 이득에 기여해야만 기업의 지속적인 성장을 이끈다는 것을 호퍼의 사례를 통해 확인할 수 있다.

치열해질 여행 시장의 주도권 싸움, 그 운명을 가를 기술은?

앞서 살펴본 대로 한국 여행 플랫폼들의 시장 점유 구도 역시 코로나19 사태 이후 크게 변화하고 있다. 국제 이동의 감소와 국내 이동의 증가로 인해 글로벌 플랫폼의 사용량이 급격히 줄어들었기 때문이다. 이에 따라 부킹닷컴, 아고다 등 지난 10여 년간 자유여행 시장에서 승승장구해왔던 해외여행 플랫폼의 사용량이 크게 줄었고, 로컬 OTA로 분류되는 야놀자와 여기어때가 그 자리를 대체했다. 그런데 좀 더 자세히 들여다보면 야놀자와 여기어때의 성장세에도 격차가 벌어지고 있음을 알 수 있다. 2020년까지만 해도 두 회사의 매출 규모가 비슷했는데, 2021년에 들어서며 야놀자가 기업 가치 10조 원대의 평가를 받은 반면 여기어때는 3,000억 원 선에 그친 것이다.[2] 비슷한 분야에서 비슷한 사업을 하는 것처럼 보였던 두 회사가 팬데믹을 겪은 지 단 1년여 만에 이토록 다른 성적표를 받게 된 배경은 무엇일까?

역대급 위기가 도래하자 야놀자는 먼저 양질의 고객 데이터를 얻는 여행 기업들을 찾아 나섰고, 신속하게 투자를 진행했다. 여행 소비자의 취향이 시간이 갈수록 극도로 세분화됨에 따라 여행 공급자가 양질의 고객 데이터를 확보하지 않으면 적절한 대응책을 세울 수 없을 만큼 여행 산업이 기술 기반으로 빠르게 전환되고 있음을 파악했기 때문이다. 그 결과로 2020년 12월 야놀자는 해외여행 플랫폼 트리플Triple에 100억 원을 투자했다. 이용자 입장에서 트리플은 해외여행 정보를 무료로 제공해주는 서비스이지만, 무료 정보를 위해 모여든 이용자들을 통해 트리플에는 어떤 사람들이 어떤 여행지를 선택하고 그곳에서 어떤 행동을 하고 싶어하는지 사용자 데이터가 쌓인다. 이렇게 확보된 사용자 데이터는 여행지 추천 시스템을 구축하는 머신러닝 기술의 기반이 되고, 여행 커뮤니티를 구축해 이용자들이 자발적으로 정보 데이터를 생산하도록 유도할 수도 있다. 향후 해외여행이 재개될 경우 고객의 여행 행태 데이터를 분석해 맞춤 서비스를 제안할 수 있는 트리플은 해외여행 사업에 진출할 야놀자의 강력한 우군이 될 것이다.

사실 야놀자는 코로나19 사태 이전부터 숙박 B2B 시장의 기술 솔루션 기업으로 거듭나기 위한 준비를 꾸준히 해왔다. 2019년부터 클라우드 기반의 호텔 자산 관리PMS, Property Management System 기업, 호텔 관리 기업, 대기고객 관리 솔루션 개발 업체 등 총 7개의 기술 기반 회사들을 차례로 인수하며 기술 자산을 탄탄히 구축했다. 또한 2017년부터 호텔, 레저 기업, 레스토랑 등 여가 산업의 운영을 돕는 SaaSSoftware as a Service(서비스형 소프트웨어. 중앙 클라우드 환경에서 동작하는 응용 프로그램을 서비스 형태로 제공하는 사업 모델을 말한다) 솔루션을 개발하고 170여 개국 2만 6,000여 개 고객사에 60개 이상의 언어로 서비스를 제공하며 2020년 한 해에만 11조 원의 거래액을 기록했다.[3]

그렇다면 같은 시기 여기어때의 행보는 어땠을까? 2020년 8월, 여기어때는 맛집 추천 플랫폼 망고플레이트를 인수했다. 이는 B2C 숙박 예약 플랫폼인 여기어때에 '맛집'이라는 카테고리 하나를 더 추가했다는 정도의 의미만 지닐 뿐, 특별한 사업 구조적 변화를 꾀했다고 보기는 어렵다. 그리고 이러한 두 회사의 선택은 5년간의 치열한 라이벌 구도를 지나 30배 가까운 기업 가치의 격차라는 결과를 낳았다.

이처럼 여행 기업의 흥망에 디지털 전환을 돕는 기술력이 결정적인 역할을 한다는 것이 뚜렷하게 보여주는 사례가 속속 나타나면서 항공, 호텔 등 보수적이고 전통적인 여행 공급자 시장에도 거대한 지각변동이 일어나고 있다. 뒤이어 하나씩 살펴볼 테지만 에어아시아처럼 평범한 항공사에서 라이프스타일 슈퍼앱이란 플랫폼 비즈니스로 전향하는 극단적인 변화도 있고, 호텔의 디지털 전환을 도와주는 B2B 솔루션 기업들이 팬데믹 이후 커다란 매출 신장을 기록하는 현상도 관측되는 중이다. 앞으로의 여행업은 고객 데이터의 분석과 모바일 기반의 편리한 검색·결제 기술 없이는 사실상 살아남기 힘들어질 것이다. 여행 산업이 플랫폼과의 연합을 통한 디지털 전환을 거쳐 기술 기반의 산업으로 이동하고 있음은 부정할 수 없는 현실이 됐다. 이제부터는 여행 산업의 각 분야별로 주목해야 하는 디지털 전환의 사례를 하나씩 자세히 살펴보기로 하자.

'슈퍼앱'을 꿈꾸는 여행 기업이 모빌리티에 공들이는 이유

코로나19 사태가 일어나기 전, 여행지에서 가장 자주 사용된 서비스 중 하나는 우버였다. 지역에 따라 동남아시아에서는 그랩grab, 중국에서는 디디추싱滴滴出行을 사용하기도 했다. 이름은 다르지만 '이동' 서비스라는 면에서는 모두 같은 속성을 지니고 있다. 여행이란 본래 '이곳에서 저곳으로의 이동'으로부터 시작된다는 점을 고려할 때, 모빌리티 서비스의 탄생이 여행 경험을 송두리째 바꾸는 분기점이 된 것은 그리 놀라운 일이 아니다. 특히 글로벌 모빌리티 서비스는 차량을 렌트할 수 없는 지역을 여행하거나 운전이 불가능한 여행자, 언어 장벽으로 의사소통이 어려운 여행자의 이동성을 획기적으로 개선해주었다.

여행 업계에서 모빌리티 분야는 투자와 혁신이 활발히 이루어지며 그 중요성이 갈수록 커지고 있다. 독일의 대표 항공사 루프트한자 산하의 루프트한자 이노베이션 허브LIH, Lufthansa Innovation Hub가 발표한 '2021 여행&모빌리티 스타트업 트렌드' 보고서에 따르면, 여행 업계 내의 모빌리티 스타트업 중에서 가장 많은 투자를 유치하고 있는 분야는 '지상 교통'이다.[4] 전체 2,000억 달러 규모의 투자 중 59%를 차지하는 지상 교통 부문에는 라이드 헤일링ride-hailing(호출형 차량 공유) 서비스가 포함되어 있다. 우리가 차량 공유 서비스를 사용할 때마다 우리의 이동 데이터가 실시간으로 이들 플랫폼에 축적된다. 데이터가 곧 돈이 되는 시대에 여행 산업이 모빌리티에 더욱 주목할 수밖에 없는 이유가 여기에 있다. 인류의 글로벌 이동이 다시 기지개를 켜는 지금, 국내외 여행 업계에서는 모빌리티에 어떻게 접근하고 있을까?

모빌리티를 잡아야 산다, 슈퍼앱을 꿈꾸는 여행 회사들

코로나19 사태로 인해 디지털 전환의 속도는 더욱 빨라졌고, 이는 모빌리티 환경의 급변을 불러왔다. 기존에는 항공, 기차, 차량 등 따로따로 돌아가던 전통적인 산업들이 '서비스로서의 모빌리티'로 통합되는 새로운 현상이 가속화되고 있다. 앞으로 이동 수단은 사람들의 이동 데이터를 축적하는 도구로 기능하게 될 가능성이 높다. 모빌리티 관련 산업들이 전부 핀테크나 구독 경제,

IT 솔루션 내에서 돌아가는 서비스 수단이 되는 것이다. 이에 온라인 기반으로 사업을 영위하던 여행 플랫폼들이 모빌리티 시장을 선점하기 위해 발 빠르게 움직이고 있다. 2021년 7월, 마이리얼트립이 렌터카 가격비교 서비스를 시작했다. 해외 현지의 가이드 투어 상품을 중심으로 여행 종합 플랫폼으로 확장해나가던 마이리얼트립은 국내 여행에 현지 교통을 담당하는 렌터카 부문을 신설하면서 항공 예약에 이어 교통 관련 서비스를 계속해서 추가하고 있다. 홍콩 기반의 글로벌 액티비티 플랫폼인 클룩도 2021년 9월에 국내 렌터카 업계 1위 업체인 카모아에 전략적 투자를 했다. 클룩은 이미 중국에서 세 번째로 큰 렌터카 플랫폼 후이주처惠租车를 인수하며 모빌리티 사업의 영역을 넓힌 바 있는데, 이러한 움직임의 연장선으로 볼 수 있다.

모빌리티 분야에 관심을 갖는 건 야놀자도 마찬가지다. 항공과 철도, 렌터카 예약에 이어 2021년 7월에는 고속버스 예약 서비스를 오픈했다. 여행 분야의 단일한 슈퍼앱이 되려면 최대한 많은 교통수단 예약을 선점해서 이동 데이터를 점유해야 한다. 여기서 슈퍼앱이란 '커머스, 금융 등 여러 가지 서비스를 이용할 수 있는 통합형 앱'을 가리킨다. 중국의 위챗이 대표적인 예로 꼽히며 최근 많은 플랫폼 비즈니스들이 지향하는 방향이기도 하다. 하나투어와의 전략적 제휴, 인터파크 인수 등 야놀자가 해외여행 사업으로 진출하려는 움직임은 갈수록 명확해지고 있다. 그리고 그 최종 목표는 국내외 교통수단을 모두 지원하는 모빌리티 환경을 구축하여 여행 업계의 슈퍼앱이 되는 것일 것이다.

그런가 하면 모빌리티 서비스 역시 여행 슈퍼앱에 눈독을 들이고 있다. 2022년 3월, 우버가 미국 내에서 '익스플로어Explore'라는 새로운 기능을 시범적으로 선보였다. 익스플로어는 내 주변의 장소와 이벤트를 추천해주는 기능으로, 고객이 지정한 장소로 이동만 제공하는 모빌리티 서비스를 넘어 '여행 장소 추천' 기능에 가깝다. 만약 여행자가 아무런 계획 없이 자유여행으로 뉴욕에 왔다고 가정해보자. 우버 익스플로어는 우버 택시와 우버 이츠Uber eats의 이용 데이터를 기반으로 해당 여행자에게 맞춤화된 뉴욕의 맛집, 예술 및 문화 명소, 나이트라이프 명소, 곧 열릴 공연까지 추천해줄 수 있다. 원하는 장소나 행사가 있다면 차량을 예약하거나 호출하고, 기존에 등록한 결제 수단으로 입장권 예매까지 한 번에 가능한 것이다. 익스플로어는 기존의 여행사가 수행했던 장소 선별, 예약, 송객(이동) 과정을 모두 자동화한 커다란 변화다. 이어서 우버는 2022년 4월부터 영국을 시작으로 기차와 렌터카, 항공, 호텔 예약 기능을 순차적으로 추가하겠다고 밝히며 여행 슈퍼앱 시장에 출사표를 던졌다.

한국에서도 유사한 현상이 나타나고 있다. 택시 호출 서비스로 출발한 카카오T는 최근 모빌리티 기반의 다양한 서비스로 영역을 넓혀가며 여행 서비스로 발돋움하고 있다. 급기야 지난

출처: 카카오T

택시 호출 서비스로 출발한 카카오T는 바이크, 렌터카, 기차 예약에 이어 항공 예약 서비스까지 출시하며 기존 여행 예약 업체들의 위협적인 경쟁자로 떠올랐다.

2021년 6월에는 카카오T 항공 서비스를 출시했다. 원래 카카오톡에 포함되어 있던 국내외 항공권 가격 검색 서비스를 2021년 3월에 종료하고, 이를 카카오T 내의 '여행' 탭으로 옮겨 국내선 항공권 예약을 도입한 것이다. 이렇게 되면 택시 호출 서비스를 이용하려고 신용카드 정보를 입력해둔 1,472만 명의 고객들이 별다른 결제 정보를 추가로 입력하거나 새로이 계정을 만들지 않고도 국내선 항공권을 예약할 수 있다. 또한 카카오T는 한국관광공사와의 협약을 통해 2022년 6월부터 '셔틀' 메뉴에서 전국

13곳의 지자체 시티투어 예약을 제공하게 된다. 이와 관련해 독점 이슈를 비롯한 각종 변수들이 발생할 수 있겠지만, 교통 앱에 비해 생활밀착도가 낮아 앱 잔존율과 체류 시간도 적은 여행 전용 앱이 카카오T와 경쟁하기가 쉽지는 않을 것이다.

모빌리티 서비스가 핀테크와 결합하는 이유

여행과 모빌리티의 접점에서 중요하게 살펴볼 트렌드는 핀테크와의 결합이다. 결제의 편의성은 여행 분야뿐 아니라 슈퍼앱을 꿈꾸는 모든 플랫폼에게 가장 중요한 요소이기 때문이다. 많은 모빌리티 플랫폼들이 핀테크 기술을 도입하고 전용 결제 수단을 통한 무현금 결제 활용처를 늘리며 우리의 일상과 점점 더 가까워지고 있다. 앞서 살펴본 카카오T도 카카오 계정만으로 이용할 수 있는 '카카오페이'라는 강력한 핀테크 서비스가 뒷받침하고 있기에 모빌리티 분야에 손쉽게 진출할 수 있었다. 해외에서도 핀테크 기술을 갖춘 스타트업이 여행 예약 시장에 뛰어들면서 익스피디아와 부킹닷컴으로 대표되는 글로벌 여행 예약 시장이 강력한 도전에 직면했다는 분석이 나오는 중이다.

핀테크에 집중하는 대표적인 모빌리티 회사를 꼽자면 그랩과 에어아시아가 있다. 동남아시아 최대의 모빌리티 앱인 그랩은 이미 모빌리티 서비스를 넘어 핀테크 기업으로 탈바꿈하는 데 성공했다는 평가를 받는다. 여기에는 동남아시아 8개국에서 1억 명의 가입자를 확보한 '그랩 페이Grab Pay'의 공이 크다. 그랩은 일상과 밀착된 교통 부문에서 간편 결제 서비스를 제공함으로써 가입자를 확보하고, 이 가입자들을 대상으로 서비스의 폭을 넓혀가고 있다. 그 결과로 대출 서비스인 '그랩 파이낸스', 보험 서비스인 '그랩 인슈어', 소상공인 및 개인을 위한 현금 관리와 투자 서비스 '그랩 인베스트' 등의 금융 서비스를 계속해서 선보이는 중이다. '슈퍼앱' 전략을 향해 달려가는 항공사 에어아시아 역시 '빅 페이Big Pay'라는 전용 결제 수단을 도입해 자체 앱 내에서 모빌리티와 커머스를 편리하게 이용할 수 있는 환경을 조성했다.

반대로 핀테크 회사들도 여행 업계를 호시탐탐 노리고 있다. 2015년에 영국에서 설립된 레볼루트Revolut는 비싼 환전 수수료 없이 해외 송금과 결제 서비스를 제공하는 플랫폼으로 출발해, 지금은 주식 및 암호화폐 거래를 제공하는 핀테크 기업이다. 유럽을 중심으로 1,600만 명의 사용자를 보유할 만큼 탄탄한 입지를 갖췄다. 그런 레볼루트가 2021년 7월, 여행 분야로의 진출을 선언하며 앱 내에 '스테이Stays' 카테고리를 추가하고 숙박 예약 서비스를 제공하기 시작했다. 엔데믹 후 여행 수요가 폭증할 것을 예상하고 금융 외 첫 번째 진출 영역으로 여행을 선택한 것인데, 레볼루트는 항공권, 렌터카 등 여행 관련 모빌리티 분야로까지 서비스를 확장할 계획임을 밝히기도 했다. 그런가 하면 한국에서는 국내 핀테크 업계를 선도하는 토스가 2021년 10월에 대형 택시 호출 스타트업 타다를 인수했다. 토스는 공식 블로그를 통해 타다를 인수하게 된 배경에는 "금융 서비스를 만들어온 토스에게 모빌리티 산업은 '결제'라는 분명한 접점이 있는 분야"라는 판단이 있었음을 직접 설명했다.[5] 연매출 12조 원 규모의 택시 시장에서 스마트폰 앱을 활용한 호출 비중이 절반 이상인 것에 주목하고, '토스 머니' 등 자사가 보유한 편리한 모바일 결제 기능을 발판 삼아 모빌리티 시장에 뛰어든 것이다.

코로나 시대의 도래와 함께 여행 업계의 디지털 전환이 가속화되면서 기존의 여행 서비스들은 누구보다 빨리 모빌리티 시장을 선점해 '슈퍼앱'으로 도약하기 위해 각자 최선을 다하고 있다. 모빌리티 서비스로 시작해 커머스와 금융 등 더욱 큰 시장을 노리는 업체들은 핀테크에 투자하기를 주저하지 않는 한편, 반대로 핀테크 분야에서 성장한 회사들은 간편한 결제 기술을 무기로 내세워 여행과 모빌리티 시장에 거침없이 들어오고 있다. 위드 코로나 시대를 맞이한 지금, 여행 관련 모빌리티 시장에서 다양한 분야의 기업들이 슈퍼앱이라는 목표를 향해 달려가며 치열하게 경쟁하고 있는 셈이다. 소비자 입장에서는 이러한 상황이 그리 나쁘지 않다. 이때를 놓치지 않고 다양한 모빌리티 서비스를 두루 사용해보며 미래의 승자를 가늠해보고, 기술 기반의 여행을 계획해본다면 무척 흥미로운 경험이 될 것이다.

스타트업처럼 피보팅하는 항공사, 에어아시아의 거대한 실험

2020년 8월 24일, 말레이시아 기반의 저비용 항공사LCC 에어아시아는 쿠알라룸푸르에서 호출형 차량 공유 서비스 '에어아시아 라이드'를 론칭했다. 에어아시아그룹 산하의 항공화물 물류 업체인 텔레포트의 택배 서비스 운송기사를 공유하는 방식으로 비용을 절감했고, 시국을 반영해 코로나19 백신 접종을 완료한 사람만 운행을 맡도록 했다. 도입과 동시에 약 1,500명의 운전기사가 라이드 서비스에 등록됐다. 더불어 에어아시아는 소속 항공기 조종사와 객실 승무원이 기내 서비스와 동일한 수준의 라이드 서비스를 제공하는 '올스타 라이드'도 선보일 예정이며, 승용차뿐 아니라 전기자동차와 드론, 에어택시도 순차적으로 서비스에 포함시키겠다고 밝혔다.[6] 동남아시아를 대표하는 LCC가 차량 호출 서비스에 이렇듯 적극적으로 나선 이유는 무엇일까?

항공사가 기내식 레스토랑과 음반사를 만든 이유

에어아시아 그룹은 코로나19 사태 이후 가장 급진적으로 디지털 전환에 뛰어든 항공사다. 팬데믹 초기, 여느 항공사들처럼 큰 타격을 입고 2020년 2분기에 2억 3,800만 달러의 손실을 본 에어아시아는 팬데믹 이전에 구상해두었던 아이디어를 좀 더 빨리 실행해야 할 타이밍임을 깨달았다. 그리고 같은 해 10월, 여행 예약과 전자상거래를 통합한 '에어아시아 슈퍼앱'의 출시를 발표했다. 이와 함께 캐런 챈Karen Chan 에어아시아닷컴 대표는 한 여행 산업 관련 콘퍼런스에서 "우리의 비전은 여행과 전자상거래, 핀테크"라고 이야기했다. 이는 곧 항공사가 항공권'을' 파는 회사에서 항공권'도' 파는 회사로 바뀔 것이라고 선언한 셈이다.

이는 에어아시아가 중요한 변곡점을 지나고 있으며 항공사에서 디지털 기반의 라이프스타일 플랫폼으로 피보팅pivoting(사업의 주요 수익 모델을 수정하거나 완전히 바꾸는 것)을 꾀하고 있다는 강력한 신호다. 스타트업에서 주로 쓰이는 피보팅이라는 용어가 항공사에 붙는 것은 매우 이례적인 일이다. 그럼에도 에어아시아가 항공사라는 전통적인 사업 모델에서 모빌리티 플랫폼, 나아가 일상에 밀착된 라이프스타일 플랫폼으로 도약하고 있는 것은 분명해 보인다. 에어아시아의 탈脫항공사 전략은 코로나19 사태를 계기로 만들어진 것도, 하루아침에 마련된 것도 아니다. 팬데믹 이전부터 에어아시아의 행보는 다른 항공사들과 확연히 달랐다. 일례로 2019년에는 자사의 기내식 브랜드를 패스트푸드 레스토랑 체인 산탄Santan으로 확장해 선보였다. 산탄은 인공지능과 머신러닝 기술을 활용해 인구통계학적 취향을 분석함으로써 사람들이 가장 자주 찾고 좋아하는 동남아시아의 대표 음식들을 제공한다. 또한 에어아시아가 자체 결제 수단인 빅 페이를 일찌감치 도입한 덕분에 소비자들은 에어아시아 슈퍼앱을 통해 산탄의 식사 주문과 포장 예약, 배달을 모두 비대면으로 결제해서 이용할 수 있다. 코로나19 사태가 터진 후 여러 항공사들이 고육지책으로 시도한 레스토랑 사업이 모두 단발성 이벤트로 그친 가운데, 산탄은 차

출처: 에어아시아

에어아시아의 기내식 테마 레스토랑 체인 산탄. 팬데믹 이전부터 준비해온 기술 기반 서비스와 비대면 결제 수단으로 위기에 휩쓸리지 않을 수 있었다.

근차근 성장을 거듭하는 중이다.

이보다 더욱 흥미로운 에어아시아의 사업 부문은 엔터테인먼트다. 잘 알려져 있지 않지만, 에어아시아그룹의 창업자이자 CEO인 토니 페르난데스Tony Fernandes는 워너 뮤직에서 12년 동안이나 근무한 경험이 있는 음반 업계 전문가다. 그런 그가 이끄는 에어아시아그룹이 2019년 유니버설 뮤직과 손잡고 음반사 레드 레코드를 출범한 것이다. 하지만 이미 항공 업계에서 성공한 에어아시아가 굳이 음악 업계에 뛰어들 필요가 있었을까? 오늘날의 음반 업계에서는 대부분의 수익이 음원이 아닌 공연 등의 행사에서 창출된다. 에어아시아는 이 지점에 주목했다. 에어아시아 계열의 엔터테인먼트 회사가 영향력 있는 아티스트와 계약을 맺을 경우 그로부터 파생되는 엄청난 문화적 권력을 여행 마케팅과 결합시킬 수 있기 때문이다. 즉, 라이브 이벤트나 스트리밍 서비스, 각종 공연과 축제 등 음악 관련 행사를 호텔 및 항공 판매와 연계할 수 있고, 슈퍼앱 전략을 통해 자사의 앱에서만 콘텐츠를 선보일 경우 이에 대한 수익을 독점할 수 있다.

레드 레코드와 첫 계약을 맺은 아티스트 야니네 바이겔Jannine Weigel의 배경을 보면 에어아시아의 미래 전략을 더 뚜렷이 알 수 있다. 주로 태국에서 활동하는 야니네는 아시아계 유럽인으로, 유튜브 팔로워 수가 357만 명에 이르며 누적 조회 수가 6억 뷰를 돌파한 유명 인플루언서다. 에어아시아는 7억 명 가까이 되는 인구를 보유한 동남아시아의 소비 시장을 목표로 유력한 인플루언서와 함께 A-팝(아시안 팝)의 부흥을 주도하고, 이를 통해 개인의 일상과 더욱 밀착된 브랜드가 되려는 것이다.

에어아시아의 슈퍼앱 전략, 경계를 허물다

인상적인 행보를 이어오던 에어아시아는 코로나19 사태 발생 직후 여행 부문 매출이 급락하자 전자상거래 시장으로 재빨리 눈을 돌렸다. 우선 면세품 판매용으로 구축했던 온라인 쇼핑 플랫폼 아워숍OURSHOP에 2,000명 이상의 농산물 판매자를 입점시켜서 수수료 없이 농산물을 전국 각지에 판매하도록 소비자와 연결해주었다. 항공사의 면세품 쇼핑몰이 순식간에 소상공인이 생존할 수 있는 유통 창구로 변신한 것이다. 이러한 실험적 시도는 위기 속에서 기업과 지역 경제가 상생을 도모하는 방편이었지만, 동시에 에어아시아가 피보팅의 기회를 만드는 과정 중 하나였다. 에어아시아가 이루고 싶은 최종 목표인 슈퍼앱이 되기 위해서는 전자상거래 기능의 활성화가 필수이기 때문이다.

2020년 10월 출범한 에어아시아 슈퍼앱에는 이들이 어떤 회사가 되려고 하는지 잘 드러나 있다. 기존의 항공 예약은 물론, 호텔 예약, 식사 배달, 온라인 쇼핑에 이어 차량 호출까지 통합해 총 15개 이상의 서비스를 하나의 앱에서 하나의 계정으로 이용할 수 있다. 2021년 11월에는 말레이시아에서 국내 배송 서비스

'에어아시아 엑스프레스Airasia Xpress'도 출시했다. 말레이시아 내 6개 도시를 대상으로 오토바이와 자동차를 이용해 소포를 배달하는 일종의 퀵 서비스다. 자사가 100% 소유한 물류 업체 텔레포트를 바탕으로 삼아 차량 호출부터 택배 서비스까지 확장해가며 자원을 효율적으로 공유하려는 것이다. 다시 말해 에어아시아가 모빌리티(이동)에 중점을 두고 사람들이 필요로 하는 모든 비즈니스를 슈퍼앱에 하나씩 통합해나가는 과정이라 볼 수 있다.

팬데믹 이후 에어아시아 슈퍼앱이 비교적 빠르게 탄생할 수 있었던 것은 에어아시아가 자체 온라인 결제 수단인 빅 페이의 개발에 일찌감치 투자한 덕분이다. 통합형 슈퍼앱에 자체 결제 수단이 도입됐다는 것은 하나의 결제 수단으로 수많은 서비스를 이용할 수 있는 편리함이 보장된다는 뜻이다. 이것은 동남아시아의 또 다른 모빌리티 기업 그랩이 그랩 페이를 대중화시키며 명실공히 핀테크 기업으로 거듭난 과정과 똑같다. 하지만 페르난데스는 에어아시아의 경쟁자는 다른 항공사도, 그랩이나 인도네시아의 우버로 불리는 고젝Gojek과 같은 모빌리티 플랫폼도 아니라

출처: 에어아시아

에어아시아의 통합 앱 '에어아시아 슈퍼앱'에서는 항공 예약부터 쇼핑, 금융 등 다양한 서비스를 단일 계정으로 이용할 수 있다.

고 말한다.[7] 이 말에서 기존에 없었던 독자적인 사업 모델을 창출하겠다는 포부가 엿보인다. 그리고 2022년 1월, 에어아시아는 사명을 '캐피털 A Capital A'로 변경하고 항공 사업을 넘어 금융과 디지털 기술로 대표되는 기업으로 도약하겠다는 의지를 표명했다.

에어아시아가 바라보는 시장의 범위는 그랩이나 고젝과 다르다. 특정 국가 내에서 지배적인 위치를 점유하는 것이 아니라 '아세안 Asean, Association of South-East Asian Nations(동남아시아국가연합. 필리핀, 말레이시아, 태국 등 이에 속하는 10개국을 의미하기도 한다)'을 아우르는 브랜드를 지향한다. 항공 사업을 기반으로 하여 아세안 전체, 나아가 비아세안 국가에서 아세안 국가를 방문하는 여행객들의 이동 데이터를 확보할 수 있다는 차별점이 있기 때문이다. 그랩의 경우 여행을 온 외국인도 이용할 수는 있지만 그 나라의 통신사 유심 번호로 설정해서 사용해야 하므로 이용자가 현지인인지 외국인인지 구분하기가 어렵다. 다만 에어아시아가 내세우는 '아세안 브랜드'라는 강점이 주요 취항지인 한국과 같은 비아세안 국가에는 그다지 영향력을 미치지 못한다는 것은 반드시 짚어봐야 할 지점이다. 거꾸로 아세안 일대에 걸쳐 막강한 문화 지배력(소프트 파워)을 가지고 있는 우리나라에서 지금까지 여행 분야의 글로벌 B2C 플랫폼이 단 하나도 탄생하지 못하고 있다는 점은 못내 아쉽다. 여행 업계에서도 제페토나 라인처럼 한국의 경계를 넘어선 글로벌 슈퍼앱이 출현하기를 기대해본다.

기술이 호텔리어를 대체할 수 있을까? 대세가 된 스마트 호텔

2021년 4월, 미국 마이애미에 한 호텔이 소리 소문도 없이 문을 열었다. 1930년대에 지어진 아르 데코Art Déco 양식의 아름다운 건물을 개조한 호텔로, 52개의 객실과 수영장을 갖췄다. 휴양지에서 흔히 볼 수 있는 전형적인 부티크 호텔의 인상을 풍기는 이곳의 이름은 카약 마이애미 비치. 호텔명의 '카약'과 로고 디자인이 왠지 익숙하다. 그렇다. 이 호텔은 해외 자유여행 좀 해본 사람이라면 한 번쯤 들어봤을 항공권 가격비교 서비스 카약이 만든 첫 번째 호텔이다. 그런데 코로나19 바이러스의 등장과 함께 미국에서만 약 67만 개에 이르는 호텔 일자리가 사라져버린 초유의 위기 국면에 호텔을 직접 운영해본 경험이 전혀 없는 디지털 플랫폼이 이 업계에 뛰어든 건 다소 무모해 보인다.[8] 카약은 도대체 왜 호텔 사업에 나선 것일까?

호텔업의 본질, 부동산 산업에서 데이터 산업으로

기존에 카약을 이용하던 고객이라면, 카약의 '호텔' 가격비교 기능을 통해 손쉽게 카약 마이애미 비치를 찾고 예약할 수 있다. 예약 과정은 특별할 것이 없지만 호텔에 방문한 순간부터는 이야기가 달라진다. 카약 앱의 스마트 체크인 기능으로 직원을 통해 체크인 절차를 밟지 않아도 곧바로 예약한 객실로 가면 되고, 역시 앱에 탑재된 스마트 키로 객실 문을 열 수 있다. 뿐만 아니라 24시간 룸서비스나 객실 청소, 레이트 체크아웃 등도 앱을 이용해 요청할 수 있다. 호텔 내 루프톱 레스토랑 레일라Layla는 레스토랑 예약 앱 '오픈테이블'이 운영하며, 예약을 원할 경우 오픈테이블 앱을 이용하면 된다.

눈치 챈 독자도 있겠지만 카약과 오픈테이블은 한 식구로, 글로벌 OTA인 부킹홀딩스가 소유하고 있다. 이렇게 단일 그룹이 운영하는 앱으로 호텔의 모든 서비스를 제어하면, 카약은 호텔 사용자의 이용 행태를 유의미한 데이터로 축적할 수 있게 된다. 그리고 이 데이터들을 이용해 호텔 기술 솔루션을 보다 정교하게 개선할 수 있다. 카약과 오픈테이블의 CEO 스티브 하프너Steve Hafner는 한 인터뷰에서 카약의 호텔 사업이 기존의 어떤 비즈니스와 유사하냐는 질문에 놀랍게도 한국의 야놀자를 꼽았다.[9] 여행 예약 플랫폼뿐 아니라 수많은 호텔에 서비스형 소프트웨어SaaS를 공급하는 여행 회사를 언급한 것이다. 이를 보면 항공과 호텔 가격비교 서비스인 카약이 호텔 사업에 진출한 것은 디지털 기술 솔루션을 개발하고 고도화해 서서히 운영 호텔의 수를 늘려가거나 외부에 공급하려는 전초 작업으로 보인다. 예상대로 2021년 11월에 뉴멕시코에 2개의 카약 호텔이 추가로 문을 열었다.

기술 기반 회사가 직접 호텔을 세운 사례는 카약이 처음이 아니다. 중국의 쇼핑 플랫폼 알리바바도 항저우에 플라이주Flyzoo라는 호텔을 열었다. 플라이주는 인공지능과 로봇으로 구현된 스마트 호텔로, 무인 체크인과 로봇 룸서비스를 경험할 수 있으며 모든 결제는 알리페이로 이루어진다. 야놀자도 헤이·브라운도트·넘버25 등 자체 호텔 브랜드를 활발히 개발해 프랜차이즈 사업을 전개하고 호텔 위탁 운영도 진행하고 있다. 이처럼 온라인 중개 서비스로 시작했다가 자본력을 갖춘 뒤 오프라인에 공간을 운영하면서 이를 데이터 수집이나 솔루션 개발의 채널로 활용하는 사례는 앞으로도 더 자주 보게 될 것이라 예상된다.

중국의 사례를 조금 더 살펴보자면, 무인 스마트 호텔의 성장을 빼놓을 수 없다. 팬데믹 이후 중국 내에서 무려 15만 개가 넘는 호텔들이 문을 닫았다. 그런 와중에도 무인 스마트 호텔 체인들은 지속적으로 새로운 지점을 열며 주목받고 있다. 특히,

2016년에 설립된 레이주乐易住의 확장 속도가 무섭다. 2017년 10월 청두에 첫 번째 지점을 연 레이주는 이후 선전, 광저우, 항저우 등에 체인을 냈고, 앞으로 100~150개까지 그 수를 늘리는 것이 목표다. 트립닷컴에서 선전에 있는 레이주 체인 지점 중 한 곳을 살펴봤는데, 3만 원대의 가격을 고려하면 상당히 합리적인 수준의 비즈니스 호텔 스펙을 갖추고 있었다. 후기들을 찬찬히 훑어보니 외국인에게 무인 체크인용 키오스크 사용법이 다소 어렵고 건물이 매우 오래됐다는 것만 빼면 대체로 만족스럽다는 의견이 많았다. 레이주는 기존에 있던 건물을 활용해 객실만 리모델링하고 로비 공간을 대폭 축소시키는 방식으로 건축 비용을 최소화한다. 로비에는 직원 대신 키오스크가 자리하고 있고, 모든 객실의 물과 전기는 IoT Internet of Things(사물인터넷) 기술에 기반한 자동 제어 솔루션으로 관리된다. 고객이 체크아웃하면 해당 객실 내 물과 전기는 자동으로 꺼지고, 객실 청소 및 관리는 외주화해 운영비를 60%가량 절감한다.

레이주에게 호텔은 데이터가 모이는 거대한 공간이고, 투숙객이 호텔 이용을 위해 자체 앱을 사용하는 동안 이용 패턴을 수집한다. 그 데이터를 바탕으로 각종 서비스와 상품을 개인화 추천하고 판매하는 시스템까지 연결시키려는 것이다. 그래서 레이주는 체인 수를 늘리는 데 집중하고 있다. 호텔 내에서 IoT 솔루션을 이용하는 투숙객이 늘어나 되도록 많은 데이터를 확보해야

출처: 레이주

중국의 무인 스마트 호텔 체인 레이주의 로비 모습. 대부분의 호텔 서비스는 각종 기계와 첨단 시스템이 담당한다.

훨씬 정확도 높은 개인화 서비스를 갖출 수 있기 때문이다. 그래서 18~40세의 SNS 인플루언서를 모집해 '경험 책임자experience officer'라는 칭호를 붙여주며 지속적으로 무료 숙박을 제공한다. 인플루언서 마케팅을 위해서가 아니라 양질의 고객 행태 데이터를 쌓기 위해서다. 그렇다면 레이주의 궁극적인 목표는 뭘까? 바로 객실가를 '제로(0)'에 가깝게 낮추는 것이다. 레이주는 자신들의 목표가 현실화되는 시점에는 기존에 호텔 업계에서 통용되던 모든 상식들이 뒤바뀔 것이라고 말한다. 이 회사의 창업자가 호텔이나 여행 업계 출신이 아닌 IoT 전문가라는 배경을 알고 나면 이처럼 새롭고 과감한 접근이 어떻게 가능했는지 고개가 끄덕여진다.

호텔보다 호텔 '소프트웨어' 기업이 돈 버는 시대

금세 지나갈 줄 알았던 코로나19 바이러스는 전 세계 호텔 비즈니스의 총체적인 구조를 순식간에 뒤흔들어놓았고, 기술 기반의 비대면·자동화 서비스는 뉴노멀 시대를 맞은 호텔이 마땅히 갖춰야 할 표준처럼 여겨지고 있다. 이제는 호텔 서비스의 일부를 자동화하는 수준이 아니라 호텔의 사업 모델 자체가 기술지향적으로 변화하고 있는 것이다. 하지만 오랜 세월 동안 예전의 방식으로 운영되어온 호텔들이 한순간에 사업 방식을 바꾸기란 쉬운 일이 아니다. 그렇다 보니 아날로그 영역에 가까운 호텔 비즈니스를 디지털로 바꿔주는, 즉 호텔에 새로운 소프트웨어를 공급해주는 기업들이 호텔 업계 전면에 등장하며 각광받고 있다.

앞서 소개한 카약의 호텔업 진출 과정을 조금 더 자세히 들여다보자. 카약이 호텔을 여는 데 결정적인 역할을 한 회사가 하나 있다. 2017년에 창업한 신생 회사 라이프 하우스Life House다. 2021년 11월 기준 라이프 하우스는 마이애미, 덴버 등 미국 내에 4개의 호텔을 운영 중이고, 5개의 호텔을 오픈할 준비를 하고 있다. 각 지역 문화를 반영하고 우아한 객실과 로비 인테리어를 갖춘 호텔을 주로 선보인다는 점에서 전형적인 부티크 호텔 브랜드처럼 보이기도 한다. 그런데 라이프 하우스에는 또 하나의 수식어가 붙는다. 다름 아닌 '실리콘밸리가 투자한 기술 기반의 호텔 회사'라는 타이틀이다. 실리콘밸리는 첨단 기술 스타트업에 투자

한다는 인식이 강한데, 라이프 하우스는 과연 어떤 경쟁력이 있길래 그들의 지원을 받은 걸까?

30대의 밀레니얼 창업자이자 CEO인 라이프 하우스의 라미 제이단Rami Zeidan은 시델 그룹, 스타우드 캐피털, TPG와 같은 부동산 투자사에서 경력을 쌓았고, 도이치뱅크에서 일했던 경력도 있다. 그는 부동산과 금융 분야를 두루 거치면서 호텔 비즈니스가 수익성이 터무니없이 낮은 비용 구조를 수십 년째 유지하고 있다는 문제점을 발견했다. 그래서 자체 호텔 브랜드를 만드는 동시에 효율적인 운영체제를 임대형으로 판매하는 서비스형 소프트웨어를 개발했다. 따라서 라이프 하우스는 부동산을 직접 보유하거나 임대해 호텔을 운영하기보다는, 부동산 소유주와의 장기 관리 계약을 통해 적은 비용과 시간으로 빠르게 라이프스타일 호텔을 만들어내는 데 강점이 있다. 초기 비용이 적기 때문에 자연히 주변 시세에 비해 저렴한 가격에 객실을 제공할 수 있어 여행자들에게 가격 경쟁력을 어필할 수 있는 것이다. 2021년 3월, 제이단은 한 인터뷰에서 "(팬데믹으로 인해 호텔 수익이 감소하면서) 비용 구조의 문제점을 인식한 호텔 소유주들이 우리에게 도움을 요청하고 있다"라고 말했다.[10]

한국에서도 호텔 솔루션 개발 기업들이 코로나19를 기점으로 커다란 성장을 이루었다. 여러 차례 언급한 바 있는 야놀자 외에 또 하나 눈여겨볼 기업은 H2O 호스피탈리티로, 2017년 일본에 진출해 숙박 매니지먼트 스타트업으로 성장해온 독특한 이력을 갖고 있다. 이들은 오프라인 중심으로 운영되는 숙박업을 비대면과 디지털 기반으로 바꿔주는 비즈니스 모델을 내세웠는데, 코로나19 사태를 거치며 괄목할 만한 성장세를 보여 화제를 모았다. H2O 호스피탈리티가 관리하던 객실 수는 2019년 3월에는 1,800여 개에 불과했으나 2022년 3월에는 1만 5,000개를 넘어섰다. 2021년에는 300억 원의 시리즈C 투자 유치에 성공하기도 했다. 중국에서도 AIoTArtificial Intelligence of Things(지능형 사물인터넷) 기반으로 스마트 호텔 프랜차이즈를 전개하는 시에주 테크놀로지携住科技가 2020년에 300억 원의 시리즈A 투자 유치를 받으며 크게 성장한 사례가 있다. 현재 시에주의 제휴 호텔은 8,000개가 넘고, 이들의 솔루션으로 운영되는 중국 내 호텔 객실 수는 무려 35만 개에 달한다.

갑자기 닥쳐온 비대면 중심의 사회에서 호텔은 어떻게 변화할까? 당분간 전통적인 호텔 산업은 이전의 수익성을 회복하는 데 큰 어려움을 겪을 것이다. 동시에 많은 호텔이 위생과 보안의 극대화와 운영의 자동화를 위해 빠른 속도로 디지털 전환을 거치게 될 것으로 보인다. 이 과정에서 수익성이 떨어지는 호텔의 위탁 운영과 브랜드 개발을 하는, 즉 호텔의 '소프트웨어'에 특화된 전문 회사들이 속속 등장할 것이다. 한국에서 그 대표적인 사례로 코로나19 사태 이후 생활형 숙박 시설인 레지던스를 위탁 운영하여 급성장한 핸디즈를 꼽을 수 있다. 2015년에 에어비앤비 개인 호스트를 위한 청소 대행 서비스로 작게 출발했던 핸디즈는 레지던스 수분양자가 숙박 운영을 위탁 업체에 맡기지 않을 경우 분양받은 부동산이 주택 수에 편입된다는 지점에서 새로운 사업 기회를 발견했다. 이후 핸디즈는 레지던스 형태의 숙박 시설을 디지털 비대면으로 위탁받아 운영하는 비즈니스 모델로 사세를 확장하며 부산, 제주, 강원 등 총 12개 지역에 있는 레지던스들을 '어반 스테이'와 '르 컬렉티브'라는 자체 숙박 브랜드로 묶어 운영하고 있다. 2022년 5월에 어반 스테이 부산 서면점을 직접 방문해 투숙해보았는데, 로비에는 직원 대신 태블릿PC 2대만이 놓여 있었고 스마트 비밀번호(투숙자가 바뀔 때마다 자동으로 변경되는 일회용 비밀번호)를 카카오톡 메시지로 전송받아 카드 키 없이 입실할 수 있었다. 이렇게 인건비가 절감되는 만큼 일반 호텔보다 저렴한 가격에 호텔에 준하는 상태의 시설을 이용할 수 있는 데다 레지던스의 특성상 주방도 갖춰져 있어 중장기 거주에는 더 편리했다. 어반 스테이의 투숙 후기들을 살펴보면 '카톡 메시지'로만 체크인하는 과정이 어색하다는 반응도 적지 않다. 하지만 유형의 호텔 카드 키가 더 낯설게 느껴질 날이 얼마 남지 않았다는 것을 별도의 절차 없이 간편하게 체크아웃을 하고 나오면서 확실하게 느낄 수 있었다. 우리에게 스마트한 호텔은 이미 너무나 가까이 와 있다.

'나'를 위한 여행의 시대, 맞춤형 여행의 한계 없는 진화

자유여행은 초개인화 시대와 함께 나타난 여행 소비의 새로운 형태로, 편리한 패키지여행에 비해 구매 결정의 순간이 훨씬 더 많고 번거롭다. 그런데도 자신이 원하는 교통수단과 숙소, 투어를 고르고 예약하는 시장이 대세로 자리 잡았다는 것은 여행 상품이 소비자가 상품 탐색에 적극적으로 관여하는 '고관여 상품'에 속한다는 것을 의미한다. 고객의 구매 내역을 데이터화하여 맞춤 정보를 제공하기 용이한 재화 상품과는 달리, 고관여 상품인 여행은 개인의 성향과 감성이 중요하게 작용하기 때문에 그동안 일관된 고객 데이터를 쌓기 어려운 분야로 꼽혀왔다. 그럼에도 불구하고 디지털 기반의 여행 서비스들은 자동화된 맞춤 여행을 제공하기 위해 끊임없이 애쓰고 있다. 동시에 한편에서는 고도화된 전문가의 경험과 컨설팅을 기반으로 한 땀 한 땀 설계된 맞춤 여행을 제공하는 전통적인 여행 비즈니스도 여전히 건재하다. 역동적으로 재편되고 있는 오늘날의 여행 생태계에서 초개인화된 여행 시장에 대한 이해는 더욱 중요해졌다. 갈수록 치밀하게 개인화·맞춤화되고 있는 여행의 변화 양상을 기술 기반의 서비스와 인간 기반의 서비스, 두 가지 관점에서 살펴보자.

인공지능이 만들어주는 여행? 기술 기반 맞춤 여행 서비스

2016년 구글이 내놓은 여행 앱 '트립스Trips'는 자동화된 맞춤 여행의 본격적인 서막과도 같았다. 트립스는 구글의 지메일로 전송된 항공과 호텔 예약 내역을 가져와서 분석한다. 몇 월 며칠에 어느 도시로 여행을 갈지, 어느 호텔에 묵을지를 자동으로 파악하는 것이다. 이어서 그 도시에서 꼭 가봐야 할 곳, 먹어봐야 할 음식 등도 정리해 사용자에게 보여준다. 또한 구글 지도에 축적된 방대한 사용자 리뷰 데이터를 분석해서 사용자가 여행지에서 확률적으로 훌륭한 선택을 할 수 있게 도와준다. 이처럼 무서울 정도로 '나'라는 개인에 맞춰진 데이터 기반 맞춤 서비스의 위력을 보여준 구글 트립스는 2019년 구글이 지도와 여행 예약 기능을 통합하여 론칭한 '구글 트래블'에 흡수됐다.

지도 기반의 구글 트래블은 트립스에서 한 발짝 더 나아간다.

트립스처럼 별도의 앱을 깔지 않고도 구글 지도 내에서 항공과 호텔 예약 내역을 자동으로 확인할 수 있을 뿐 아니라, '유어 매치Your match' 기능을 사용해 이전에 축적된 사용자의 식습관 데이터를 기반으로 레스토랑 선호도를 예측하고 추천해주며 예약까지 지원한다. 여기에는 '나보다 나를 더 많이 아는' AIArtificial Intelligence(인공지능) 기반 서비스의 장점과 함께 독점기업이 지닌 위험성도 내포되어 있다. 전 세계 검색엔진의 92%를 점유한 구글의 막강한 개인 데이터는 익스피디아와 부킹닷컴 등의 여행 전문 플랫폼을 거치지 않고도 여행을 구매할 수 있는 전자상거래 환경을 구축하며 갈수록 여행 업계를 위협하는 중이다. 그러나 특정 기업의 가격결정권 독점에 뒤따르는 폐해는 결국 소비자에게 돌아간다.[11] 여행 업계가 구글의 압도적인 데이터 기반 여행 서비스에 맞서기 위해서는 여행의 본질에 초점을 맞춘 차별화 전략이 필요한 시점이다.

이러한 흐름을 맞아 한국에서도 AI 기반의 맞춤 여행 서비스가 나오고 있는데, 차별화 전략 측면에서 주목할 스타트업은 AI 여행 일정 서비스 '여다'를 운영하는 스토리시티다. 여다는 이용자가 동행 정보, 여행 스타일, 관심사, 숙소 취향 등 8개 분야를 입력하면, 3분 내로 고객 맞춤형 여행 일정을 전송해준다. 약 40만 건의 고유 여행지 데이터를 바탕으로 고객에게 가장 적합한 장소를 고르고 동선을 최적화해주는 AI 알고리즘을 보유하고

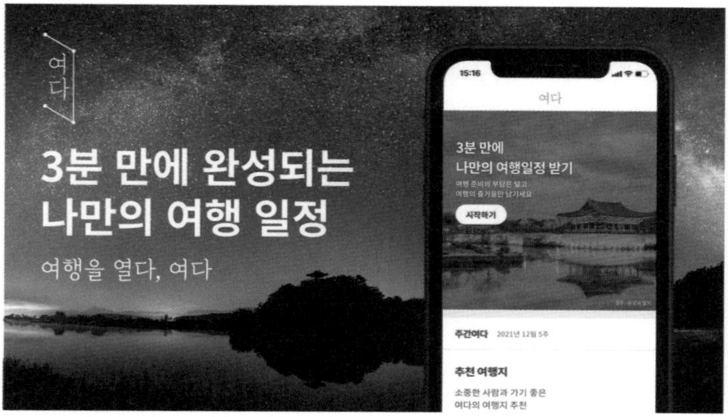

출처: 스토리시티

여행 기간이나 지역뿐 아니라 여행 취향, 동행인의 성별 및 연령, 반려견 동반 여부 등 사용자가 입력한 데이터를 기반으로 AI 알고리즘이 맞춤형 여행 일정을 추천해주는 서비스, 여다.

있다. 보도에 따르면 2021년 4월 말 서비스 출시 이후 여다를 통해 주문된 여행 일정이 1만 건을 넘어섰으며, 여름철 성수기인 같은 해 7월의 일평균 주문 건수는 6월 대비 두 배로 증가했다고 한다.[12] 여다는 구글과 달리 고객이 자신의 여행과 취향을 스스로 입력하게 하여 맞춤 여행 정보의 정확성을 높이는 방식을 취한다. 또한 구글처럼 메일이나 지도 등에서 수집되는 개인 데이터를 활용하지 않고도 유용성을 입증하고 있어 기술 기반 맞춤 여행 서비스의 우수 사례로 볼 수 있다.

주문하면 나만의 여행이 만들어진다, 비스포크 투어의 시대

한편, 사람의 전문성과 기술을 결합한 맞춤 여행 서비스도 탄생하고 있다. 이 분야의 선도적인 스타트업은 2014년에 미국에서 창업한 저니Journy다. 저니의 CEO 수잔 호Susan Ho는 맞춤 여행 수요가 갈수록 커지면서 고객의 유형도 다양해지고 있는데 컨설팅 비용은 여전히 럭셔리 고객에 맞춰져 있다는 점에 주목했다. 저니의 맞춤 여행 서비스의 가격은 1회당 25달러이며, 레스토랑과 투어 예약 대행까지 추가해도 50달러로 매우 저렴하다. 수잔 호는 "여행의 어떤 부분을 자동화하고 사람에게 맡길지 결정하는 것은 섬세한 균형의 문제"라고 이야기한다.[13] 예를 들어 상품의 가격비교 기능에서는 기술이 유리하지만, 항공권 예약 과정에서 발생한 에러를 챗봇에게 문의한 결과는 사람에게 문의했을 때에 비해 불만족스러울 수 있는 것이다. 여행 설계에는 기술과 인간의 적절한 개입이 모두 필요하다는 생각에서 출발한 저니는 현재 코로나19 사태의 여파로 서비스를 종료했지만, 이와 유사한 맞춤형 여행 서비스들이 계속 나오고 있다. 2020년 12월에 여행 리뷰 서비스 트립어드바이저가 내놓은 여행 컨설팅 서비스 '레코Reco'도 그중 하나다. 레코는 여행 1회당 199달러의 요금으로 여행자와 전문가를 매칭시켜주는 플랫폼으로, 저니와 동일한 비즈니스 모델이다. 이때 전문가가 여행자 대신 일정을 설계하고 예약을 도와주는데, 현재 약 300명의 여행 에이전트가 레코에서 활동하고 있으며 100개 이상의 목적지를 커버한다.

그런가 하면 2013년에 론칭한 일본의 현지 정보 맞춤 제공 플랫폼 로코타비(이전 서비스명 트래블로코)는 현재진행형 성공 사례로 꼽힌다. 로코타비는 내국인과 재외 일본인을 일대일로 매칭해, 해외의 현지 정보나 여행 안내(가이드 투어)를 맞춤으로 제공하는 서비스로 출발했다. 2014년에 30개 도시에서 60여 명의 가이드로 시작한 뒤 현지 출장, 취재 대행 등 다양한 목적으로 서비스의 범위가 확장되면서 매년 괄목할 성장을 거듭했다. 그 결과 2021년에는 세계 2,500개 도시에서 5만 4,000명의 가이드가 활동하며 20만 명이 넘는 이용자를 보유한 대표적인 현지인 매칭 서비스로 자리 잡게 됐다. 로코타비가 이러한 성공을 거둘 수 있었던 것은 공급자(가이드)가 해외 현지에서 부수입을 얻게 해줌으로써 공급 시장의 다양화와 양적 성장을 촉진했고, 덕분에 지극히 세분화된 취향과 목적을 가진 지금의 여행자가 원하는 정보를 획득한 확률이 높아졌기 때문이다. 가이드북이나 온라인상에서 정보를 찾기 힘든 소도시에도 매칭 가능한 로코타비 가이드가 있다. 이것은 초창기 에어비앤비가 세계 각 지역에 다양한 주거 형태를 갖춘 공급자(호스트)를 확보하는 데 주력했던 것과도 일맥상통한다. 결국 맞춤형 여행 플랫폼이 성공하려면 제공되는 공급자 선택지가 사용자의 극세분화된 취향을 충족시킬 수 있을 만큼 다양해야 한다는 이야기다.

패키지여행이 맞춤 여행으로 훌륭하게 진화한 형태는 씨트립에서 잘 살펴볼 수 있다. 중국 내 시장점유율 50~60%를 차지하며 유일한 글로벌 여행 플랫폼으로 발전한 씨트립은 한국에서는 글로벌 서비스 트립닷컴을 통해 호텔과 교통수단 예약을 주로 제공하지만, 중국 내에서는 패키지여행, 테마 여행, 럭셔리 여행 등 총체적인 여행 상품들을 공급하고 있다. 씨트립의 여행 상품 상세 페이지에는 '맞춤 여행' 버튼이 있고, 이를 누르면 개별 상담 페이지로 연결된다. 전통적인 여행사의 기능을 수행하면서도 거의 모든 상품이 개인화될 수 있도록 만든 것이다. 나아가 씨트립이 운영하는 럭셔리 여행 전용 플랫폼 HH트래블HHtravel은 기존 여행사의 사업 모델에 맞춤형 여행 컨설팅을 결합시켰다. 이때 맞춤 여행은 유연성 정도에 따라 두 가지 유형으로 나눌 수 있다. 하나는 정해진 패키지 일정 내에서 교통수단이나 숙박을 교체하며 만들어가는 프라이빗 투어 상품이고, 나머지 하나는 일정 전체를 전문가와의 상담을 통해 구성하는 완전 맞춤형 상품이다. 다만 완전 맞춤형 상품에서 전문가와의 상담은 별도의 비용이 부과되지 않는, 일종의 견적 문의 과정이고 상담을 통해 최종적으로 완성된 여행 상품을 판매한다.

그렇다면 씨트립이 예산의 규모와 상관없이 거의 모든 여행 상품이 개인화될 수 있도록 시스템을 구축한 이유는 무엇일까? 2019년에 발표된 씨트립과 중국아웃바운드관광연구소COTRI, China

Outbound Tourism Research Institute의 공동 연구 결과에서는 향후 3년 내 중국의 맞춤형 관광 시장이 200% 성장할 것으로 전망했다.[14] 팬데믹 이후 여행 시장 자체는 위축됐지만 안전성이 높은 프라이빗 투어나 소그룹 투어의 수요는 2019년 대비 세 배 이상 급증했다.[15] 현재 씨트립에서 제공하는 프라이빗 투어 상품을 보면 프라이빗 차량, 여행 집사의 컨설팅, 전용 맞춤 일대일 서비스 등이 기본 제공 사항에 포함되어 철저한 맞춤형 여행의 형태를 띠고 있음을 알 수 있다. 이는 빠르게 개인화되는 고객의 니즈에 대응하는 맞춤 여행이 변동성이 높은 팬데믹 이후의 여행업에 효과적인 대안이 될 수 있음을 보여준다. 기술과 휴먼 터치의 적절한 조합과 역할 분담을 통해 앞으로 맞춤 여행은 럭셔리 여행부터 대중적인 여행까지 다양한 영역에서 구현되고 진화할 것으로 보인다. 무엇보다 개인화된 경험을 원하는 MZ세대가 주도하는 여행 시장에서 맞춤 여행에 대한 차별화와 전문성은 여행업의 성공 여부를 가르는 중요한 역량이 될 것이다.

메타버스는 우리의 여행을 어떻게 변화시킬까?

최근 메타버스라는 개념이 급부상하고 있다. '가상 현실에서의 경험'은 이미 오래전부터 존재했던 것인데 왜 갑자기 화두가 된 것일까? 팬데믹 이후 오프라인 활동이 극단적으로 줄어들면서 온라인에서의 활동 시간이 크게 늘었다. 이런 상황에서 기업은 사람들의 시간을 차지하는 새로운 세상에 관심을 기울일 수밖에 없다. 가상 현실 열풍은 오프라인 기반의 산업이자 코로나19 바이러스로 막대한 타격을 입은 분야인 여행 업계에 또 다른 차원의 커다란 변화를 몰고 왔다. 가상 경험으로 관광의 효용성을 대체하는 '원격 관광' 혹은 '가상 관광virtual tourism'은 오랫동안 여행 업계에서 크게 다뤄지지 않았던 분야다. 하지만 코로나19 사태 이후 인간이 세상과 소통하는 영역인 현실을 넘어 가상으로 넓어지면서 그 중요성이 점점 커지고 있다. 가상 현실의 확장은 여행을 경험하는 방식을 어떻게 바꿀까? 오늘날 여행과 메타버스가 결합하는 방식을 소비자 입장에서 두 가지로 분류하고, 각각의 장점과 한계에서 얻을 수 있는 인사이트를 정리해본다.

온라인 기반의 가상 경험, 다시 현실로

메타버스 하면 가장 먼저 연상되는 장면은 가상의 자아인 아바타가 나를 대신해 가상 현실을 경험하는 모습이다. 여행 업계에서도 가상의 환경에서 여행 관련 체험이나 프로모션을 선보이는 경우가 꾸준히 나오고 있다. 2020년 11월 한국관광공사가 제페토 내에 구현한 한강시민공원의 글로벌 누적 방문자 수가 700만 명을 돌파한 일은 메타버스 플랫폼을 활용한 관광 마케팅의 대표적인 성공 사례라고 볼 수 있다. 제페토는 네이버의 자회사인 네이버 제트가 운영 중인 메타버스 플랫폼이다. 이용자가 자신의 아바타를 만들어 다채로운 가상의 세계에서 활동하는 서비스로, 2022년 3월 기준 전 세계 가입자 수가 3억 명을 넘어섰다. 제페토는 현실 세계를 생동감 넘치게 구현하는 것으로 유명한데, 가상의 한강시민공원을 찾은 아바타들은 마치 실제 한강시민공원에 온 것처럼 반포대교 무지개분수와 남산 N타워를 관광하고 인증샷이나 뮤직비디오를 찍을 수 있다.

코로나19 사태가 일어나기 전부터 가상 공간의 가치를 일찌감치 알아보고 국가 차원의 관광 마케팅에 적극적으로 활용해온 나라가 있다. 바로 핀란드다. 핀란드는 2018년 12월에 '버추얼 헬싱키'라는 가상 도시를 구축했고, 팬데믹 기간에 효과적으로 활용할 수 있었다. 버추얼 헬싱키는 '디지털 트윈', 즉 디지털상에 현실 세계를 쌍둥이처럼 똑같이 구현하는 기술에 기반한 서비스다. 버추얼 헬싱키 방문자들은 VR Virtual Reality(가상 현실) 기술을 접목한 가상 도시에서 직접 헬싱키에 방문한 것과 흡사하게 여행, 쇼핑 등을 즐길 수 있다. 이후 팬데믹을 거치며 세계 곳곳에 이러한 가상 체험 공간이 만들어졌고, 국가 차원의 프로젝트 외에도 파리 루브르박물관의 VR 투어 프로그램, 중국 여행사 더차이나 가이드의 만리장성 가상 투어 프로그램 등 현실의 명소를 온라인상에서 체험할 수 있는 가상 투어가 탄생했다. 예전에도 구글 어스Google Earth와 같은 3D 지도 서비스를 이용해 다른 나라의 거리나 건물 등을 둘러볼 수는 있었지만, 최근에 나오는 가상 투어들은 미술관을 비롯한 관광 명소들의 외관뿐 아니라 내부까지 실감나게 둘러볼 수 있도록 개발되고 있다.

그런데 세계 각국이 단지 관광 마케팅만을 목적으로 가상 현실 체험에 주목하는 것은 아니다. 코로나19 바이러스가 세계를 덮치기 전까지 관광 대국들은 심각한 오버 투어리즘으로 몸살을 앓았다. 이런 상황에서 가상 현실 기반의 경험 시장을 잘 활용하면 과잉 관광의 문제를 해소할 수 있다는 가능성은 세계 각국이 흥미를 느끼기에 충분했다. 실제로 핀란드의 헬싱키 관광청은 한 인터뷰에서 "도시의 지속가능성을 위해 전 세계의 모든 관광객을 유치하고 싶지는 않다. 하지만 헬싱키에 관심이 많은 이들에게 다양한 경험을 제공하기 위해 가상 도시를 개발했다"라며 버추얼 헬싱키를 구축하게 된 이유를 밝히기도 했다.[16] 이전의 관광은 관광객이 해당 도시에 실제로 방문해야만 활성화되는 산업이었지만 메타버스 시대에는 전 세계 사람들이 가상의 공간에 모여 가상의 관광을 하며 돈을 쓸 수 있다. 또한 특정 도시에 관심이 있지만 당장은 직접 여행을 갈 형편이 되지 않는 잠재적 여행자들에게도 어필할 수 있다. 현재 여행 업계가 메타버스의 확장성을 주시하고 있는 이유다.

그런 가운데 위드 코로나 시대를 맞으면서 관광 마케팅이 메타버스를 바라보는 시각이 또 한 차례 변화하고 있다. 현실 관광이 주는 효용성이 다시금 강조되고 가상 현실이 실제 경험을 대체할 수 없다는 사실을 상기시키는 쪽으로 방향을 틀기 시작한 것이다. 2020년 7월에 뉴질랜드 관광청이 오스트레일리아 소비자를 대상으로 '플레이 NZ PLAY NZ'라는 제목의 캠페인을 진행했는데, 캠페인 오픈에 앞서 유명 게임 채널 및 게임 크리에이터와의 협업하며 마치 신작 게임이 출시되는 것처럼 사전 홍보를 했다. 이후 공개된 9분간의 게임 공략 영상은 뉴질랜드의 실제 대

자연 곳곳을 배경으로 하여 게임 캐릭터가 가상의 모험을 즐기는 장면들로 채워졌다. 이 캠페인에서 전하고자 한 메시지는 '뉴질랜드 여행이 게임처럼 흥미진진하다', '게임 그래픽이 아무리 생생하더라도 현실 속 대자연의 아름다움을 능가할 수는 없다'라는 것이었다. 페이스북의 분석에 따르면 플레이 NZ 캠페인 이후 뉴질랜드 여행을 희망하는 사람이 387%나 증가했다고 하니 그 메시지가 효과적으로 전달된 것으로 보인다.

한편에서는 메타버스 열풍을 비판적인 시선으로 다루며 메타버스가 현실 경험을 대체할 수 없다는 점을 강하게 꼬집는 콘텐츠도 등장했다. 2021년 11월 아이슬란드가 진행한 '아이슬란드버스Icelandverse(아이슬란드 + 메타버스)' 캠페인으로, 이 캠페인 영상은 전 세계 소셜미디어에서 회자되며 화제에 올랐다. 영상에는 한 남성이 메타(2021년 변경된 페이스북의 새로운 사명)의 CEO 마크 저커버그를 패러디한 모습으로 등장해 '멍청한 VR 헤드셋을 쓰지 않고도 아이슬란드와 다른 세상을 연결하는 혁신적인 방법을 찾았다'라고 발표한다. 그 방법이란 아이슬란드를 실제로 방문해서 여행하는 것이었다. 영상이 공개된 직후 아이슬란드 관광청의 인스타그램 계정에 올라온 관련 피드에 마크 저커버그가 직접 '아이슬란드버스에 가보고 싶다'는 댓글을 남겨 세계적인 이슈를 낳기도 했다. 이 캠페인은 관광 업계가 메타버스를 무비판적으로 수용하려는 현상을 경계하고 실제 여행 경험의 즐거움과 효용을 환기했다는 차원에서 큰 의미를 지닌다.

현실과 가상 경험이 결합되다

여행과 가상 경험이 만나는 또 하나의 카테고리는 현실을 기반으로 하는 가상 경험이다. 현실의 여행에 증강 현실AR, Augmented Reality이나 가상 현실 체험을 결합함으로써 여행자에게 새로운 경험을 지원하는 경우가 이에 해당한다.

여행과 가상 경험이 어떻게 만나고 있는지 확인하기에 가장 좋은 분야는 바로 엔터테인먼트 업계다. 디즈니 파크스 익스페리언스 앤드 프로덕츠Disney Parks, Experiences and Products(이하 디즈니 파크스)는 월트 디즈니 컴퍼니의 주요 사업 부문 중 하나로, 테마파크, 호텔, 리조트, 크루즈 등의 운영과 관리를 총괄 담당한다. 팬데믹이 디즈니라는 굴지의 글로벌 엔터테인먼트 기업에게도 적지 않은 손해를 가져온 상황에서 디즈니 파크스는 기술 기반의 엔터테인먼트가 현실 경험의 재미를 능가할 가능성을 경계하고 있다. 외부 활동을 최대한 줄이게 된 사람들이 가정용 홈 엔터테인먼트 시스템을 갖추고, VR 헤드기어 같은 최신 가젯gadget에 익숙해졌기 때문이다. 디즈니 파크스는 '스마트폰 화면이 고객의 시선을 너무 사로잡으면 안 된다'는 것에 특히 유의하고 있다. 그래서 기술은 반드시 실제 세상의 경험을 확장하는 용도로 사용되어야 한다는 원칙 아래 움직인다. 2021년 5월에 《스키프트》와의 인터뷰에서 디즈니 파크스 측이 "디즈니월드에서 줄을 서서 기다리는 동안 스마트폰을 활용하는 경험을 준비하고 있다"라고 밝힌 것도 그 연장선에서다.[17] 예를 들어 전용 앱 '플레이 디즈니 파크'를 스마트폰에 설치한 뒤 디즈니랜드에 방문하면 어트랙션 앞에서 순서를 기다리는 동안 관련 게임을 실행할 수 있는 식이다.

2021년 10월, 제페토에 가상의 테마파크를 개장한 롯데월드도 현실과 가상을 연계하는 마케팅을 시작했다. 생동감 넘치는 어트랙션과 다채로운 포토존을 갖춘 제페토의 롯데월드는 개장 3주 만에 300만 명의 글로벌 방문객을 유치하며 화제가 됐다. 이 사례는 제페토를 비롯해 로블록스, 포트나이트 등의 메타버스 플랫폼이 세계적인 인기를 얻는 원인이 무엇인지 제대로 분석한 결과라고 볼 수 있다. 메타버스가 현실을 대체하는 새로운 산업으로 부상하는 핵심적인 이유는 가상 세계에서 사용자가 자기 표현과 명성을 위해 실제 세계와 다름없이 돈을 쓰는 생태계가 구축됐기 때문이다. 롯데월드는 이 생태계를 이용해 제페토 유저들이 현실에서는 불가능한 모험적인 인증샷을 자랑스레 남기며 긍정적인 브랜드 경험을 할 수 있도록 유도한다. 또한 오프라인 롯데월드 어드벤처와 연계한 프로모션을 통해 가상 체험이 오프라인 방문으로 이어질 수 있도록 이끌고 있다.

그러나 2021년에 들어서며 국내 관광 업계, 특히 관련 공공기관들이 메타버스를 활용하는 방식은 다소 아쉽다. 대부분 '우리

출처: 롯데월드

제페토 플랫폼 내에 구축된 가상의 롯데월드. 이곳을 방문한 유저들은 실제 롯데월드에서처럼 어트랙션을 즐기고, 포토존에서 인증샷을 남기고, 코스튬이나 식음료를 구매할 수 있다.

가 메타버스를 시도했다'라고 홍보하기 위한 목적에서 자체 플랫폼 개발과 경쟁에 치우쳐 있기 때문이다. 지자체 축제나 관광 박람회 등 행사가 개최될 때 막대한 개발 비용을 들여 메타버스 웹사이트를 마련하고 이를 내세운 마케팅을 하지만, 막상 해당 웹사이트에 접속해보면 로딩이 오래 걸리거나 기능이 잘 실행되지 않고 콘텐츠도 부실한 경우가 더러 있다. 시간이 지나 행사가 끝나면 이 웹사이트들은 관리받지 못한 채 방치되고 해마다 새로운 웹사이트를 다시 만드느라 비용을 지출하는 악순환이 반복될

우려가 있다. 이러한 관광 관련 메타버스 플랫폼들을 아무리 현실처럼 만든다고 해도 소비자 입장에서는 이를 통해 얻을 효용이 거의 없다. MZ세대가 메타버스 세상에서 갈수록 많은 시간을 보내는 것은 로블록스나 제페토 같은 특정 플랫폼에 이미 가상의 사회적 관계가 형성되어 있고, 옷이나 집 등을 꾸밈으로써 나를 브랜딩하고 싶은 욕망을 충족시킬 수 있기 때문이다. 메타버스를 효과적인 마케팅 도구로 활용하려면, 먼저 메타버스 사용자의 행태를 이해하고 오프라인 경험과 연계성을 강화한 접근 전략을 세워야 한다.

메타버스를 단순히 가상 현실로 받아들이지 않고 그곳에서 시간을 보내며 활동하는 1020세대들이 빠르게 늘어나고 있는 요즘, 미래 소비자의 니즈에 대비해야 하는 여행 산업이 메타버스 분야에 관심을 쏟는 것은 어찌 보면 당연하다. 그러나 아직까지는 가상의 경험이 여행의 불평등을 해소하는 보완재가 될지, 현실 여행을 위축시키는 대체재 혹은 경쟁 상대가 될지 불투명한 상황이다. 다만, 현실 세계의 여행이 소비자에게 어필해야 하는 가치가 이전과는 다른 방향으로 변화하고 있다는 것은 분명하다. 여행 업계에서 경쟁력 있는 현실 경험을 만들어내는 역량이 그 어느 때보다 중요해졌다. 이어서 기술을 현실 경험의 확장과 강화에 활용해 이전보다 발전된 여행을 만들어낸 관광 기업들의 사례와 그 인기 요인에 대해 알아보자.

게임 같은 여행과 여행 같은 게임, 현실강화형 관광 게임의 탄생

2016년, '포켓몬을 잡겠다'며 몰려든 이들로 주말마다 강원도 속초 일대가 붐비는 기현상이 일어났다. 미국의 게임 회사 나이언틱이 만든 '포켓몬 고'는 AR 기술을 활용한 게임으로, 특정 장소에 가야만 위치 인식으로 캐릭터를 획득해 점수를 올릴 수 있다. 속초에서 포켓몬이 많이 잡힌다는 소문이 돌자 많은 이들이 앞다투어 속초로 몰려갔던 일은 MZ세대가 본인에게 가치 있는 주관적인 경험과 액티비티를 위해 여행지를 선택한다는 것이 명확하게 드러났던 대표 사례다. 그러나 포켓몬 고 열풍은 그리 오래가지 못했고 약 1년 남짓 만에 사그라들었다. 지역과의 연계성이 전혀 없는 게임이었기 때문에 한 지역에 가서 포켓몬을 잡아 소기의 목적을 달성하고 나면 그뿐, 해당 지역의 매력을 발견하거나 재방문을 이끌어내는 수단은 되지 못했던 것이다.

여행을 게임처럼 만들어준다, 현실강화형 게임

그로부터 5년여의 시간이 지난 2021년 5월의 어느 날, 나는 서울 성동구의 성수역 일대에서 스마트폰을 든 채 주변을 두리번거리고 있었다. 메타버스·AR 게임 플랫폼인 리얼월드가 성동구청과 함께 성수동 수제화거리를 배경으로 만든 AR 게임 '프로젝트 슈즈'를 실행하는 중이었다. 실제 장소를 배경으로 퀴즈를 풀며 다니는 게임이 아이가 아닌 어른에게도 과연 재미가 있을까 의구심이 들어 직접 가본 것이다. 그런데 챗봇의 자동 답변 기능과 간단한 AR 기능만으로도 여행 정보의 집중도가 강화되는 신기한 경험을 할 수 있었다. 또한 이 게임에 도전한 수많은 사용자들이 질문·답변 방에서 일종의 공략법을 서로 공유하고 있어 미션이 잘 풀리지 않을 때는 이를 참고하며 수행해내는 재미가 있었다. 고가도로 밑 담벼락에 스마트폰 카메라를 들이대는 내 모습이 낯설고 우습게 느껴졌지만, 이상하게도 좀처럼 게임을 그만둘 수가 없었다.

관광벤처기업 유니크굿컴퍼니가 운영하는 리얼월드는 몰입형 체험 기반의 게임을 유통하는 플랫폼으로, 팬데믹 기간에 MZ세대 사이에서 입소문을 타며 폭발적인 인기를 모았고 앱스토어 다운로드 순위 1위에 오르기까지 했다. 리월월드는 30종 이상의 온·오프라인 몰입형 경험 콘텐츠를 제작 및 유통해오고 있으며 그 수는 지금도 계속해서 늘어나고 있다. 리얼월드가 누구나 게임을 만들 수 있는 저작도구를 공개했기 때문이다. 그 결과 사용자 수가 빠르게 늘어 2020년 1분기 기준 누적 플레이어 수가 35만 명을 돌파하며 관광 게임 분야의 선두 주자로 떠올랐다. 현실과 가상을 넘나드는 게임을 생산하는 스타트업을 넘어, 누구나 이러한 게임을 만들 수 있게 만든 플랫폼이 한국에서 탄생한 것은 정말이지 놀랍고 자랑스러운 일이다.

그렇다면 기존 관광 비즈니스와는 달리 리얼월드가 가지고 있는 차별점은 무엇일까? 첫 번째 차별점은 한정된 관광자원에 새로운 스토리를 부여한다는 것이다. 대부분의 관광자원들은 이미 그 정보가 고정되어 있어 여행자에게 신선하게 다가가기 어렵다. 특히 역사·문화 명소들이 그렇다. 리얼월드는 이런 장소들에 경험과 미션을 중심으로 접근하게 만들어 여행자로 하여금 흥미를 갖게 한다. 게임 속 이야기를 어떤 방식으로 풀어가느냐에 따라 한 장소에서도 여러 스토리가 나올 수 있게 때문에 엄청난 확장성을 지닌다는 것 역시 큰 장점이다. 이와 같이 스토리 기반의 게임 콘텐츠는 더 이상 관광자원으로서 매력을 어필하지 못하는 역사·문화유산에 강력한 방문 동기를 제공할 수 있다.

두 번째 차별점은 리얼월드가 기술을 기능이 아닌 '경험 큐리

출처: 대전광역시

리얼월드가 개발·유통하는 몰입형 게임 콘텐츠들은 매력이 소진된 관광자원에 새로운 스토리를 만들어준다. 이에 여러 지자체가 기존과는 다른 방식으로 지역의 특색을 살리고 관광객을 유치하기 위해 리얼월드와 협업하고 있다.

티'에 적용한다는 것이다. 여러 산업에서 벌써 널리 쓰이고 있는 챗봇이나 QR 코드 등의 기술과 달리 AR 기술은 뛰어난 잠재력을 지녔음에도 불구하고 관광 업계에서 제대로 활용되지 못해 계륵 같은 존재로 여겨졌다. 관광 스타트업 창업 지원 사업에서 심사를 보다 보면 AR 기술을 토대로 한 창업 아이템이 심심찮게 등장한다. 하지만 그 기술을 만드는 개발사조차 이 기술이 소비자에게 왜 필요하며 어떤 비즈니스 모델로 발전할 수 있을지 마땅히 설명하지 못하는 경우가 많았다. 공공기관에서 개발한 스마트 관광 앱을 보면 AR 기능을 적용하기 위해 전용 앱을 별도로 다운로드받아야 하고, 그 앱을 실행해봐도 고작 위치 기반의 정보나 광고를 띄워주는 콘텐츠가 전부다. 굳이 AR로 확인하지 않아도 되는 정보를 보여주는 기능적 측면에 머물러 있는 것이다. 하지만 리얼월드는 AR 기술을 기능이 아닌 경험의 질을 높이는 데 사용하고, 나아가 이를 상품화하여 비대면 여행이 가능하게끔 설계함으로써 코로나 시국에 인기를 모으는 핵심 요인과 가치를 스스로 만들어냈다.

리얼월드의 세 번째 차별점은 단일 플랫폼을 넘어 생태계 형성에 집중한다는 것이다. 리얼월드는 단순히 게임의 일방적인 개발과 유통에서 멈추지 않고 자체 저작도구 '리얼월드 스튜디오'를 무료로 공개하여 플랫폼을 '생태계화'했다. 그 결과 스토리는 있지만 기술력이 없는 관광 분야의 수많은 종사자들이 리얼월드 스튜디오를 활용해 지역 기반의 게임을 제작할 수 있게 됐다. 이미 여러 지자체들이 관광 스타트업 교육 프로그램에 리얼월드 스튜디오를 이용한 게임 개발 과정을 도입한 상태다. 플랫폼 비즈니스의 특성상 선발 주자가 공급자 규모를 빠르게 늘려 하나의 생태계를 형성한 뒤에는 후발 주자가 유사 플랫폼을 구축하기가 매우 어려워진다. 앞으로 AR이나 메타버스 기술을 활용한 관광 게임 업체들이 계속 등장할 테지만, 유저들이 자사의 기술로 직접 게임을 만들고 그 게임을 다시 자사의 플랫폼 내에서 유통하게 만든 리얼월드는 이들과 비교할 수 없는 경쟁력을 확보한 셈이다. 게다가 리얼월드에는 100% 가상 공간에서 이뤄지는 것보다 현실 장소에 기반한 게임이 많아 엔데믹 이후에 어떤 성장세를 보일지 더욱 기대된다. 글로벌 시장에 진출한다는 소식도 들려오는 것을 보니 한국뿐 아니라 전 세계를 여행할 때도 리얼월드와 함께 게임하듯 즐기는 시대가 그리 멀지 않은 듯하다.

코로나19 사태의 반작용으로 나타난 열망, 몰입형 경험

기술을 현실 세계와 결합해 몰입형 경험을 창출하는 관광 스타트업은 코로나19 사태 이전부터 활발하게 탄생하고 있었다. 스탬프 팝은 GPS 기능과 QR 코드를 활용해 스탬프 투어 앱을 개발한 B2B 스타트업이다. 종이에 직접 도장을 찍으며 다녔던 스탬프 투어를 모바일 앱으로 옮겨와 간편하게 즐길 수 있도록 한 것이다. 지자체나 이벤트 기획사 등 스탬프팝의 고객들은 이렇게 모인 이용자 데이터를 분석하여 다양한 프로모션과 이벤트를 더욱 효과적으로 진행할 수 있다. 경북 경주를 기반으로 여행 콘텐츠 사업을 전개하는 사이시옷은 경주 읍성을 배경으로 삼은 AR 미션 게임 '물오름달 열닷새'와 포항의 연오랑세오녀테마공원을 배경으로 하는 추리 게임 '별의 기억1' 2종을 각각 크라우드펀딩 플랫폼을 통해 공개하고 펀딩을 시작했는데, 700~900%의 달성률을 기록하는 등 커다란 반향을 얻었다. 야외 방탈출 게임 제작 및 유통 플랫폼 플레이더월드도 다양한 현실강화형 게임을 선보이고 있다. 그런데 이들에게는 2020년 이전에 서비스를 시작했다는 공통점이 있다. 젊은 세대들은 일상과 여행에서 몰입형 경험 기술을 적극적으로 활용하는 행동 양식에 코로나19 사태 전부터 익숙해져왔다는 이야기다.

최근 중국의 Z세대 사이에서 폭발적인 사회현상을 불러온 게임 '주번샤剧本杀(극본살인)' 열풍의 본질을 살펴보면 이러한 현실강화형 게임의 인기 요인을 찾을 수 있다. 주번샤는 현실 기반의 롤플레잉 게임으로, 초기에는 한국의 방탈출 게임처럼 일정한 콘셉트의 밀실에 들어가서 퀴즈를 풀고 탈출하는 단순한 구조였다. 그러다 미션을 해결하는 과정에 AR 기술이 빠르게 도입되기 시작했고 디지털상에서 주번샤를 즐길 수 있는 앱 '게르츠Gerzz'도 출시됐다. 통계에 따르면, 코로나19 사태 이전에도 큰 인기를 끌었던 중국의 주번샤 관련 산업은 2021년에 들어서며 900만 명 규모의 거대한 소비 시장으로 급성장했다. 주번샤의 전체 이용자 중 70% 이상이 30세 미만의 Z세대이며, 일주일에 1회 이상 게임을 즐기는 헤비 유저는 전체의 40%에 달했다.[18] 이렇게 시장이 커지면서 벤처투자 업계에서도 유망한 주번샤 회사에 자본을 투자했고, 투자를 받은 회사들은 중국 전역에 수백 개의 체인을 내며 빠르게 확장하고 있다. 이와 관련해 한 매체는 '참여자가 직접 상황을 제어하고 상호작용하는 과정에 대한 욕구와 온라인 소통에 대한 환멸을 동시에 암시한다'고 분석하기도 했다.[19] 사회적 거리두기의 반작용으로 인해 사람들이 대면 상황에서만 얻을 수 있는 즐거움을 이전보다 더욱 강렬하게 열망하게 됐다는 뜻이다.

한국에 리얼월드가 있다면, 유럽에는 퀘스토Questo가 있다. 앞서 유니크굿컴퍼니와 같은 해인 2017년에 루마니아에서 창업한 퀘스토는 도시를 가상의 스토리텔링과 게임으로 탐방하는 앱이다. 퀘스토의 미션은 '도시를 놀이터로 바꾸자'다. 관광객과 거주자는 해당 지역의 게임을 풀면서 새로운 장소를 발견할 수 있고 지역의 역사와 숨겨진 이야기도 배울 수 있다. 피카소를 따라 떠나는 파리 여행, 셜록 홈즈를 따라가는 런던 탐험과 같은 스토리텔링 기반의 여행을 자연스럽게 즐길 수 있는 데다, 해당 지역의 상업 시설이나 관광 명소와 제휴하여 방문을 유도하거나 게임 수익을 분배하는 방식이기 때문에 지역 경제에 기여하기도 한다. 비대면 환경에서도 안전하게 색다른 여행을 즐길 수 있는 특성을 가진 퀘스토는 2020년에서 2021년에 걸쳐 4개 대륙의 100개 도시에 진출할 정도로 빠르게 성장했다. 2021년에는 150만 유로(약 20억 2,600만 원)의 투자 유치에 성공하면서 미래 가치를 인정받고 있다.

영국의 경제 전문지 《파이낸셜 타임즈》는 심리학자 바바라 트버스키의 의견을 인용해 '코로나19 사태가 우리에게 초유의 경험임에도 그 긴 기간 동안 기억에 남는 일이 별로 없는 이유는 무엇일까?'에 대한 흥미로운 관점을 제시했다. 인간이 무언가를 새롭게 인지할 때는 장소와 공간, 운동 등 움직임이 이뤄져야 비로소 구체적인 생각이 구축된다는 것이다.[20] 사람들이 먼 곳으로 여행을 떠날 때의 기억을 다른 기억에 비해 선명하게 간직하는 이유도 뇌가 물리적 공간의 변화에 민감하게 반응하기 때문이라는 설명도 덧붙였다. 즉, 인간이 새로운 생각을 하려면 새로운 공간과 새로운 환경에 자주 노출되어야 한다는 이야기다.

우리 삶에서 중요한 역할을 수행하던 여행이 팬데믹과 함께 사라진 사이 그 자리를 채워준 것은 다름 아닌 '몰입형 경험'이라고 볼 수 있다. 아주 멀리까지 이동하거나 여러 곳을 돌아다니지는 못하지만, 기술의 발전으로 한정된 공간에서도 오감을 자극받고 새로운 환경에 노출되는 경험이 가능해지면서 여가 행태에도 변화가 찾아왔다. 사람들은 대규모 미디어아트 전시장이나 체험형 박물관에서 여행의 해방감이나 비일상의 신선함을 어느 정도 충족하게 됐고, 젊은 여행 소비자들은 더욱 기발한 몰입형 경험을 여행 위시 리스트에 추가하고 있다. 몰입형 경험의 부상을 통해서 우리는 여행이 더욱더 빠른 속도로 '장소'가 아닌 '경험' 단위로 재편되고 있다는 것을 다시 한번 확인할 수 있다.

CHAPTER
4

크리에이터 경제가 여행의 미래에 가져올 변화

경험이 곧 자산! 여행 콘텐츠 시장의 흐름을 바꾼 Z세대와 유튜브

델타 변이 바이러스의 출현으로 코로나19 확진자 수가 다시금 폭증하던 2021년 8월, 유튜브에 해외로 떠나는 '출국' 영상들이 속속 올라오기 시작했다. 모험적인 여행으로 120만 명이 넘는 구독자를 모은 유튜버 빠니보틀을 시작으로 해외여행 전문 유튜버들이 '코시국 해외여행' 콘텐츠를 만든다며 미국, 러시아, 유럽 등지로 향한 것이다. 관광 목적의 외국인 입국을 금지한 국가가 여전히 많은 상황에서 이들의 해외여행은 곧장 이슈가 됐고 유럽 현지에서 방역 수칙을 위반한 사실이 언론에 보도될 정도로 대중의 이목이 쏠렸다.[1] 이는 여행이 중단된 시기에는 해외여행을 하는 것 자체가 일종의 모험이며, 그 모험은 자동적으로 관심의 대상이 된다는 것을 보여준다. MZ세대가 여행을 콘텐츠화하는 현상은 일종의 생존 본능이자 직업 활동으로 확장되고 있다. 여행은 유튜브나 인스타그램의 피드를 채우는 무형의 자산으로 기능하고, 타인의 반응과 조회 수는 사회적 평판과 경제적 가치로 연결된다. 또한 이렇게 만들어지는 콘텐츠에 담긴 메시지들은 미래 소비자로 꼽히는 Z세대의 여행에 직접적인 영향을 미친다.

크리에이터 경제, 그리고 Z세대의 여행 콘텐츠

'크리에이터 경제'란 유·무형의 콘텐츠를 생산하는 크리에이터를 중심으로 형성되는 새로운 생태계를 가리킨다. 여기서 콘텐츠는 지식, 기술, 추종자(팬)를 통해 돈을 버는 독립적인 비즈니스를 모두 아우른다. 이 생태계를 이루는 세 주체는 크리에이터, 크리에이터의 수익 활동을 돕는 서비스, 그리고 소비자다. 영미권에서는 주로 '디지털 콘텐츠'를 통해 수익 창출을 하는 이들을 크리에이터로 칭하는 경향이 있다. 광고 수익 기반의 유튜브, 유료 구독자를 모을 수 있는 뉴스레터 미디어 서브스택Substack, 팬이 창작자에게 후원금을 전달할 수 있는 패트리온Patreon 같은 플랫폼이 크리에이터 경제 서비스로 분류된다. 미국에서는 이 분야에 2021년 상반기에만 13억 달러(약 1조 5,000억 원)의 투자가 몰렸다. 싱가포르의 벤처캐피털VC, Venture Capital 회사 앤틀러Antler는 "2020년까지만 해도 유럽의 VC가 크리에이터 경제에 투자하는 경우가 드물었으나, 2021년에 들어선 뒤 다수의 VC들이 이 분야에 투자하고 있다"고 밝히기도 했다.[2]

크리에이터 경제는 MZ세대, 특히 진화하는 디지털 플랫폼을 경제적 가치 창출에 바로 활용할 수 있는 Z세대가 주도하고 있다. 디지털 네이티브인 이들은 온라인 학습을 통해 변화에 적응하고, 좋아하는 일로 수입을 창출하는 일에 익숙하며, 직업뿐 아니라 여행에 대해서도 이전 세대와는 다른 관점을 갖는다. 짧은 휴가 기간 동안 가지고 있는 정보력을 최대한 활용해 일상에서 벗어나려는 밀레니얼 세대의 여행과 달리, Z세대에게는 여행의 매분 매초가 소셜미디어에 공유할 만한 경험을 만들어내기 위한 하나의 수단이다. Z세대 전문 컨설팅 업체 젠지구루GenZGuru의 운영자 조너 스틸먼Jonah Stillman은 '수십만 명의 추종자가 있든 없든 기록(영상, 사진)은 Z세대가 여행하는 중요한 목적'이라고 말한다.[3] Z세대에게는 소셜미디어에 어떤 '영구적인 순간permanent moment'을 남길 수 있는지가 여행 소비의 결정적인 기준이 된다는 것이다. 이들은 꼭 크리에이터가 아니더라도 여행의 기록과 공유에 큰 노력을 기울이는데, 이는 소셜미디어에서 접한 여행 콘텐츠에서 직·간접적인 영향을 받은 결과로 보인다.

여행 콘텐츠 생산자가 밀레니얼 세대에서 Z세대로 확장되면서 주목받는 여행 콘텐츠의 속성도 변화하고 있다. 크리에이터 경제 이전의 여행 콘텐츠는 블로그나 인스타그램 등에서 활동하던 이들이 유튜브로 콘텐츠를 옮겨오거나 병행하며 생산해내는 경우가 많았다. 특히 주로 블로그를 통해 여행 선도자 역할을 했던 2010년대의 콘텐츠 창작자들은 여행지의 풍경과 음식, 장소 위주의 리뷰 콘텐츠를 만들어왔으며, 자신의 캐릭터나 가치관을 직접 노출하고 소통하는 데는 그리 적극적이지 않았다. 반면 코로나19 사태 전후로 부상하기 시작한 전업 유튜버들은 20대에서 30대 초반 사이의 젊은 세대로, 처음부터 콘텐츠 제작을 목표로 여행을 떠난다. 콘텐츠의 특징도 매우 달라졌는데, 마치 르포나 다큐멘터리를 보는 듯한 현장감 있는 편집과 날것 그대로의 상황 포착이 대세를 이룬다. 65만 명의 구독자를 보유한 유튜버 희철리즘은 팬데믹 시국에 미 서부의 위험한 동네를 찾아가 갱단의 일상을 인터뷰하는 등 다소 무모해 보이는 여행 콘텐츠로 인기를 끌었다. 여성 유튜버가 운영하는 채널 '원지의하루'나 '여락이들'의 콘텐츠도 정보성을 갖추기보다는 오지에 가까운 여행지에서의 사건·사고나 현실적인 에피소드 중심이다. 크리에이터 경제 시대에 유튜브를 통해 자신의 삶과 여행을 '콘텐츠화'하는 이들은, 이전 세대보다 영상의 문법을 능숙하게 활용하며 점차 TV와 같은 레거시 미디어legacy media가 제공했던 효용감을 넘어서는 콘텐츠를 만들어내고 있다.

정리하자면, Z세대는 여행을 경험 공유와 기록의 '재료'로 활용하고 능숙한 플랫폼과 영상 생산력을 바탕으로 무형의 경험을 가치 창출로 연결시키는 첫 세대다. 코로나19 사태 이후 여행이 제한되며 여행의 희소성이 증가하면서 모험적인 여행을 콘텐츠화하는 여행 유튜버들이 인기를 끌기 시작했다. 이들의 영상 콘텐츠는 대체로 이야깃거리가 될 만한 특이한 지역을 가거나, 현지인과의 에피소드가 발생하는 순간을 포착해 생생하게 전달한다. 이러한 콘텐츠에는 여행보다는 여행을 수행하는 크리에이터에게 관심이 집중되는 특징이 있으며, 크리에이터 역시 개인의 캐릭터나 세계관을 솔직하게 보여줘야만 기존 콘텐츠와 차별화하며 고정 팬덤을 확보할 수 있다. Z세대는 여행 콘텐츠에서 어떤 정보를 제공하느냐보다 그 여행을 '누가' 하느냐가 더 중요한 시대가 도래했음을 본능적으로 알아챘다. 플랫폼을 활용해 콘텐츠로 업을 삼는 새로운 창작자의 시대가 여행 업계에서도 본격화되고 있다.

매 순간을 '스트리밍' 하는 Z세대의 여행, 그 진정성과 무모함 사이

Z세대의 여행 콘텐츠가 여행 업체에 대한 후기에서 벗어나 개인적이고 구체적인 상황 전달 위주로 바뀌어가는 상황에서 여행 기업들이 특정 크리에이터를 활용한 마케팅 전략을 짜기가 이전에 비해 어려워질 것으로 보인다. 여행을 통해 성장해가는 과정을 담아내고 비슷한 고민을 가진 이들과 소통하는 Z세대의 영상

콘텐츠는 예측 불가능하고 복합적인 내러티브가 담겨 있는 경우가 많다. 또한 관광 인프라가 전무한 '오지' 국가의 현장, 강도나 방역 수칙 위반 등 여행지에서의 사건·사고 등 부정적인 모습들도 여과 없이 보여주는 이들의 콘텐츠는 여행 업계가 협업을 도모하기에 쉽지 않다. 이러한 경험 위주의 콘텐츠는 신뢰도가 중요한 정보 전달 목적으로 활용하기에도 부적합하다.

Z세대는 자신의 삶을 실시간으로 공유하는 데 거부감이 없으며, 긍정적인 측면만 '편집'해서 보여주는 콘텐츠보다는 솔직한 상황을 있는 그대로 담아낸 것이 또래집단에게 훨씬 큰 지지를 받는다는 것을 경험적으로 알고 있다. 2019년, 일본 후쿠오카에서 할머니로부터 오래된 료칸을 물려받은 20대 청년 테츠야 이노우에는 시설을 정비하고 인근의 숙박 업체와 경쟁하는 대신 다른 방식으로 수익을 창출하기로 결심한다. 그는 예전에 료칸을 방문했던 영국인 여행자가 자신의 투숙 과정을 유튜브에 중계한 것에서 힌트를 얻어 료칸에서 가장 인기가 없는 객실에 라이브 스트리밍용 카메라를 설치했다. 그리고 이 객실에 묵으며 실시간 촬영 및 유튜브 송출에 동의하는 투숙자에게는 숙박료를 단 1달러만 받기로 했다. 사생활 노출, 돌발 사고 등 논란의 여지가 있음에도 불구하고 그의 유튜브 채널 '원 달러 호텔1 Dollar Hotel'은 개설한 지 며칠 만에 수익화 기준인 1,000명의 구독자를 확보했고, 여러 매체를 통해 기사화됐다. 그중 CNN과의 인터뷰에서 이노

우에는 "객실 판매가 아니라 유튜브 광고로만 수익을 창출하고 호텔 운영이 가능하게끔 만드는 것이 최종 목표"라고 밝혔다.[4]

이 사례에서 우리가 눈여겨봐야 할 것은 원 달러 호텔의 라이브 영상 콘텐츠에서 나타나는 특이점이다. 1달러 객실을 예약한 투숙객은 유튜브를 통해 자신의 모습을 실시간으로 보는 시청자가 있다는 점을 인지하고 있고, 시청자와 적극적으로 소통을 시도한다. 자신이 먹는 음식을 소개하거나 아예 칠판에 손수 자막을 써서 보여주는 등의 방식으로 재미있는 장면을 연출한다. 다시 말해, 이노우에가 의도하지는 않았지만 원 달러 호텔의 라이브 콘텐츠는 참여자에게 일종의 '브이로그'를 남길 기회를 선사한 셈이다. 1달러 객실이 비어 있거나 투숙객이 실시간 영상 송출에 동의하지 않은 날에는 이노우에가 료칸 사무실에서 일하는 자신의 모습을 생중계한다. 유튜브 구독자들은 날마다 새로운 투숙객들과 소통하며 타인의 여행을 함께 즐기거나 료칸을 운영하는 사람의 일상을 지켜볼 수 있다. 원 달러 호텔의 무모하지만 기발한 실험은 갑작스러운 코로나19 바이러스의 여파로 인해 2021년 6월을 끝으로 막을 내렸지만, 2만 8,000여 명의 구독자를 모으는 데 성공했으며 전무후무한 마케팅 사례로 기록됐다.

그렇지만 조회 수가 경제적 보상과 직결되는 유튜브의 특성은 여행 창작자에게 더 자극적인 모험과 도전을 부추기는 부작용을 낳고 있다. 코로나 시대를 맞은 뒤 방역 수칙을 지키지 않거나 백신 보급이 어려운 낙후 지역을 무리하게 여행하는 콘텐츠가 경쟁적으로 늘어난 것 역시 이와 관련이 있다. 구독자 수가 270만 명을 넘어선 태국의 인기 유튜브 채널 'I roam alone(나는 혼자 방랑한다)'의 운영자 민트는 2021년 8월 아프가니스탄에 들어가 탈레반에게 붙잡혔다는 위급 상황을 무용담처럼 전해 논란을 일으켰다. 전쟁 지역의 여행은 신변 위협이 뒤따르기 때문에 현지 대사관에 막중한 부담을 주는 데다, 전 세계가 코로나19 방역에 혼신을 다하는 와중에 인구의 0.6%만이 백신을 접종한 국가를 방문한다는 것은 자신뿐 아니라 타인의 건강에도 해를 끼칠 수 있는 무책임한 행위이므로 비난을 피하기 어렵다.

그럼에도 유튜버 민트는 왜 아프가니스탄 여행을 강행한 것일까? 이 문제와 관련해 한 매체는 미국의 여행 전문 유튜버 드류 빈스키Drew Binsky가 2020년 11월에 업로드한 아프가니스탄 여행 영상이 300만 회의 조회 수를 기록하며 엄청난 광고 수익을 얻은 사례의 영향이 있었을 거라고 설명했다.[5] 자극적인 콘텐츠는 논쟁을 불러일으키기 마련이고, 창작자가 자기방어를 하는 과정에서 구독자와의 신뢰도와 연대감은 하락한다. 실제로 민트가 자신을 비판한 사람들을 명예훼손으로 고소하겠다며 나선 것이 구독자와 맞서는 행위로 여겨지기도 했다. 크리에이터 경제에서 롱런하려면 일회성 관심보다는 장기적인 소통을 위해 대중의 니즈를 빠르게 읽을 줄 알아야 하며, 더불어 직업적 전문성으로 얻은 영향력을 사회에 보다 유익한 방향으로 행사하는 성숙한 의식과 태도가 요구되는 시점이다.

틱톡은 코로나 시대의 여행 콘텐츠를 어떻게 바꾸고 있을까?

지난 10년간 인스타그램은 여행 업계에서 막강한 영향력을 발휘해왔다. '인스타그래머블 여행지instagrammable destination(인스타그램에 올릴 만한 여행지)'라는 신조어까지 생겨날 정도다. 인스타그램은 이미지 기반의 소셜미디어이다 보니 여행지의 인상을 극적으로 연출하는 인플루언서일수록 더 많은 관심과 동경을 받을 수밖에 없다. 그리고 이들 여행 인플루언서의 수입은 팔로워 수와 정확히 비례한다는 특징이 있다. 영국의 소셜미디어 마케팅 업체 호퍼HQHopperHQ의 분석 결과에 따르면 2018년부터 2021년 사이 가장 많은 수입을 얻은 여행 인플루언서는 1,900만 명의 팔로워를 가진 카이오 캐스트로Caio Castro로, 게시물당 벌어들이는 수입이 15만 1,000달러(1억 7,000만 원)에 달한다.[6] 따라서 인플루언서는 자신의 수입을 극대화하기 위해 더 드라마틱한 여행 사진을 경쟁적으로 연출하게 된다. 그런데 팬데믹으로 전 세계의 국경이 봉쇄되자 이러한 여행 인플루언서를 바라보는 시선이 순식간에 동경에서 비난으로 바뀌었다.

인스타그램 인플루언서의 역할 축소와 틱톡의 부상

2021년 3월, CNN은 '영국의 보건 당국이 '인플루언서'라는 새로운 도전에 직면하다As young people itch to leave lockdown, British health leaders face a new challenge: Influencers'라는 제목의 기사를 통해 여행에 대한 욕구를 억누르고 있는 젊은 층의 분노가 끊임없이 여행을 즐기며 다른 세상의 사진을 올리는 인플루언서에게로 향하고 있다고 보도했다.[7] 기사에서는 영국처럼 강력한 록다운이 실시된 국가들일수록 젊은 층이 노년층보다 봉쇄에 반대하는 경향이 크다는 설문 조사 결과를 언급하며, 인플루언서들이 이런 여론을 고려하지 않고 콘텐츠를 올릴 경우 팔로워를 잃고 기업과의 협업 계약도 줄어들 수 있다고 경고한다. 이국적인 여행지에서 화려한 모습을 연출하는 인플루언서 특유의 이미지가 팬데믹 시대를 살아가는 대다수의 사람들이 처한 상황이나 정서와 정반대 지점에 있는 건 명백해 보인다. 시대가 변화하면서 여행 콘텐츠에 대한 사람들의 감정과 요구 사항도 달라지고 있는 것이다.

변화의 갈림길 앞에 서게 된 여행 업계는 최근 콘텐츠의 새로운 소비 방식이 엿보이고 있는 틱톡에 주목하고 있다. 2020년 한 해 동안 세계에서 가장 많이 다운로드된 애플리케이션이 바로 틱톡이기 때문이다. 여행 전문 매거진 《콘데 나스트 트래블러》는 2021년 5월 '틱톡이 세상을 탐험하는 방식을 바꾸는 이유Why TikTok Could Change How We Explore the World'라는 칼럼을 통해 틱톡이 여행 콘텐츠계에 미치는 영향을 다각도로 짚었다. 이 칼럼에서는 틱톡의 여행 콘텐츠가 가진 결정적인 차이가 꾸며진 이미지의 인플루언서가 아닌 평범한 일상을 살아가는 세계 각국 사람들의 콘텐츠를 접할 수 있다는 점이라고 진단한다.[8]

틱톡이 이런 차별점을 가질 수 있었던 것은 틱톡의 알고리즘과 관련이 깊다. 인스타그램은 사용자가 팔로우할 대상을 선택하고 그의 콘텐츠를 소비하는 방식이지만, 틱톡은 '포유for you'라는 무작위 콘텐츠 추천 기능을 통해 다양한 콘텐츠를 연속으로 보여주는 방식을 취한다. 그래서 틱톡에서는 전 세계 사람들의 문화가 담긴 콘텐츠를 보며 가공되지 않은 생생한 '랜선 여행'이 가능하며 이것이 팬데믹 이후 틱톡의 여행 콘텐츠 소비가 급증한 결정적인 이유라는 것이다. 실제로 2021년 상반기부터 틱톡에 등록된 여행 관련 해시태그 수는 꾸준히 증가세를 보이고 있다.[9]

여행 콘텐츠를 소비하는 방식과 선호하는 콘텐츠 유형의 변화는 여행 인플루언서가 수행하던 역할에도 영향을 주었다.

2021년 6월에는《내셔널 지오그래픽》도 여행 업계에서 틱톡이 새롭게 떠오르고 있는 현상을 다루었는데, "화려한 인플루언서에 대한 대중의 니즈가 줄어든 가운데, 일부 콘텐츠 크리에이터는 틱톡에서 새로운 방법을 찾았다"고 평가했다. 여기서 콘텐츠 창작자들이 틱톡에서 찾은 '새로운 방법'이란 무엇일까? 바로 인스타그램 특유의 가공되고 포장된 여행 콘텐츠를 지양하고 솔직하면서도 흥미로운 매력으로 승부하는 것이다. 틱톡의 콘텐츠는 인스타그램의 클리셰와는 정반대의 특징을 지닌다. 틱톡의 사용자는 필터링되지 않은, 있는 그대로의 동영상 문법에 익숙하고 이를 선호한다. 따라서 힘들거나 어려운 '과정'을 고스란히 보여주는 콘텐츠일수록 좋은 호응을 얻는 경향이 있다. 790만 명에 달하는 팔로워를 보유한 틱톡커 알렉스 오제다Alex Ojeda는 하와이의 하이킹 명소 '코코 헤드 트레일'에서 찍은 멋진 인증샷에 포토스팟까지 올라가기 위해 견뎌야 했던 고된 하이킹 과정 영상을 붙여 서로 대비시키는 콘텐츠로 현실과 소셜미디어 사이의 괴리를 풍자하며 큰 화제를 모았다.[10] 그는 이 콘텐츠 덕분에 하와이 관광청과 파트너십을 맺기까지 했다. 이는 공공기관의 관광 마케팅 담당자들도 여행지를 미화하기보다는 진솔하게 접근하는 콘텐츠가 더 효과적이라는 사실을 인지하게 됐다는 것을 보여준다.

틱톡 여행 콘텐츠의 또 다른 유형으로 정보성 콘텐츠도 있다. 코로나 시국에 안전하고 유의미하게 여행할 수 있는 방법을 소개

출처: tiktok.com/@alexojeda

유명 틱톡커 알렉스 오제다의 하와이 '코코 헤드 트레일' 하이킹 콘텐츠. 멋지고 그럴싸한 인증샷 뒤에는 힘들고 고된 과정이 있음을 보여줌으로써 소셜미디어에 업로드되는 모습이 전부가 아니라는 메시지를 담았다.

하는 것이다. 사회적 거리두기가 가능한 로컬 여행지hidden gem를 발굴하거나 여행 노하우hack를 알려주는 콘텐츠가 대표적이다. 미국 휴스턴에 거주하는 틱톡커 사만타 로사스Samanta Rosas가 멕시코의 자연 속에 숨어 있는 리조트를 소개해 450만 회의 조회 수를 기록한 영상이 좋은 사례다. 자신이 살고 있는 거주지나 지역 문화, 성장 과정에 관련된 에피소드를 현지인의 시선으로 조명하는 유형의 콘텐츠들도 있다. 미국 뉴올리언스 출신의 패션 틱톡커 란사 페르난데스Lansa Fernandez는 어릴 적 즐겨 먹었던 로컬 음식을 소개하는 콘텐츠로 인기를 끌었다. 이러한 콘텐츠는 뉴올리언스에 가고 싶은 지구 반대편의 사람들로 하여금 '현지인을 만나 이야기를 듣는 경험'을 하게 해준다.

팬데믹 이후 여행 콘텐츠에 요구되는 새로운 역량

코로나19 사태로 인한 여행의 전면적인 중단이 장기화되면서 사람들에게 여행은 불안감과 두려움이 뒤따르는 키워드가 됐다. 따라서 앞으로 여행 인플루언서의 역할은 '자신의 여행을 과시하여 동경과 열망을 불러일으키는 것'에서 '사람들이 여행을 더 편안하게 느끼고 안전하게 여행할 수 있도록 독려하는 선행 가이드'로 변화할 전망이다. 2021년 5월, 미국의 글로벌 컨설팅 업체 모닝컨설트는 '인플루언서는 MZ세대를 위한 새로운 여행사가 될 것'이라는 예측을 내놓았다. 여기서의 '여행사'란 미국의 여행 에이전트가 수행하는 일련의 업무 중에서 여행지를 선정하고 일정을 제시하는 것을 가리킨다. 사람들은 '브로슈어처럼 예쁘게 꾸며진 여행 이미지 대신 계속해서 바뀌는 여행지의 안전 상황에 대해 진정성 있고 즉각적인 답변을 찾고 있다'는 것이다.[11] 과거에 여행사가 맡았던 일 중에서 '어디에 가서 무엇을 해야 할지' 결정하고 여행지 관련 질문에 답하는 역할의 일부가 인플루언서 또는 콘텐츠 제작자에게로 넘어가고 있는 것으로 보인다.

팬데믹 이후의 세상에서 여행 콘텐츠가 새롭게 요구받게 될 역량은 크게 세 가지로 정리해볼 수 있다. 첫 번째는 플랫폼 사용자에 대한 이해와 집단 정서를 관통하는 맥락이다. 2021년 6월, 틱톡의 가파른 성장세를 지켜본 메리어트가 처음으로 틱톡에서 인플루언서 광고를 집행했다. 그런데 럭셔리 여행을 주로 다루는 틱톡커 27명이 광고비를 받고 올린 콘텐츠들은 인스타그램에서도 쉽게 볼 수 있는, 아름다운 리조트와 바다를 배경으로 한 과시성 영상 일색이었다. 이 틱톡커들의 팔로워 수를 전부 합치면 무려 3,400만 명에 달했음에도 불구하고, 광고 집행 후에 늘어난 메리어트 본보이의 공식 틱톡 계정 팔로워 수는 1,480명 수준에 그쳤으니 성공적인 마케팅이었다고 보기 어렵다. 이에 관해 미국의 인기 뉴스레터 서비스 모닝 브루Morning Brew가 '이전의 여행 광고에서 흔히 보던 푸른 바다의 클리셰로 가득 차 있다'며 마케팅 방식의 문제점을 꼬집기도 했다.[12] 틱톡에서 '#marriott'를 검색해보니 인기 동영상 목록의 최상위에는 '메리어트 리워드 적립 노하우'나 '정말 별로였던 메리어트 호텔' 등 사실적인 정보나 팁을 알려주는 콘텐츠가 많았다. 마케팅 채널로서 틱톡을 다룰 때는 무조건 팔로워 수가 많은 인플루언서에게 의존하기보다는 바이럴되는 콘텐츠들의 개별적인 특성을 깊게 이해하고 분석할 필요가 있다.

두 번째 역량은 점점 더 중요해지고 있는 검색 접근성이다. 틱톡에서 여행 정보와 팁 콘텐츠가 많이 소비되는 것은 틱톡을 '검색엔진' 용도로 사용하는 이용자들의 특성 때문이기도 하다. 《내셔널 지오그래픽》 역시 틱톡에서 여행 콘텐츠가 성장하는 이유로 검색을 꼽으며, 틱톡의 검색 결과를 '새로운 여행 에이전트'라고 명명한 바 있다.[13] 틱톡 이용자들은 실시간으로 변동되는 여행 정보를 얻기 위해 특정 단어를 검색해서 다른 사람들이 올려놓은 생생한 현지 영상을 참고한다. 따라서 틱톡에서 여행 콘텐츠를 제작할 때는 해시태그를 비롯해 전달하고자 하는 정보의 핵심 키워드를 정확하게 표기해야 더 많은 사용자에게 닿을 수 있다. 인스타그램이나 트위터와 마찬가지로 틱톡에도 해시태그를 구독하는 기능이 있다. 예를 들어 멕시코 여행을 계획하고 있다면 '#mexico'를, 놀이공원을 테마로 한 여행을 꿈꾼다면 '#themepark'를 팔로우하면 된다. 이에 따라 키워드를 구독하는 이들을 대상으로 콘텐츠를 보다 효과적으로 노출시키기 위한 전략이 중요해지고 있다.

마지막 역량은 '선행자로서의 책임감'이다. 이것은 틱톡뿐 아니라 유튜브, 인스타그램 등 모든 소셜미디어 플랫폼들이 여행 콘텐츠를 다룸에 있어 필수적으로 갖춰야 하는 역량이다. 중국 하이난대학의 관광학 교수인 야나 벵겔Yana Wengel은 〈The TikTok effect on destination development(여행지 개발에 틱톡이 미친 효과)〉

라는 논문에서 틱톡 때문에 하루아침에 유명세를 타게 된 관광지들이 맞닥뜨리는 부작용에 대해 설명하며 하이난 열대우림 국립공원의 사례를 들었다.[14] 2021년 초, 중국의 춘절 연휴 시기에 하이난 열대우림 국립공원을 배경으로 한 '장엄한 일출' 영상이 틱톡에 업로드됐고 순식간에 6만 5,000개의 '좋아요'를 받았다. 그후 하이난 열대우림 국립공원의 전망대에는 수많은 관광객들이 몰려들기 시작했다. 이 국립공원은 본래 교통 인프라가 미비하고 인적이 매우 드물었던 곳으로, 갑작스럽게 몰린 인파에 제대로 대처할 수 없었다. 그 결과 교통 혼잡과 쓰레기 문제는 물론 국립공원 내 식물들이 죽는 등 심각한 오버 투어리즘이 초래됐다. 소셜미디어의 영향력이 커지고 그 전달 속도 역시 급격히 빨라진 만큼, 소셜미디어를 통해 여행 콘텐츠를 전달할 때는 선행자로서 나름의 책임감을 지니고 내용을 선별할 줄 알아야 한다. 어쩌면 팬데믹 시대의 여행 콘텐츠에 있어 가장 중요한 역량은 바로 이것이 아닐까?

랜선 여행으로 5억 매출?
크리에이터 경제와 여행의 만남

에어비앤비와 우버가 창업되던 시기인 2008~2010년은 미국의 월스트리트발 금융 위기와 경제 침체로 실직자들이 대거 발생하던 때였다. 당시 일자리를 구하기 어려웠던 청년 세대에게 '원하는 만큼 원하는 시간에 일하세요'를 슬로건으로 내세운 우버의 메시지는 매력적으로 다가왔다. 에어비앤비도 마찬가지다. '빈방으로 부가 수익을 벌어보세요'라는 무모한 아이디어가 비즈니스로 실현된 것은 이 시장에 기꺼이 공급자로 참여하려는 이들이 충분했기 때문이다. 그 결과 소비자는 기존 시장에 없던 새로운 여행을 구매할 수 있게 됐다. 하나의 앱으로 세계 70여 개국에서 자유롭게 이용할 수 있는 모빌리티 경험, 191개국에서 현지인의 문화를 느낄 수 있는 숙박 경험이라는 상품들을 말이다. 수많은 개인들이 공급자로 참여하는 여행 플랫폼은 기업들이 만들어내지 못하는 극도로 세분화된 가치를 제공할 수 있었다. 그리고 이 새로운 공급자의 서비스 영역은 운전과 숙박에서 투어와 체험 분야로 점차 광범위해지고 있다.

프로슈머의 수익 창출을 돕는 여행 플랫폼의 등장

2010년대 이후 대세로 자리 잡은 '공유경제' 플랫폼들이 지니는 독특한 특성은 '프로슈머prosumer, producer + cosumer(생산자와 소비자의 역할을 동시에 수행하는 개인)'가 공급자로 진입해 돈을 벌 수 있다는 점이다. 이는 경제 불황 속에서 MZ세대가 가지게 된 새로운 욕구를 여행 플랫폼이 양면적으로 충족시켜왔다는 것을 의미한다. 10여 년 동안 공유경제 플랫폼의 메인 소비자이자 공급자로 활약해온 MZ세대가 일과 직업을 대하는 관점은 이전 세대와 확연히 다를 수밖에 없다. 여기에 팬데믹 이후 일상 전반에 걸친 디지털 전환의 속도가 급격히 빨라지면서 여행 업계를 둘러싼 일과 노동의 구조 및 인식도 확연히 달라지고 있다.

이러한 변화는 2013년 창업한 네덜란드의 스타트업 위드로컬스Withlocals가 여행자와 현지인의 만남을 매칭해주면서 본격적으로 시작된다. 투어 · 액티비티 분야의 선도 플랫폼인 비아터나 겟유어가이드는 공급자의 대다수가 체험 또는 액티비티 전문 여행사다. 반면 위드로컬스는 평범한 현지인이 여행자를 안내하는 공급자 역할을 한다. 뒤이어 2016년에 에어비앤비가 '체험' 카테고리를 오픈하면서 일반인이 현지 경험 상품을 공급할 수 있는 무대가 크게 확장됐다. 에어비앤비 체험은 각국의 현지인이 자신의 재능이나 경험을 투어나 클래스 형태로 판매하는 카테고리다. 한국의 여행 플랫폼 마이리얼트립과 프립에도 개인이 입점 신청을 할 수 있다. 이들 플랫폼은 공급자가 스스로 자신의 상품 페이지를 만들 수 있도록 시스템을 마련했고 정산 과정도 매우 편리하다. 나아가 체험은 숙박과 달리 '부동산'이라는 초기 자본이 필요 없다는 점에서 기술이나 지식을 활용한 크리에이터 경제에 맞닿아 있는 비즈니스다. 일반인을 공급자로 유입시킨 여행 플랫폼들의 시도는 기존에 여행사들이 독점해왔던 여행 상품의 기획과 판매를 여러 분야의 전문가와 프로슈머에게 분산함으로써 새로운 직업을 만들어냈다.

2019년 9월, 《아랍뉴스》는 '여행 플랫폼이 이집트의 여행 가이드들에게 새로운 직업적 기회를 만들어주고 있다Travel platform creates new job opportunities for Egyptian guides'라는 기사에서 4차 산업혁명이 이집트 여행 업계에 미친 영향을 다루었다.[15] 이집트에서 우버 운전자로 소득을 올리는 이들의 수는 9만 명에 달하며, 위드로컬스와 유사한 여행 가이드 매칭 플랫폼 쇼어라운드Showaround에는 6,300명의 이집트 거주자가 가이드로 등록되어 있다. 이에 현지의 공인 투어 가이드들이 자신들은 직업의 자격 조건을 갖추기 위해 수년간 공부하고 현장 경험을 쌓았는데, 훈련을 받지도 않은 일반인들이 이집트의 수천 년 역사를 설명할 수는 없다며 불만을 표하기 시작했다. 이러한 반응은 우버가 등장하던 때의 택시 기사 혹은 에어비앤비가 등장하던 때의 호텔 소유주의 입장을 떠올리게 한다. 그런데 쇼어라운드에서 투어 가이드를 찾는 소비자가 과연 관광 명소의 역사를 전문적으로 설명해주는 콘텐츠를 기대할까? 쇼어라운드에 프로필을 등록한 이집트의 현지인은 대부분 21~35세의 MZ세대로, 고대 유적지를 비롯한 이집트의 명소를 내세우기도 하지만 요가나 하이킹을 하는 사진을 올려놓고 비슷한 취향을 가진 여행자와 체험을 공유하기를 희망하는 경우도 많다.

이러한 흐름은 국가를 막론하고 전통적인 여행업이 중단되어버린 2020년에도 그대로 이어졌다. 이런 가운데 에어비앤비가 코로나19 바이러스의 확산 이후 내놓은 '온라인 체험'의 성장은 전 세계 곳곳의 투어 크리에이터들이 만든 재기발랄한 랜선 여행 상품들이 견인했다. 2020년 미국 뉴욕주에서 가장 많이 예약된 에어비앤비 온라인 체험 상품은 포르투갈 리스본의 '드래그퀸과 함께 은밀하게 즐기는 상그리아'였다.[16] 남성이 여성처럼 치장하고 각종 행위예술을 펼치는 드래그퀸 쇼를 운영하던 1989년생의 페드로 피코Pedro Pico가 온라인으로 쇼를 옮겨온 것인데, 이 상품

출처: 에어비앤비 웹사이트 캡처

중세 흑사병 의사의 복장을 한 현지인이 프라하의 명소를 실시간으로 돌아다니며 소개하고, 전염병에 맞서 싸웠던 1710년대 체코의 역사를 들려주는 온라인 체험 상품, '중세 흑사병 의사와 함께 떠나는 프라하 탐방'. 전염병이라는 키워드와 독특한 콘셉트를 결합시켜 큰 호응을 얻었다.

으로 2020년에만 약 50만 달러(약 5억 6,000만 원)의 수입을 올렸다. 에어비앤비의 '중세 흑사병 의사와 함께 떠나는 프라하 탐방' 투어도 기존에 오프라인으로 진행되던 것을 온라인으로 전환하여 매월 8,000달러 이상의 수익을 올린 사례다. 이 투어의 운영자는 《포브스》와의 인터뷰에서 팬데믹 이전에도 비용이 부족해 유럽에 올 수 없거나 여행을 두려워하는 사람들을 위해 온라인 투어를 운영하고 싶었다고 이야기했다.[17] 이 사례들을 통해 오프라인이든 온라인이든 소비자가 기꺼이 돈을 지불하려는 경험은 현지인이 안내하는 특별한 문화 체험이라는 것을 알 수 있다.

크리에이터 경제와 여행이 만들어내는 새로운 비즈니스 기회

한국에서도 소위 '팔리는' 투어를 기획하는 이들은 관광업 바깥에서 쏟아져 나오고 있다. 전통적인 여행업 종사 경험이 전무했던 최재효 호스트의 에어비앤비 체험 상품 '밤에 즐기는 광장시장 먹거리 투어'는 2019년 기준 누적 리뷰 수가 1,000개를 넘어섰고, 5점 만점에 평균 평점 4.99점이라는 놀라운 평가를 받았다. 이에 미국의 에어비앤비 본사에서 호스트를 초청해 교육 프로그램을 진행하기도 했다. 일반인이 창출한 체험 상품으로 좋은 성과를 내고 있는 국내 플랫폼으로는 2013년 설립된 여가·액티비티 플랫폼 프립이 있다. 2020년 프립의 호스트 증가율은 전년 대비 61% 상승하며 공급 시장이 한층 다양하고 풍성해졌다. 트립에서는 거리두기나 야외활동 트렌드에 부합하는 상품들이 꾸준히 주목받았는데, 500여 개의 후기가 달린 '국내 최초 1박 2일 불멍스키 혼펜(혼자 펜션)'이나 인문·역사·문화·생태 등의 지식과 하이킹을 결합한 슈퍼호스트 '아웃도어 큐레이터'의 상품 등을 예로 들 수 있다. 크리에이터와 소규모 스타트업의 수익 창출을 돕는 서비스는 향후에도 지속적으로 성장할 가능성이 높다.

2021년 탄생한 포라Fora는 일자리를 잃은 여행 업계 종사자들이 '개인 여행 컨설턴트'로 활약하도록 돕는 플랫폼이다. 2010년 미국의 숙박 공유 업체인 원 파인 스테이One fine stay를 공동 창업한 에반 프랭크Evan Frank는 소비자가 여행사를 제대로 활용하면 OTA를 이용할 때보다 더 많은 혜택을 받을 수 있는데도 단지 온라인 플랫폼이 탐색과 결제를 하기에 더 편리하다는 이유로 더 나은 경험을 선택하지 못하고 있다고 판단했다.[18] 이러한 인식을 토대로 출발한 포라는 여행 업계에서의 오랜 경력을 보유한 이들이 1인 여행 에이전트로 활동하도록 지원하고, 소비자가 원하는 여행 전문가를 쉽게 찾아 합리적인 가격에 여행을 구매할 수 있도록 돕는다. 특히 호텔의 경우에는 트래블 에이전트, 즉 특정 럭셔리 여행사나 신용카드 멤버십 프로그램과 협약을 맺고 조식, 객실 업그레이드, 클럽 엑세스 등 독점 혜택이 포함된 패키지 상품을 경쟁력 있는 가격에 판매한다. 10만 명의 여행 기업가를 배출하는 것이 목표라는 포라는 2021년 8월 소프트 론칭 이후 총 200만 달러의 여행 상품 예약을 수주했고, 약 500만 달러 규모의 투자도 유치하며 업계의 주목을 받고 있다.

여행 예약을 돕는 일뿐만 아니라 더 나은 경험을 제안하는 것도 크리에이터의 역할 중 하나다. 2021년 미국 샌프란시스코에서 탄생한 플랫폼 댓치Thatch는 여행 크리에이터의 본거지homebase를 표방한다. 댓치는 여행 콘텐츠 제작자에게 자신의 전문성을 노출하고 소셜미디어를 홍보할 기회를 준다. 나아가 자신만의 여행 콘텐츠 링크를 유료로 판매할 수 있는 기능을 주요 수익 모델로 제시해 초기 투자 유치에도 성공했다. 여기서 알 수 있는 중요한 사실은 여행 정보의 가치를 평가하는 소비자의 기준이 변화하고 있다는 것이다. 예전에는 정보의 신뢰도를 판단하는 데 있어서 유명세나 이력과 같은 정보 제공자의 권위가 주효했다. 그런데 지금의 소비자는 자신이 구독할 채널을 직접 선택하며 크리에이터와 특별한 애착이나 신뢰를 쌓고, 그런 크리에이터의 콘텐츠에는 기꺼이 비용을 지불할 의사를 가진다. 이렇게 형성된 새로운 생태계가 바로 크리에이터 경제이며, 변화의 흐름을 알아챈 여행 업계에서는 댓치와 같은 플랫폼들이 탄생하는 중이다.

여행 업계가 팬데믹 이전의 수준을 회복하려면 수년의 시간이 걸릴 것으로 예측된다. 그런 만큼 여행 산업에서 개인이나 소규모 기업이 시도할 수 있는 수익 모델이 이전과는 크게 달라질 것이 분명한데, 이때 경험 크리에이터의 수요는 두 가지 관점에서 발생할 것이라 전망된다. 하나는 내국인의 취향과 트렌드에 맞는 투어나 체험을 개발하는 상품 공급자이고, 다른 하나는 특정 지역에 먼저 다녀온 경험 정보를 독점적으로 제공하고 가치 있는 경험에 대한 조언을 해주는 정보 공급자다. 둘 다 과거에 '여행사'가 독점해왔던 영역이다. 하지만 이 독점은 깨졌다. 2030 소비자를 중심으로 인스타그램이나 유튜브의 인플루언서에게 DM(다이렉트 메시지)을 보내 직접 특정한 정보를 묻거나 구매하는 현상이 여행 업계에서 새로운 유형의 크리에이터와 수익 모델을 만들어내고 있다.

비트코인으로 세계 일주하다!
여행 업계에 도입된 가상화폐와 NFT

2021년 12월에 열린 예술품 박람회 '아트 바젤 마이애미 비치 2021Art Basel Miami Beach 2021'에 호텔 브랜드인 메리어트 인터내셔널이 등장했다. 메리어트의 로열티 프로그램 '메리어트 본보이'가 세 명의 아티스트와 협력해 여행에서 영감을 얻어 창작한 디지털 아트 작품을 NFTNon-Fungible Token(대체 불가능한 토큰)의 형태로 출품한 것이다.[19] NFT란 교환과 복제가 불가능하여 디지털 콘텐츠에 고유성과 희소성을 부여해주는 블록체인 기반의 토큰으로, 예술 작품이나 사진, 영상 등 다양한 디지털 파일의 소유권으로 통용되고 있다. 그런데 호텔 기업인 메리어트가 왜 디지털 아티스트와 협업까지 해가면서 NFT 작품을 내놓은 것일까? 코로나19

사태를 겪으면서 주요 활동 무대가 현실 세계에서 가상 세계로 대폭 이동한 MZ세대를 고려해 새로운 방식의 브랜드 마케팅을 시도한 것이다. 이는 럭셔리 여행과 환대hospitality 브랜드로서 메리어트가 지니는 가치를 메타버스상에서도 빠르게 선점하려는 전략으로 이해할 수 있다. 하지만 NFT와 가상화폐 경제에 '진심'인 여행 브랜드는 이제 메리어트만이 아니다.

럭셔리 여행 업계가 가상화폐에 관심을 기울이는 이유

가상화폐 데이터 추적 회사인 비트인포차트bitinfocharts에 따르면, 2021년에 가상화폐로 백만장자가 된 사람은 비트코인을 기준으로 무려 10만 명에 이른다.[20] 이는 2020년의 1만 5,000명에 비해 크게 증가한 수치인데, 이때 가상화폐 투자자의 58% 이상이 밀레니얼 세대라는 사실은 상당히 흥미롭다.[21] 2021년에 들어서며 여행 기업들은 가상화폐 경제의 수혜를 입은 밀레니얼 소비자를 잡기 위해 가상 거래에 친화적인 방식으로 빠르게 변화하고 있다. 아직은 초기 단계이지만, 여행 업계와 가상화폐 경제의 접점은 다음과 같은 두 가지 유형으로 나누어 살펴볼 수 있다. 하나는 메리어트처럼 가상화폐와 NFT를 기업 마케팅의 전면에 내세우는 유형이다. 2021년 미국의 드림 호텔은 영국의 크립트 갤러리Crypt Gallery가 큐레이팅한 NFT 작품을 전시하는 행사를 할리우드와 뉴욕, 내슈빌 등 3개 지점에서 개최했다. 각 호텔을 방문한 고객들은 NFT로 해당 작품의 디지털 소유권을 구매하는 법을 배울 수 있다. 특히 드림 할리우드는 이미 룸서비스용 로봇 등 첨단 기술을 도입하고 있어 NFT 전시 행사 역시 기술지향적 이미지를 강화하려는 마케팅의 일환으로 볼 수 있다.

NFT 판매에 직접 뛰어든 항공사도 있다. 세계 최초로 비트코인을 결제 수단으로 도입한 항공사, 라트비아의 에어발틱airBaltic이다. 지난 2014년 에어발틱은 NFT 거래소 오픈씨Opensea에 라트비아의 소도시 쿨디가Kuldiga를 상징하는 NFT 100개를 발행하고 0.05이더리움(2022년 1월 기준 약 176달러)에 판매하기 시작했다. 이어서 라트비아 건국 100주년을 맞은 해인 2018년에 자체 설문 조사를 통해 선호도가 높게 나온 도시순으로 각 도시 테마의 NFT를 발행했다. 이를 통해 에어발틱은 라트비아의 도시관광을 홍보하는 동시에 항공사의 인지도도 강화하는 효과를 얻고 있다. 그러나 발행한 NFT에 어떠한 지적 재산권이나 이미지에 대한 권리가 부여하지 않은 데다, 모두 특별한 예술적 가치가 없는 도시 및 항공사 광고용 이미지에 불과하다. 때문에 이 NFT의 구매자는 별다른 혜택이나 수익을 얻을 수 없고, NFT 거래 남발로 탄소만 배출한다는 비판도 제기됐다.[22] 에어발틱은 2021년부터 비트코인 외에 이더리움 등 다양한 가상화폐 결제도 허용하고 있다. 이러한 피드백의 영향으로, 2022년 3월 오스트레일리아 최대의 항공사 콴타스항공은 NFT 발행을 예고하면서 실질적 혜택과

출처: 에어발틱

에어발틱이 발행한 라트비아 도시 테마의 NFT들. 항공사가 직접 NFT를 발행했다는 점에서는 참신하나 그 이상의 가치를 창출하지 못한 아쉬움이 있다.

탄소 배출 두 가지 모두를 언급했다. 항공사가 발행한 NFT의 초기 구매자는 콴타스 포인트를 얻을 수 있으며, NFT 발행 시에는 저탄소 플랫폼을 사용할 것이라는 점을 내세웠다.

나머지 하나는 마케팅이 아닌 유통 측면에서 가상화폐에 접근하는 유형이다. 그 사례로는 NFT 경매를 통해 객실 숙박권을 판매한 호텔 카디 디오Ca' di Dio를 들 수 있다. 베니스에 위치한 카디 디오는 이탈리아의 최대 여행사인 알피투어Alpitour가 운영하는 5성급 호텔로, 1200년대에 지어진 궁전을 리모델링한 것이 인상적이다. 2021년 8월 문을 열 당시 이 호텔은 완전히 새로운 방식의 이벤트를 열어 화제에 올랐다. 오픈씨에 NFT 형태로 숙박권을 등록해 경매에 부친 것이다. 이 숙박권에는 아주 파격적인 혜택이 걸려 있었는데, 정식 오픈일 전에 호텔의 최초이자 유일한 투숙객으로 일행과 함께 호텔 전체를 독점해서 이용할 수 있다는 것이었다. 치열한 경합을 거쳐 이 숙박권은 1이더리움(3,280달러)에 최종 낙찰됐다. 더 나아가 NFT를 크라우드 펀딩처럼 사전 후원자 모금 용도로 활용하는 호텔도 출현했다. 인도네시아 발리의 쿠낭쿠낭 리조트Kunang Kunang Resort는 NFT 거래소 리파이너블Refinable에 1,000여 개의 NFT를 발행해 총 365만 달러(약 43억 원) 이상을 모금했다. 이 NFT를 소유한 후원자는 무려 30년간 쿠낭쿠낭 리조트에서 할인, 조식 서비스, 교통편 지원 등 다양한 특전을 누릴 수 있고, 소유한 NFT를 판매하거나 교환하는 등 자유롭게 거래할 수도 있다. 이러한 방식은 향후 부동산이 '토큰화'되어 가상 소유의 방식으로 거래되는 현상을 미리 보여준다.

이처럼 여행 업계에서도 NFT와 가상화폐 거래를 도입하려는 움직임이 곳곳에서 포착되고 있다. 이런 상황에서 기술 측면보다는 '이러한 변화 속에서 점점 '축소되고 있는' 산업 주체는 누구일까?'라는 지점에 집중해 이야기해보려 한다. 카디 디오가 NFT 경매를 시도한 것에 대해 《스키프트》는 '부킹닷컴과 같은 거대 OTA에 의존하는 대신, 틈새시장의 잠재 고객을 직접 찾아 나선 것'이라고 분석했다.[23] 호텔 개장을 준비 중이던 알피투어는 블록체인 여행 플랫폼 트립스 커뮤니티에서 스페인 이비자의 리조트 숙박권이 NFT 형태로 판매된 사례를 발견하고, 이 플랫폼을 설립한 루카 데 기글리오Luca De Giglio에게 도움을 청했다. 그렇게 카디 디오의 NFT 경매를 성공적으로 마친 루카는 자신의 블로그에서 "(알피투어와 같은) 대형 상장 기업이 우리 같은 DAODecentralized Autonomous Organization(탈중앙화된 자율조직)와 협력했다는 점은 주목할 가치가 있다"고 자평했다.[24] DAO는 블록체인 기술을 기반으로 한 대표적인 조직 형태로, 스마트 계약smart contract으로 자원을 분배하며 중개자인 플랫폼을 필요로 하지 않는다. 트립스 커뮤니티와 같은 여행 DAO의 목표는 플랫폼이 승자 독식하는 경제를 탈피한 P2PPeer to Peer(다수의 개별 사용자들이 중개 기관을 거치지 않고 직접 데이터를 주고받는 것) 거래 방식을 여행 업계에 구현하는 것이다. 카디 디오의 NFT 경매는 자사 홈페이지는 물론, OTA 플랫폼조차 거치지 않고 이루어진 거래 방식이었다. '공급자↔중개 플랫폼↔소비자'의 형태로 움직이던 여행 산업의 구조가 완전히 뒤바뀔 수도 있다는 이야기다.

웹 3.0, 크리에이터 경제, 그리고 여행의 미래

2017년에 블록체인 기반의 SNS 스팀잇Steemit에서 어느 가상화폐 여행기를 읽고 적잖은 자극과 충격을 받았던 기억이 난다. 그 여행기의 제목은 '유럽무전여행-제1편, 스팀으로 무전여행 결심'이었는데, 가상화폐인 스팀을 좀 더 보편화된 비트코인으로 환전해 이를 경비 삼아 유럽 여행을 시도하는 내용의 연재물이었다. 당시에는 비트코인을 결제 수단으로 제공하는 호텔이나 OTA가 거의 없었기 때문에, 비트코인을 다시 비자VISA 카드로 바꿔서 발급해주는 서비스를 이용해서 결제하는 과정을 보여주었다. 그런데 가상화폐로 해외여행을 떠난 사례는 이것이 처음이 아니다. 2013년, 《월스트리트 저널》에는 비트코인으로 여행을 다녀온 어느 미국인 부부의 이야기가 실렸다.[25] 남편인 오스틴 크레이그는 인터뷰에서 "(가상)화폐의 미래에 대해 홍미를 느꼈다. 가상화폐는 경제민주화의 수단이다'라는 인상적인 말을 남겼다. 비록 9년이 지난 지금까지도 비트코인이 그러한 역할을 수행하는지에 대해서는 여전히 의견이 분분하지만, 가상화폐의 기반이 되는 블록체인 기술은 사회 전 분야에 걸쳐 광범위하게 쓰이고 있다. 최근 국내에서 코로나19 백신 접종 내역을 증명하는 데 널리 사용된 앱 쿠브COOV도 그 사례 중 하나다. 또한 블록체인이 가진 분산화 기술은 인터넷의 질서 전체를 변화시킬 조짐을 보이고 있다.

'웹 3.0'은 아마존, 구글, 페이스북 같은 거대 테크 기업이 지배하는 웹 2.0의 대안적 개념이다. 블록체인과 분산형 기술을 토대로 특정 기업이 독점할 수 없는 웹 세상을 지향한다. 웹 3.0과 함께 주목받는 거래 방식이 NFT다. 기존의 화폐 기반 거래는 상품(또는 서비스)과 금전적 가치가 상호 교환되는 방식이라면, NFT는 공급자뿐 아니라 소비자도 일종의 '주주'처럼 최초 소유물이 발생시킨 경제적 가치를 공유한다. 크리에이터 경제를 논할 때 NFT를 빼놓을 수 없는 이유는 개인이나 소규모 조직도 거대 플랫폼에 의존적인 공급 구조를 벗어나 소비자를 참여시키는 형태의 거래를 할 수 있기 때문이다. 그래서 웹 3.0이 가진 속성이 소수의 글로벌 플랫폼의 데이터 독점과 중앙집중화에서 탈피하는 데 유효할 것이라 보는 것이다. 물론 이것은 이상적인 목표이며 아직 해결해야 할 난제들이 많다.

오픈씨와 같은 NFT 마켓 플레이스가 이미 독점적인 지위를 가지게 된 것처럼, 웹 3.0 시대를 선점하려는 플랫폼들의 경쟁이 다시금 치열해질 수밖에 없다. 하지만 인터넷의 변화는 소비자의 쪽으로 조금 더 기울어져 있다. 그렇다면 웹 3.0은 여행 업계에 어떤 영향을 미칠까? 가상의 상황을 설정해서 살펴보도록 하자. 누군가 트립어드바이저에 해외여행에 대한 리뷰를 남겼다. 이 리뷰를 작성자가 온전히 소유했다고 볼 수 있을까? 지금은 플랫폼인 트립어드바이저가 리뷰 '데이터'의 소유권을 갖는다. 네이버 여행 카페나 블로그에 올라오는 후기나 정보 콘텐츠들도 엄밀히 따지면 네이버라는 플랫폼 회사에 데이터를 무상으로 제공하는 행위다. 반면에 웹 3.0의 맥락에서는 최초의 작성자가 데이터 내에 '기록'되며, 이 정보는 분산되어 웹상에서 활동하는 참여자 모두에게 공유된다. 따라서 내 데이터를 내가 소유하고, 이를 통해 수익을 창출하거나 교환하거나 이 플랫폼에서 타 플랫폼으로 자유롭게 이동하는 일이 모두 가능해진다. 더욱이 웹 3.0 기술이 메타버스와 결합할 경우에는 이러한 생산 활동이 가상 세계에서 훨씬 자유롭게 일어날 수 있다. 지금은 개념적인 차원에서 설명할 수밖에 없지만, 블록체인의 본질은 우리가 생산하고 소비하는 모든 방식을 바꾸고 있으며 이는 여행 분야에서도 예외 없이 일어나고 있다.

기존의 여행 플랫폼들도 발 빠르게 가상화폐를 거래 수단으로 도입하며 변화의 파도에 올라타려는 움직임을 보이기 시작했다. 1장에서 살펴보았듯 익스피디아는 여행 플랫폼 트라발라와의 파트너십을 통해 약 70만 개의 호텔에서 30개 이상의 가상화폐로 결제할 수 있게 지원하고 있다. 에어비앤비에서는 아직 비트코인 결제가 불가능하지만 가상화폐 도입에 대해 다양한 방식으로 검토 중이라고 한다. 너무 늦게 대응하게 되면, 계속해서 늘어나는 가상화폐 사용자를 새로운 플랫폼에게 빼앗길 수 있기 때문이다. 자체 발행한 가상화폐를 활용해 블록체인상에서 거래하는 숙박 공유 플랫폼 디트래블Dtravel은 숙박 공급자와 소비자 모두에게 더 낮은 수수료를 부과하고 권한을 분산하는 DAO를 표방한다. 말하자면 웹 3.0 버전의 에어비앤비를 지향한다고 볼 수 있다. 웹 3.0이 당장 여행 산업을 바꾸거나 거대 플랫폼을 없애지는 않겠지만, 디지털 가치를 참여자 모두에게 민주적으로 분산하려는 흐름은 미래의 여행 업계에 커다란 영향을 미칠 것이다.

크라우드펀딩부터 로컬 미식 여행까지, 팬데믹을 이겨낸 여행 상품의 비밀

2020년 9월, 《아시아경제》에 '"NO 인증·NO 사진"…코로나19 시대 '몰래여행족''이라는 제목의 기사가 실렸다. 여행에 대한 열망을 숨기고 타인의 비난을 의식하며 몰래 여행하는 새로운 풍조에 대한 내용이었다.[26] 다시 말해, 사람들이 여행을 떠나고 싶은 마음을 겉으로 드러내기를 꺼리게 됐고, 여행이 타인의 시선을 의식해야 하는 활동이 됐다는 이야기다. 2020년 여름, 코로나19 사태 속에서 맞은 첫 성수기에 전국 각지의 호텔과 리조트가 빈 방을 찾을 수 없을 만큼 붐볐음에도 SNS에 업로드된 여행 또는 호텔 인증샷의 수는 이전에 비해 확연히 줄어들었다. 심지어 여행 사진을 올리더라도 '#방역수칙준수', '#마스크착용', '#코시국여행' 등의 해시태그를 덧붙인다. 기사에서는 이런 해시태그들이 등장한 것은 여행을 떠났다는 사실을 어떻게든 합리화하고 죄책감을 덜기 위해서라고 설명한다. 앞서 여행 업계에서 틱톡의 영향력 부상을 소개할 때, 팬데믹 시대의 대중이 여행 관련 콘텐츠를 대하는 정서가 달라졌다고 설명한 바 있다. 코로나 시국이 2년 이상 장기화되며 여행 콘텐츠에서 묻어나는 죄책감이 크게 줄긴 했지만, 여행을 개인의 즐거움이 아닌 사회적 활동으로 인식하는 대중 정서의 변화는 여행 업계의 적응과 성공 여부에도 직접적인 영향을 미치고 있다.

사회공헌과 크라우드펀딩이 중요해진 까닭은?

부산의 페어필드 바이 메리어트 부산 송도비치는 팬데믹 기간에 안정적인 운영을 유지할 수 있었던 배경으로 '친환경' 스토리텔링이 주효했다고 설명한다. '코시국(코로나 시국)'에 여행을 즐긴다는 죄책감을 덜어주고 사회에 도움이 된다는 효능감을 부여하는 데 유의미한 마케팅이었다는 것이다.[27] 이 호텔은 숙박 패키지 상품에 비치코밍beachcombing(해안가의 쓰레기를 줍는 활동)을 할 수 있는 비닐봉투와 비치코밍으로 모인 각종 플라스틱을 재활용해 만든 소품을 포함시켰다. 언뜻 보기에 이런 친환경 테마의 숙박 패키지는 많은 기업들이 시도하는 흔한 ESG 마케팅의 일환 같다. 하지만 이 상품에서 친환경 액티비티는 '이 시국에 호캉스를 즐기냐'는 주위 시선에 대한 고객의 불편함을 상쇄시켜주는 역할을 한다. 나 혼자의 즐거움을 충족시키기 위해 여행을 떠나는 행위가 '이기적'으로 받아들여지는 요즘, 공공 목적의 가치가 담긴 활동으로 심리적 부담감을 완화시킬 수 있다는 것을 정확히 꿰뚫은 마케팅 사례다. 여행에서의 사회공헌 활동은 국내뿐 아니라 중국에서도 젊은 소비자들을 중심으로 크게 대두되고 있는 트렌드다. 씨트립이 공개한 2022년 춘절 및 구정 연휴 동안의 여행 데이터에 따르면 Z세대 사이에서 현지 체험과 사회공헌 활동을 조합해 여행 계획을 짜는 경향이 강해졌다.[28] 소셜미디어의 이용 비중이 높은 Z세대는 여행에 대한 열망을 실현하되 가치 있는 활동을 보여주고 싶어한다는 것이 드러나는 대목이다.

사회공헌 활동이 여행에서 중요한 요소로 작용하는 현상은 완성품보다는 철학과 스토리를 중시하는 MZ세대의 소비 트렌드에서도 엿볼 수 있다. 결과물로 승부하던 시대에는 좋은 제품을 만들어 광고나 입소문 등으로 홍보하고 유통을 통해 소비자에게 전달하면 됐다. 그런데 플랫폼의 등장으로 인해 수많은 공급자의 품질과 가격을 실시간으로 비교할 수 있게 되면서 상품(서비스)들 간의 큰 차이가 사라지고 홍보 방법도 거의 비슷해졌다. 이런 변화는 여행 업계에서도 일어났는데, 그중에서도 호텔 업계에서 두드러지게 나타났다. 여행사 상품에 속하기만 하면 단체 매출이 어느 정도 보장되던 시절에는 호텔들끼리 굳이 차별화를 할 필요가 없었다. 하지만 지금은 호텔이 플랫폼에 개별적으로 입점하여 가격과 시설이 비슷한 수많은 경쟁자들과 함께 소비자의 선택을 기다려야 하는 시대다. 완성품만으로 격차를 내기가 힘들어지다 보니 어느 쪽의 탄생 및 운영 과정이 더 설득력 있고 고객의 가치관에 부합하는지에 따라 성패가 갈리게 됐다.

완성품보다 스토리에 더 큰 가치를 두는 소비 트렌드는 지금의 소비자, 특히 디지털 세상에서 많은 시간을 보내는 MZ세대에게 결핍된 욕구와 연관이 있다. 전통적인 사회에서는 가족, 이웃, 회사(조직)라는 세 가지 소속이 정체성을 형성하는 데 큰 역할을 한다. 그러나 디지털 기반 사회에서는 개인 및 사회의 연대가 얕아지며 인간의 본성인 소속감이 충족되지 못하게 된다. 그래서 MZ세대는 부족한 정체성과 소속감을 채워주는 인물이나 브랜드, 메시지를 만나면 적극적으로 응원하고 지지하는 양상을 보인다. 이를 단적으로 보여주는 것이 크라우드펀딩 시장의 약진이다. 크라우드펀딩은 상품의 생산에 들어가기에 앞서 제작 의도와 과정을 먼저 공개하고 다수의 소액 후원을 받는 선결제 판매 방식으로, 이때 완성품의 스펙과 성능만을 강조하는 상품보다 사회적으로 의미 있고 가치를 제시하는 개인 크리에이터나 소규모 기업들이 열광적인 지지를 받는 경우가 많다. 2021년 인터파크가 크라우드펀딩 플랫폼 와디즈에서 진행한 항공권 펀딩만 해도 7건 중 겨우 2건만 목표액을 달성할 수 있었다. 반면 관광벤처

기업 푸디온투어가 강원도 홍천의 지역 상생을 목적으로 기획한 '당일치기 수제 전통주 만들기&시골집밥 힐링 여행' 펀딩이 비슷한 시기에 역시 와디즈에서 진행됐는데, 이 상품은 2,374%라는 높은 달성률을 기록하며 마감됐다.

오늘날의 여행 업계에서 창업자가 자신이 지향하는 가치를 어필하고 관찰자를 능동적인 참여자로 만드는 것은 매우 중요한 역량으로 떠올랐다. 푸디온투어의 펀딩 소개 페이지를 보면 왜 이런 여행을 만들게 됐고 이 여행 상품이 잘되면 누구에게 그 가치가 돌아가는지가 투어 내용보다 먼저 소개되어 있다. 특히 "평소 지역 특산물을 활용한 미식 콘텐츠를 만든다면 농촌 지역의 경제 활성화 및 홍보에 큰 도움이 될 수 있다고 생각했습니다"라는 대목에서 완성형 여행을 홍보한다는 인상을 주는 대신 이 여행을 만든 이유와 가치를 알리는 데 포커스를 맞추었음이 드러난다.[29] 김태현 푸디온투어 대표는 이탈리아 여행 도중 우연히 현지인의 집에 초대되어 맛본 집밥에서 영감을 받아 창업한 과정을 소개하며, 온라인상에서 이름난 맛집들을 도장 깨기 하듯 다니는 방식에서 벗어나 실제 지역민의 음식을 경험하는 로컬 미식 여행이 주는 희소성을 차별점으로 제시한다. 이러한 메시지는 여행자에게 창업자의 비전이나 메시지에 동참하거나 후원하고 싶다는 마음을 갖게 한다.

이전과는 다른 가치를 제안하는 여행의 시대

부산에서 에어비앤비 체험을 운영하는 장수양 호스트는 여행 관련 업계에서 일해본 경험이 전혀 없다. 하지만 현지인으로서의 자신을 객관적으로 포지셔닝하고 외국인 여행객이 필요로 하는 경험들을 제공하면서 400여 개의 후기를 보유한 부산의 대표 호스트가 됐다. 그의 호스트 프로필을 보면 이력이나 경력보다 체험 호스트를 하게 된 동기가 먼저 언급되어 있다. '부산에서 신선한 해산물을 먹고 싶어도 어디서 주문해서 어떻게 먹는 건지 몰라 그냥 돌아가는 외국인 관광객이 많다'라며 부산의 현지 정보가 부족한 외국인에게 자신이 어떤 가치를 제공할 것인지부터 밝힌 것이다. 실제로 그는 지역 토박이로서 외국인에게 매력적으로 다가갈 수 있는 다수의 미식과 시장 투어 상품을 기획 및 운영하고 있다. '부산 오빠와 함께 한국 해산물 맛보기', '부산 사투리 배우기&현지 시장 투어' 등의 상품으로 시작해 참여자들의 피드백을 참고하여 그 종류를 꾸준히 확장해왔으며, 지금은 '부산 오빠와 김치 담그기', '수산시장 경매와 야경 투어' 등 10여 개가 넘는 투어를 운영 중이다.

앞으로의 여행 업계에서 상품화할 수 있는 가장 강력한 무기는 당신이 가진 고유의 스토리다. 현재 에어비앤비 체험에 등록된 전 세계 1,000개 도시의 4만여 개 상품을 살펴보면 지역과의 개인적 연관성이나 직업적 전문성을 바탕으로 하는 특별한 현지 체험이 대부분이다. 공급자가 일방적으로 상품을 판매하던 시대는 지나갔다. 수많은 공급자가 소비자의 선택을 기다려야 하는 플랫폼 경제하에서는 나의 생각을 어필하고 이에 동참할 사람들과 이어질 수 있는 콘텐츠를 만드는 능력이 너무나 중요하다. 이때 디지털상에서 나(또는 브랜드)의 인격과 이미지를 객관적으로 인지하고 솔직하게 보여주는 과정이 있어야만 비로소 나를 응원하는 지지자와 연결될 수 있다.

그렇다 보니 온라인 세계에서 자아를 형성하고 관계를 맺어본 경험이 많지 않은 중장년층은 여행 업계의 급변하는 흐름에 대처하기가 더욱 힘들어졌다. 여행 업계에 오래 종사했거나 기존의 자격증 제도를 통해 신규 관광 인력이 된 이들에게 플랫폼에 입점시킬 투어를 기획해보라고 하면, 10명 중 9명은 자신의 삶과 아무런 연관성이 없는 유명 관광 명소들만 잔뜩 엮은 기획안을 꺼내놓는다. 이에 '이미 비슷한 투어가 많이 나와 있는데 굳이 당신의 것을 선택해야 하는 이유가 있는가'라는 질문을 던지면 아무런 답을 하지 못한다. 자기 객관화 과정 없이 과거의 '관광' 관점에서만 접근하니 현지인으로서의 나는 생략된 채 관광 명소와 포토 스팟만 내세우게 되는 것이다. 이것은 국내 여행이 활성화된 팬데믹 시기에 대다수 여행자가 패키지 상품을 외면하고 자유 여행을 택한 이유와도 일맥상통한다.

특히 중장년층의 경우 자신의 가치관이나 삶의 경험에서 출발하는 투어를 기획하는 데 큰 어려움을 겪는 경우가 많다. 여행 관련 자격증 실무 교육 강좌를 진행할 때 한 50대 수강생이 내게 '우리는 우리의 인생을 살아온 세대가 아니에요'라는 서글픈 말을 남긴 적이 있다. '나'의 이야기가 실시간으로 콘텐츠화되는 시대에 사회의 요구에 따라 '남들처럼' 살아온 기성세대는 자신의 삶에서 남과 다른 요소를 찾으라는 주문이 난감하게 느껴질 수밖에 없다. 하지만 역으로 생각해보면 플랫폼 활용에는 능숙하나 경험 자원이 한정된 젊은 세대에 비해, 직업적 이력과 풍부한 인생 경험을 보유한 중장년층은 투어로 만들 이야기 재료를 훨씬 더 많이 가지고 있다. 시니어 세대가 디지털 플랫폼에 조금만 더 익숙해질 수 있다면 자신의 경험을 상품화하여 이전에 없던 새로운 업을 만들고 활동할 가능성은 얼마든지 열려 있다.

코시국에 오히려 투자금이 몰렸다는 여행 스타트업들의 공통점은?

클럽하우스, 트위터 등 수많은 IT 기업을 발굴한 미국의 벤처캐피털 앤드리슨 호로비츠Andreessen Horowitz는 매년 다양한 투자 동향 지수와 리포트를 내놓는다. 그중 B2CBusiness to Consumer 사업 분야에서 수십억 건의 구매 데이터를 분석한 '마켓 플레이스 100'은 소비자가 가장 많은 지출을 하는 상위 100개의 기업 목록이다. 코로나19 사태의 타격이 심각했던 2020년의 데이터가 반영된 2021년 순위에서 놀라웠던 점은 신규 진입한 스타트업 중에 여행 회사가 줄기는커녕 오히려 새로 진입한 회사들이 여럿 있었다는 사실이다(물론, 전체 순위 자체도 많이 바뀌었다).[30] 이 신규 진입 회사 중에 여행·외식·쇼핑 분야가 많다는 것은 우리가 여행을 하고 외식을 하고 쇼핑을 하는 방식이 1년간 드라마틱하게 변화했음을 의미한다. 100위권 내에 새로이 이름을 올린 여행 회사 중에는 우리에게 익숙한 항공 여행이나 전통적인 관광 및 호텔 사업에 초점을 맞춘 회사는 하나도 없다. 그렇다면 여행 창업의 트렌드는 어느 쪽으로 향하고 있으며, 팬데믹 이후 더욱 각광받는 여행 회사들 사이에는 어떤 공통점이 있을까?

진화하는 포스트-공유경제 시대의 여행

2020년에 비해 2021년 마켓 플레이스 순위가 오른 여행 스타트업은 캠핑 사이트 중개 플랫폼인 힙캠프Hipcamp로, 73위에서 40위로 껑충 뛰어올랐다. 미국의 50개 주에 위치한 약 39만 곳의 공공 및 민간 캠프장 예약 서비스를 제공하는 힙캠프는 2020년 5,700만 달러(약 600억 원) 이상의 시리즈C 투자를 유치하며 '캠핑계의 에어비앤비'로 부상했다. 하지만 힙캠프에게는 아직 해결해야 할 숙제들이 여럿 있는 것으로 보인다. 각 캠핑장 근처에 온천이나 숲 등 가볼 만한 곳이 있는지 알려주는 상세 정보가 부족하고, 미 전역의 캠핑장 소유자들에게 서비스를 알릴 방법도 보완이 필요하다. 힙캠프가 기업 가치를 올리고 활성화되기 위해서는 초창기 에어비앤비가 호스트 유치에 공을 들였듯이 캠핑장 소유자가 큰 이윤을 창출했다는 사례를 많이 배출해내야만 한다. 힙캠프 외에도 캠핑카 공유 플랫폼 아웃도어시가 28위에서

11위로, 그리고 역시 RV 차량 공유 플랫폼인 알브이셰어RVshare가 35위에서 14위로 1년 만에 순위가 크게 올랐다. 이들 두 플랫폼의 인기는 2장에서 다룬 밴라이프 열풍과 맞닿아 있다.

여행을 벗어나 라이프스타일 전반으로 시야를 넓혀보면, 2021년에 마켓 플레이스 100위권에 새롭게 진입한 업체로는 개인 소유 차량을 사용하지 않을 때 타인에게 빌려주고 수익을 얻는 투로Turo와 브랜드별 중고 의류를 사고팔 수 있는 스레드업Thredup이 있다. 또한 무려 3위에 랭크된 바카사Vacasa는 별장 부동산 관리 및 렌털 서비스로, 팬데믹 이후 호텔이 침체한 대신 급증한 럭셔리 아파트먼트의 수요를 흡수하며 큰 인기를 끌었다. 취급하는 아이템은 제각기 다르지만 이들 플랫폼 사이에는 공통점이 하나 있다. 바로 내가 가진 유휴 자산을 수익으로 전환시키려는 욕구를 온라인상에서 손쉽게 실현할 수 있는 서비스라는 것으로, 과거 공유경제 플랫폼의 모델이 확장된 형태라 할 수 있다. 코로나19 바이러스와 함께 찾아온 경제적 불황과 실업률의 증가 속에서 필연적으로 상승할 수밖에 없는 수익 창출의 욕구는 이제 여행 서비스에서도 필수적인 역량이 되고 있다. 바카사와 스레드업은 2021년 미국 나스닥에 상장했고, 투로는 2022년 내 상장을 추진 중이다.

최근 주목받는 여행 스타트업들은 이전의 공유경제 모델을 넘어 기존 시장의 틈새를 적극적으로 개척하는 경향을 보인다.

2022년 4월 미국 나스닥에 상장한 아파트 공유 플랫폼 손더Sonder가 좋은 사례다. 2013년, 당시 19세의 대학생이었던 프랜시스 데이비드슨Francis Davidson은 용돈을 벌기 위해 자신이 살던 아파트를 홈어웨이Homeaway와 에어비앤비에 내놓아 1만 4,000달러라는 꽤 괜찮은 수입을 벌었다. 이후 본격적으로 아파트의 운영 비용과 임대료를 추정하는 수익 모델을 세우고 주변의 다른 아파트 렌털을 관리해주는 사업으로 확장해 3년간의 여름방학 동안 100만 달러의 수입을 올렸다. 이 과정에서 데이비드슨은 대기업 체인 호텔의 천편일률적 경험과 에어비앤비의 '복불복' 경험 중 어느 것에도 만족하지 않는 소비자층이 존재한다는 사실을 확인했고, 그 시장에 충분한 사업성이 있음을 확신하며 2014년 손더를 창업했다.

손더는 전체 건물을 임대해 운영하기 때문에 각 객실의 품질을 호텔처럼 일정한 수준으로 유지할 수 있다. 동시에 어느 곳에 있든 큰 차이 없이 획일화된 분위기의 호텔과는 다르게 각 지역의 개성과 특색이 느껴지는 아파트먼트에 묵을 수 있다는 장점이 있다. 가격대 역시 호텔과 에어비앤비의 중간 수준으로, 일반적인 비즈니스 호텔과 비슷하거나 조금 더 저렴해 장기 체류에 적절하다. 모든 객실의 예약과 체크인, 컨시어지는 온라인상에서 이루어지기 때문에 비대면 여행을 원하는 요즘 여행자들의 니즈에 잘 맞는 숙박 플랫폼이기도 하다. 코로나19 사태의 타격으로

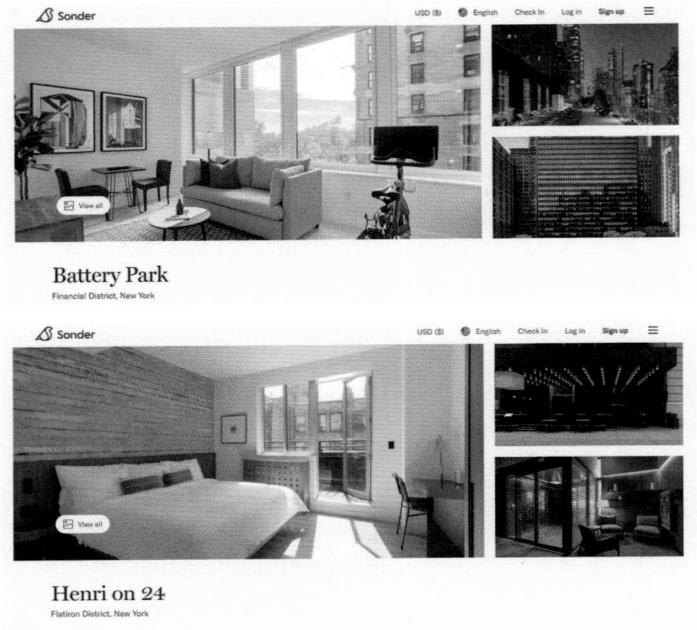

출처: 손더 웹사이트 캡처

✈ 전체 건물을 임대하여 운영하는 손더는 웹사이트상에서도 건물 단위로 숙소를 소개한다. 에어비앤비와는 달리 투숙객들은 객실뿐 아니라 건물 내 공용 시설들을 자유롭게 사용할 수 있다.

2020년 3월에 직원 1,100명 중 400명을 해고하거나 휴직시켰던 손더는 팬데믹 기간에 장기 체류의 수요가 급증하면서 매출이 크게 올랐고, 같은 해 12월에 휴직자 중 대부분을 복귀시켰다. 손더는 호텔과 에어비앤비라는 양강 구도 사이에서 자신의 수익 모델을 영리하게 찾아내는 데 성공한 셈이다.

기술 과잉의 시대, 여행자에게 결핍된 것을 찾아라

손더와 마찬가지로 2022년 상반기에 상장한 또 다른 여행 기업 인스피라토Inspirato는 럭셔리 여행을 '구독'할 수 있는 서비스다. 사실 2019년에 구독 요금제를 도입하기 전까지만 해도 이 회사는 여타 수많은 럭셔리 여행사들과 크게 다르지 않았다. 그러던 중 럭셔리 여행의 소비자들에게 더 자주, 더 다양한 여행을 경험하고자 하는 특징이 있음을 발견하고 월 구독 요금제 '인스피라토 패스'를 출시했다. 인스피라토 패스를 결제하면 월 2,500달러의 비용으로 6만 곳 이상의 호텔과 인스피라토가 자체 운영하는 부동산, 크루즈, 사파리 등을 무제한으로 예약할 수 있으며, 추가 비용 없이 각종 특전과 컨시어지 서비스도 누릴 수 있다. 평범한 여행자들에게는 다소 부담스러울 수 있는 금액이지만, 럭셔리 여행자에게는 오히려 합리적인 가격에 더 많은 여행을 다닐 수 있는 기회가 됐다. 비슷한 가격의 콘도미니엄condominium(객실 단위로 분양하는 형태의 공동주택. 우리나라에서의 아파트 개념과 유사하다)을 구입하면 한곳에만 고정적으로 묶어야 하지만, 인스피라토를 이용하면 매월 일정한 비용으로 여러 숙박 시설에 투숙해볼 수 있다는 것도 소비자들에게 어필할 수 있었던 장점이다. 또한 구독 요금제는 럭셔리 여행자들이 더 많이 이동하고 여행하도록 이끌기 때문에 숙박 시설을 운영하는 공급자 입장에서도 공실을 줄이고 효율적인 운영을 하는 데 도움이 된다. 이러한 장점들은 인스피라토의 성장을 견인했고, 창업자이자 CEO인 브렌트 핸들러Brent Handler는 《USA 투데이》와의 인터뷰에서 2021년 인스피라토 패스의 판매율이 전년 대비 30% 증가했다고 밝혔다.[31]

인스피라토가 럭셔리 여행사에서 럭셔리 여행 구독 멤버십으로 전환한 사례라면, 소호 하우스Soho House는 처음부터 멤버십을 통한 커뮤니티를 사업 모델로 내세운 호텔 회사다. 1995년 영국 런던에서 창립한 소호 하우스는 유럽, 미국, 아시아 일대에서 30여 개의 숙박 시설과 클럽을 운영하는데, 이 중 3개 체인을 제외하면 모두 멤버십 회원들만 투숙이 가능하다. 연회비가 2,000~3,000달러대에 이르는 소호 하우스 멤버십은 일반적인 호텔의 유료 멤버십과는 다르게 심사제로 운영된다는 특징이 있다. 멤버십 심사에서는 소호 하우스가 진출한 도시에서 크리에이티브 분야에 종사하는 이들을 우선시하며 커뮤니티 기여도에 따라 평가한다. 이는 소호 하우스 멤버십의 가치가 독점적인 숙소 이용보다는 고급 인맥 형성에 방점이 찍혀 있다는 것을 의미한다. 이런 소호 하우스도 코로나19 사태의 여파는 피할 수 없었고, 2019년에 6억 달러 수준이었던 숙박 및 클럽 수익이 2020년에는 약 3억 달러로 급감했다. 그런데 멤버십에 대한 충성도는 달랐다. 《로이터》는 팬데믹 상황에도 소호 하우스의 멤버십 회원의 92%가 유지됐고, 심사 대기자는 4만 8,000명에 이른다고 보도한 바 있다.[32] 나아가 소호 하우스는 2021년 7월 뉴욕증권거래소 상장에 성공하며 커뮤니티가 비즈니스로서 미래 가치를 인정받을 수 있음을 증명했다. 현재 소호 하우스는 기존의 멤버십을 확장해 클럽을 제외한 모든 숙박 시설을 할인가로 이용할 수 있는 저렴한 멤버십 '소호 프렌즈', 위워크와 유사한 코워킹 공간 멤버십 '소호 웍스'를 함께 운영하고 있다. 럭셔리 여행 업계가 주로 시설이나 서비스를 고급화하는 데 집중할 때 소호 하우스는 '크리에이티브 업계에 종사하는 고소득자'로 페르소나를 세분화하고 이들이 원하는 커뮤니티를 제공하며 성공을 거뒀다.

인스피라토와 소호 하우스의 약진은 공유경제를 지나 구독경제의 시대가 도래했다는 측면 외에 기술 과잉의 시대에 여행자의 선택을 줄여주는 '큐레이션'의 관점으로 해석할 수도 있다. 인스피라토는 요금제를 통일해 수많은 여행 상품의 가격비교 과정을 간편화했다. 소호 하우스는 멤버십 제도를 통해 세계 각국의 고급 네트워크에 대한 접근성을 높여주는 동시에, 숙소에 대한 선택지를 줄여주었다. 앞서 살펴본 손더도 전 세계 40여 개 도시에서 약 1만 5,000개의 객실을 운영 중이지만, 도시별 숙소 개수는 많은 편이 아니다. 2022년 4월 기준 뉴올리언스에 28곳, 로마에 26곳, 런던에 21곳의 숙소가 있는데 이는 독보적으로 많은 경우이고, 대부분의 도시에는 10곳 미만이며 1~2곳밖에 없는 도시도 많다. 따라서 목적지를 정했다면 손더에서 숙소를 고르는 데 그리 많은 시간을 할애하지 않아도 된다. 반면 에어비앤비에서는 건물이 아닌 객실 단위로 검색 결과가 정렬되기 때문에 객실을 고르는 데 엄청난 시간이 소모된다. 기술의 발전이 여행자에게 많은 편의를 가져다주기는 했지만, 플랫폼 비즈니스의 특성상 수많은 공급자가 한꺼번에 노출되는 구조는 소비자에게 시간 낭비와 선택의 어려움을 초래한다. 앞으로의 여행자들에게 어필하려면 '대량의 선택지'가 아닌 '검증된 선택지'를 제안할 수 있어야 한다는 것이 갈수록 분명해지고 있다.

특히나 코로나19 사태를 겪으며 여행의 위험성이 높아지고 절차 역시 복잡해진 상황에서 전문가의 컨설팅과 큐레이션이 보장된 여행 서비스는 이전보다 더욱 환영받을 것으로 전망된다. 그 예로 이스라엘 출신 창업자가 설립한 출장 여행 플랫폼 트립액션Tripactions을 들 수 있다. 전 세계의 국경이 닫히며 자연히 출장 여행 시장 역시 유례없이 큰 위기를 맞았음에도 트립액션은 신규 고객사 700곳을 확보하며 여러 벤처캐피털들로부터 추가 투자를 받았다. 이렇게 트립액션이 높은 성장 가능성을 인정받을 수 있었던 것은 기업 출장의 절차가 까다로워지면서 전문 업체의 도움이 필요해졌기 때문이다. 트립어드바이저가 여행 컨설팅 서비스 레코를 론칭한 것도 이와 비슷한 맥락에서 이해할 수 있다. 한동안 여행의 위험성과 복잡성을 개인과 기업이 자체적으로 감당하기란 어려울 것이다. 여기서 '위험성'이란 신변의 위협 등 절대적인 위험만 가리키는 것이 아니라, 입출국의 어려움이나 각종 돌발상황 같은 불확실성 전반을 의미한다. 물론, 이런 불확실성은 코로나19 사태 이전의 자유여행에도 늘 존재했지만 개인이 충분히 관리할 수 있는 수준이었다. 하지만 지금은 세계 모든 나라들의 입출국 절차에 안전과 보안이 강화됐고, 전문가의 정확한 안내와 지원이 있어야만 여행의 전 과정을 원활하게 수행할 수 있게 됐다. 그중에서도 기존에 여행사들이 맡았던 서류 절차, 비자 업무 등의 행정적인 역할의 중요성이 강조되고 있다. 따라서 출장을 비롯해 목적이 명확한 여행의 수요를 겨냥한 서비스들이 전문적인 컨설팅과 효율적인 큐레이션을 갖춘다면 엔데믹 이후에 성장의 기회를 잡을 수 있을 것으로 보인다.

CHAPTER
5

지속가능성과 여행이
공존할 수 있을까?

기후 위기의 경고는 항공 여행을 줄일 수 있을까?

2020년 11월, 1년 내내 적막이 흘렀던 인천 국제공항의 국내선 수속 카운터에 100여 명의 승객이 모여들며 모처럼 북적였다. 클룩과 진에어가 함께 기획한 홍콩 관광비행을 떠나려는 사람들이었다. 이는 한국의 상공을 돌고 오는 관광비행에 2022년까지 유효한 홍콩 항공권도 제공하는, 코로나19 바이러스가 만들어낸 여행 상품이다. 이날 비행기에는 아이를 동반한 가족부터 50~60대 중장년층, 80대 어르신 부부까지 다양한 연령대의 승객들이 올랐다. 탑승이 완료된 뒤, 다소 차분했던 기내 분위기는 승무원들이 준비한 퀴즈 이벤트로 빠르게 활기를 띠기 시작했다. 어느덧 비행기가 제주도 한라산 상공을 지날 즈음, 일반적인 국내선 탑승에서는 경험할 수 없는 특별한 저상 비행을 하고 있다는 기장의 안내 방송이 들려왔다. 날지 않으면 '죽느냐 사느냐'의 기로에 놓일 수밖에 없는 항공사에게 이 관광비행 상품이 얼마나 중요한지 느껴지는 대목이었다. 말하자면 코로나19 사태가 일어난 후 1년간 일과 삶이 위태롭기 그지없었던 항공 산업의 절박함이 담긴 결과물이었던 것이다. 비행을 마치고 기내를 빠져나가는 승객들의 얼굴을 돌아보니 마스크 너머로 진짜 홍콩 여행이라도 다녀온 듯한 행복감이 엿보였다.

친환경과 소비 심리 사이의 아직 좁혀지지 못한 간극

이러한 관광비행 상품은 팬데믹 이후 한국뿐 아니라 아시아 전역에서 속속 등장하며 인기를 얻었다. 2020년 8월 대만의 스타럭스 항공을 시작으로 일본 ANA항공의 하와이 콘셉트 관광비행, 일본항공JAL의 야간 관광비행, 타이거에어 타이완의 타이베이-제주 관광비행 등 각양각색의 상품들이 탄생했다. 같은 기간에 한국에서 아시아나항공이 처음으로 내놓은 관광비행 상품 역시 몇 시간 만에 매진됐다. 이러한 '목적지 없는 비행flight to nowhere'의 인기는 전 세계 국경의 봉쇄라는 사상 초유의 상황에서도 여행은 주어진 환경에 맞게 끊임없이 진화한다는 것을 보여주는 상징적인 현상이다. 동시에 코로나19 사태와 함께 떠오른 가치 소비와 기후 위기라는 사회적 담론에도 불구하고 항공 여행에 대한 사람들의 갈망은 쉽게 꺾이지 않는다는 사실도 보여주었다.

저비용 항공사가 등장하기 전까지 하늘 위를 마음껏 구경할 수 있는 비행 경험은 일부 계층만 누릴 수 있는 특권에 가까웠다. 2000년대 중반을 지나며 저비용 항공사의 대중화로 인해 항공 비용의 장벽이 빠르게 낮아지면서 비행 경험은 점점 가성비 높은 즐거움으로 변화했다. 비행 중 배출되는 탄소량에 대한 인식을 돕거나 이로 인한 환경문제를 적시해 죄책감이 들게 하는 요소는 항공 관련 업계 어디에서도 찾아볼 수 없었다. 대신 기내에서 누릴 수 있는 재미와 편의성의 종류는 하늘 구경 외에도 계속해서 다채로워졌다. 오랫동안 항공기 안에서는 인터넷을 사용할 수 없었지만 이제는 많은 항공사들이 유료 와이파이 서비스를 제공하는 것이 대표적이다. 심지어 미국 델타항공은 2017년부터 문자 메시지 기능에 한해 무료로 와이파이를 제공하고 있다. 그런가 하면 중국의 수파르나항공金鵬航空은 승무원이 웨딩드레스 차림으로 간식을 나눠주거나 승객에게 두피와 어깨 마사지를 해주는 등 파격적인 기내 서비스로 주목받기도 했다.

코로나 시국에 등장한 목적지 없는 관광비행은 비행 경험이 단순한 이동이 아닌 엔터테인먼트의 영역으로 넘어왔음을 시사한다. 2020년 9월 17일, 오스트레일리아의 콴타스항공은 '그레이트 서던 랜드 관광비행Great Southern Land Scenic Flight'이라는 상품을 출시했다. 오스트레일리아를 대표하는 랜드마크들을 약 7시간

동안 비행기에 탄 채 돌아보는 것으로, 국제선 매출이 급감하자 고육지책으로 내놓은 이벤트성 상품이었다. 이 상품은 판매 시작 후 단 10분 만에 매진될 만큼 큰 인기를 끌었는데, 얼마 뒤 콴타스항공은 생각지도 못한 문제에 직면하게 됐다. 오스트레일리아와 영미권 일대에서 이 관광비행이 불필요한 탄소 배출로 환경을 파괴한다는 지적이 쏟아진 것이다. 그 비판이 얼마나 거셌는지 당시 관광비행 상품 출시를 준비하고 있던 싱가포르항공이 계획을 전면 취소하기까지 했다. 이에 문제점을 인식한 콴타스항공은 '미스터리 플라이트 익스페리언스Mystery Flight Experiences'라는 탄소중립 관광비행 상품을 새로 선보였다. 승객에게 행선지를 알려주지 않고 2시간 거리의 오스트레일리아 내 명소로 데려다주고 당일 여행을 즐긴 후 다시 출발지로 되돌아오는 방식이었는데, 지역 체험이나 소비 활동 등을 포함시키는 등 지속가능성 이슈에 좀 더 신경 쓰는 모습을 보였다.

안타깝게도 한국에서 '기후 위기 상황이니 여행을 자제해야 한다'라는 메시지는 세대를 불문하고 효과적이지 못했다. 항공 여행이 세계 탄소 배출의 8%를 차지한다는 경고가 언론사를 통해 연일 전해져도, 스웨덴의 청소년 환경운동가 그레타 툰베리가 '항공 여행은 수치스러운 것'이라며 질타해도 한국인의 항공 소비는 코로나19 사태 직전까지 증가세만을 거듭해왔던 것을 보면 이를 잘 알 수 있다. 극단적인 사례이지만 내 지인 중에는 저가 항공 프로모션을 적극적으로 활용해 '매달' 해외여행을 다녔던 경우도 있다. 단지 항공권이 싸다는 이유로 떠나는 여행이 환경에 해가 된다는 것을 사람들이 몰랐을까? 나는 그렇지 않다고 생각한다. 그 사실을 알더라도 '내 즐거움은 절대 포기할 수 없어'라는 의지 아래 소비를 합리화하는 것이 여행이다. 남들 다 가는 여행인데 환경문제 같은 거대 담론 때문에 나만 억울하게 희생해야 할 동기가 희박하기 때문이다.

죄책감 유도보다 소비 욕망 분석이 먼저인 이유

코로나19 사태 이후, 기후 위기는 인류가 당면한 최우선 과제로 떠올랐다. 해외에서는 '지속가능한 여행sustainable travel'을 주제로 한 도서가 연이어 발행되고 있는데, 한국에는 그중 홀리 터펜Holly Tuppen의 《지속가능한 여행을 하고 있습니다》라는 책이 번역 출간된 바 있다. 지금까지 나온 지속가능한 여행법 관련 콘텐츠들은 '일회용품 사용 줄이기', '현지 소비하기', '항공 여행 줄이기' 등의 실천형 튜토리얼이나 에코 관광 차원의 접근이 대부분이다. 하지만 이런 접근에는 MZ세대의 여행 소비 욕구에 대한 이해가 빠져 있다. 본서에서 지속가능한 여행법을 오로지 환경적 관점에서만 다루기보다는, 부의 양극화가 촉진해온 경험 소비의 문제를 살펴보고 내 삶을 풍요롭게 만드는 체험을 선별하는 새로운 관점을 소개하려는 이유다.

외국 기업이나 대기업이 아닌 현지 사회에 이윤이 돌아갈 수 있는 윤리적인 소비를 하고, 환경에 피해를 끼치지 않는 숙박 시설을 찾고, 자신의 신념에 따라 채식 전문 식당이나 현지인이 운영하는 식당만 이용하는 여행은 매우 바람직하고 이 시대에 꼭 필요한 여행이다. 하지만 이런 여행을 하려면 여행자가 엄청난 사전 조사를 해야만 한다. 게다가 이런 여행이 소수가 아닌 주류가 되기 위해서는 소비자들이 스스로 크게 각성해야 한다는 것이 무엇보다 큰 장벽이 된다. 의식적인 여행자의 수가 많지 않다면 여행사를 비롯한 기업들은 기존의 여행 일정과 방식을 쉽게 바꾸지 않을 것이다. 실제로 2021년 들어 단체 해외여행 판매를 재개한 국내 여행사 중에 '탄소 중립' 관련 메시지를 언급하거나 이를 테마로 한 상품을 내놓은 곳은 전무했다. 여행이라는 행위 자체가 기후 위기에 악영향을 주는데, 그걸 왜 애써 들춰내겠는가? 그보다는 '다른 사람들보다 내가 먼저 여행을 갈 거야!'와 같은 심리를 자극하여 '과시 소비'로서의 여행을 갈망하게 만드는 편이 다수의 욕망을 훨씬 쉽게 건드릴 수 있는데 말이다. 기업은 더 큰 이득을 얻을 수 있는 쪽을 바라볼 수밖에 없다.

2021년 3월의 어느 주말, 한 대기업이 주최한 친환경 팝업숍 행사에서 '플라스틱이 지구에 미치는 영향'을 주제로 한 강의를 들었다. 강연자가 "일주일에 배달음식 몇 번이나 시키세요?"라고 질문하자 청중들 사이에서는 짧지만 무거운 침묵이 흘렀다. 모두

속으로 뜨끔해서였을 것이다. 사실 이런 강의뿐 아니라 최근 쏟아지는 환경 관련 콘텐츠들의 메시지들을 살펴보면 '나도 안 하니까 너도 하지 마'와 같은 방식으로 죄책감을 유도하고 의식을 촉구하는 계몽적인 실천법이 주를 이룬다. 분명 환경운동은 사회에 기여하는 일이다. 그렇지만 공포나 죄책감을 앞세우기보다는 대안이 될 수 있는 새로운 효용을 제안하는 것이 더 효과적인 방법이라고 생각한다. 일상에서 친환경을 추구하기도 쉽지 않은데, 여행과 같은 사치 소비 분야에서 계몽 위주의 환경운동이 폭넓게 받아들여지기란 무척 어려운 일이다.

40여 년의 역사를 지닌 영국 출판사 브랫 트래블 가이드Bradt Travel Guides의 설립자 힐러리 브랫Hilary Bradt은 여행의 환경오염 논란에 대해 본질을 짚는 화두를 던졌다. 그녀는 한 기고글을 통해 "최근 수년간 기후변화 운동가들은 여행자의 마음에 '여행 수치심'을 성공적으로 주입해왔다"라고 이야기하며 지구를 구한다는 명목으로 여행을 악마화하려는 이들이 간과해서는 안 되는 사례를 소개했다.[1] 아프리카 동쪽의 작은 섬나라 마다가스카르에서는 관광업이 발전함에 따라 약 4만 4,000개의 풀타임 일자리가 만들어졌고, 간접 혜택을 받은 일자리도 30만 개에 달했다. 꾸준하게 늘어난 관광객 덕분에 마다가스카르는 열대우림의 훼손을 막을 수 있었고, 수많은 마다가스카르 여성들이 수공예품 판매로 생계를 이어갈 수 있었다. 그러나 코로나19 사태로 인한 해외관광객의 입국 금지가 장기화되면서 여성들은 매춘에 의존하고 벌목 회사는 희귀종 나무를 베어 중국에 밀수출하는 등 총체적인 위기에 놓이게 됐다. 이에 브랫은 "우리는 엄청난 기후 위기에 시달리고 있지만 더 나은 세상을 만드는 여행의 힘을 잊어서도 안 된다"고 덧붙였다. 모든 관광이 유익하다고는 할 수 없으나 때로는 여행이 자연 보호와 경제 개선에 기여하기도 한다는 것을 놓쳐서는 안 된다는 것이다.

손님이 물을 리필해야 하는 리조트?
제로 웨이스트 여행, 직접 경험해보니

하와이의 와이키키 해변에서 차로 30분 정도 걸리는 거리에 있는 오아후Oahu섬 동쪽에는 열대우림으로 둘러싸인 작은 마을 카네오헤Kaneohe가 있다. 2015년경 우연히 이 지역에 있는 에코(친환경) 리조트를 발견한 나는 호기심에 덥석 객실을 예약했다. 그러면서도 포털이나 OTA에 이 리조트에 대한 한국인의 후기가 단 하나도 없다는 것이 내심 걱정됐다. 리조트에 도착했을 때 내 눈앞에 펼쳐진 건 익숙한 콘크리트 건물이 아닌 아담한 통나무집이었다. '설마 이 집이 숙소는 아니겠지?' 하며 조심스레 문을 열었는데, 그곳은 다름 아닌 프런트데스크였다. 마치 하와이 시골에 있는 할머니 댁에 놀러 온 것처럼 편안하고 친근한 안내와 함께 열쇠를 받아 다시 밖으로 나오니, 그제야 뒤편에 띄엄띄엄 자리 잡은 소박한 독채 빌라들이 눈에 들어왔다. 그중 내 숙소를 찾아 들어가자마자 가장 먼저 시선이 간 것은 뜻밖에도 '물병'이었다. 흔히 사용하는 플라스틱 생수병이 아니라 커다란 유리병이었기 때문이다. 이 리조트에서는 물이 더 필요하면 투숙객이 직접 유리병을 들고 프런트에 가서 리필해야 했다. 카네오헤의 때 묻지 않은 아름다운 자연을 생각하면 마땅한 일이라고 생각했지만, 아주 조금 당황스러웠다.

불편함과 새로움을 동반하는 친환경 숙소에서의 여행

내가 수년에 걸쳐 전 세계를 누비며 호텔 테마의 여행을 하게 된 것은, '천편일률적인 기존 호텔에서 벗어나 각 나라의 개성이 살아 있는 호텔을 경험해보고 싶다'는 단순한 호기심에서였다. 그래서 지역 문화가 묻어나는 독특한 브랜드 정체성이나 색다른 서비스, 인상적인 어메니티amenity를 선보이는 신상 호텔들을 주로 선택했다. 하지만 해가 거듭되어 호텔 취재 경험이 쌓일수록 내가 그 지역에 도움이 되는 여행자인지 자문하게 됐다. 호텔에 갈 때마다 사용하게 되는 막대한 양의 플라스틱 일회용품과 어쩔 수 없이 발생하는 세탁물들도 신경 쓰였고, 호텔에서 운영하는 부대시설에서 식사나 쇼핑을 하다 보니 지역의 로컬 식당과 숍에서는 그만큼 소비를 하지 못하는 패턴도 마음에 걸렸다. 이

문제는 대기업이 운영하는 체인 호텔이건 로컬 문화를 반영한 독립 호텔이건 큰 차이가 없었다. 어쨌든 수익을 목적으로 하는 사업인 호텔에서 카페와 식당 매출을 주요 수입원이기 때문이다.

이러한 문제의식을 가지게 된 것은 2013년의 인도네시아 발리에서였다. 호텔 여행 초기였던 당시, 숙소로 향하는 택시에서 창밖을 내다보던 나는 산속에 어마어마하게 쌓여 있는 쓰레기더미를 보며 큰 충격을 받았다. 앞으로 머물게 될 리조트들이 대규모 환경 파괴의 결과물이었다는 사실이 숙소에 도착한 이후에도 내내 불편함으로 남아 눈앞에 펼쳐진 오션뷰가 그리 감동적으로 다가오지 않았고, 당시의 심난하고 무거운 심경을 블로그에 남겨놓기도 했다. 그때부터 여행 계획을 세울 때 여러 숙소 중 최소 한 곳은 에코 리조트나 도시재생 숙소로 잡으려고 노력했다. 2015년 첫 하와이 여행 때도 현지에 에코 리조트가 몇 곳 있다는 이야기를 듣고 동선에 맞는 곳을 어렵게 찾아 오아후섬의 파라다이스 베이 리조트에 묵은 것이었다. 투숙객이 물을 리필해야 한다는 개념 자체가 생소해서 직접 그곳에 가보기 전에는 그것이 여행자에게 어떤 불편을 주는지 잘 와닿지 않았다. 경험해본 바, 이 '물 리필'은 생각만큼 간단한 일이 아니었다. 프런트데스크 건물은 언덕 위에 위치해 있는 데다 개별 빌라들과의 거리가 상당하다. 체크인하기 전에 미리 생수를 사오지 않는다면 지내는 동안 물을 채우러 그 먼 거리를 계속 오가야 하는 것이다. 그렇게 에코 리조트에 대한 나의 첫인상은 '약간의 번거로움'으로 남았다.

반면에 2014년에 다녀온 어번URBN 부티크 상하이는 고객이 조금 더 자연스럽게 친환경 메시지에 동참할 수 있도록 이끌었다. 이 호텔은 건물 건축자재부터 내부 설비, 객실 인테리어 재료 등을 전부 재활용 목재 및 석재, 소품으로 꾸민 '탄소 중립 호텔'로, 중국은 물론 전 세계에서 큰 주목을 받아왔다. 로비에 들어서면 프런트데스크 뒤편의 벽에 눈길이 저절로 간다. 1950년대에 만들어진 빈티지 수트케이스를 하나하나 쌓아 만든 가죽 벽이 놀라움을 자아낸다. 호텔의 바닥과 벽면을 비롯한 모든 자재는 수

출처: 어번 부티크 상하이

어번 부티크 상하이의 로비. 재활용 자재를 활용해 호텔 내·외부의 자재와 각종 소품들을 갖춘 탄소 중립 호텔이다.

십 년 전에 지어진 상하이의 옛 목조 주택을 철거하면서 나온 폐자재를 재활용한 것이다. 사실 나는 단지 이 호텔이 '멋져서' 선택한 것인데, 그런 나의 선택이 탄소 중립에 기여할 수 있다는 것을 깨닫는 중요한 경험이 됐다. 그러나 내가 방문했던 당시에는 호텔 내에 보통 호텔들에서 두루 쓰는 일회용품들이 비치되어 있었다(2019년부터 변경된 정부 방침에 따라 현재 상하이의 모든 호텔에서는 일회용품을 비치할 수 없다[2]). 투숙객의 입장에선 편리했지만 앞서 소개한 하와이에서의 에코 리조트 경험과 비교했을 때 기존 호텔과의 차이를 크게 느낄 수 없는 점이 아쉬움으로 남았다.

개인적으로 경험한 곳 중 에코 리조트의 가장 모범적인 사례를 이야기해보라고 한다면 태국 북부 르이Loei 지역의 소도시 단사이Dan Sai에 위치한 푸나콤PhuNaCome 리조트를 꼽겠다. 2012년부터 3년 연속 아세안 그린 호텔 상을 수상하고 에너지 효율 상도 여러 차례 수상한 푸나콤 리조트는 '이산(태국 동북부 지역을 통틀어 이르는 말)' 전통문화를 배울 수 있는 체험 센터도 함께 운영하고 있다. 다시 말해, 호텔이 환경보호와 로컬 문화 보존이라는 두 가지 어려운 미션을 모두 수행해나가고 있는 셈이다. 그런데 친환경을 엄격히 실천하는 리조트라니, 투숙객 입장에서는 불편하지 않을까? 이런 선입견은 푸나콤 리조트에 머물면서 완전히 사라졌다. 객실 내에 일회용품이 제공되지 않지만, 대신 물이 든 유리병을 넉넉히 준비해주고 룸 청소 시 채워준다. 안내 책자는 물론,

조식 쿠폰조차 천으로 만들어 재활용이 가능하다. 투숙객이 느낄 법한 불편함이라면 샤워실에서 가끔 온수가 나오지 않아 그때마다 보일러를 재가동하거나 온도를 맞춰 틀어야 한다는 점이다. 그렇지만 이러한 상황에 대비해 손글씨로 적힌 친절한 안내문이 걸려 있어 당황할 일이 없다. 세 곳의 친환경 호텔 경험을 통해 여행자의 편의와 환경보호 사이에 어느 정도의 균형이 이뤄지는가에 따라 여행의 만족도가 달라진다는 것을 알 수 있었다. 친환경 호텔에서 묵기로 한 여행자는 일정 부분 불편함을 감수할 준비가 되어 있기 때문에, 호텔의 사전 안내와 준비만 충분하다면 고객의 만족도는 물론이고 친환경 활동에 동참했다는 성취감까지 불러일으킬 수 있다는 것도 배웠다.

제로 웨이스트 여행을 돕는 여행 서비스의 출현

코로나19 사태 이전에는 친환경 호텔이나 여행이 여러 여행 경험 중 하나의 옵션 정도로 여겨졌지만 이제는 점점 더 많은 MZ세대 여행자들이 친환경을 여행 소비의 중요한 기준으로 삼는 추세다. 2021년 10월부터 약 2개월간 KBS 2TV에서 방영된 친환경 여행 테마의 예능 프로그램 〈오늘부터 무해하게〉는 '지속가능한 여행'이라는 키워드가 화두로 떠올랐음을 보여준다. 출연자들은 캠핑을 다니며 탄소 배출을 줄이는 활동을 할 때마다 가상의 탄소 화폐 '그루'를 버는 방식으로 여행의 과정에서 얼마나 많은 탄소가 발생하는지 보여주었다. 여기서 주목할 부분은 이 프로그램의 기획 의도가 '쿨하고 힙한' 친환경 여행 방식을 제안하는 것이라는 점이다. 이 프로그램에는 최근 MZ 세대 사이에서 유행하는 캠핑카 여행, 플로깅, 비치코밍 등이 모두 등장한다. 기후 위기에 대해 문제의식을 느끼는 젊은 소비자는 여행에서의 시간을 보다 의미 있게 보내고 인증샷도 올리면서 자신의 생각과 정체성을 드러내는 데 더욱 적극적으로 변화하고 있다. 이전과 달리 친환경 여행을 통해 소비자가 얻는 새로운 효용성, 즉 친환경을 실천하는 '나'를 공유하는 경험 자산을 얻을 수 있기 때문이다.

이에 관해 16~30세의 여행자들로 구성된 온라인 커뮤니티 영트래블러스 네트워크Young Travelers Network의 Z세대 창립자 개비 벡퍼드Gabby Beckford는 "Z세대는 사회적 이유, 자기 인식, 자기 발견 및 정체성 확립을 위해 여행을 합니다"라고 설명한다.[3] 젊은 층의 '인증샷 여행'은 그동안 폄하된 측면이 있는데, 그 심리적 이면을 들여다보면 소위 '인생사진(특별히 잘 나온 사진)'을 획득하는 과정에서 소소한 성취감을 느끼고 자기 존재감을 확인하려는 행위로 이해할 수 있다. 여행을 통해 자신의 존재감과 정체성을 확인하려는 MZ 세대의 가치관 기반 소비는 향후 여행의 방식과 목적을 바꿀 가능성이 높다. 또한 개비는 "Z세대는 '48시간의 비행여행 시 발생하는 탄소 배출량은 기차 여행 대비 얼마나 많습니까?'와 같이 구체적인 질문을 던질 것입니다"라고 말한다. 기후 위기의 폐해를 직접 겪으며 성장한 Z세대는 여행에서 자신의 소비가 세상에 어떤 영향을 미치는지 꼼꼼하게 따진다는 이야기다. 하지만 이러한 흐름이 단지 유행을 넘어 대중화되려면 정보의 장벽이 낮아져야 한다. 지금으로써는 여행 소비자가 지속가능한 숙소를 찾는 일부터 굉장히 힘든 데다 여행 일정을 친환경적으로 설계하는 것은 더더욱 어렵다. 이에 따라 친환경 여행을 대신 디자인해주고 큐레이팅해주는 플랫폼도 속속 등장하고 있다.

대표적인 친환경 숙소 플랫폼으로 리제너레이티브 트래블Regenerative Travel이 있다. 2013년에 이 서비스를 만든 데이비드 레벤탈David Leventhal은 멕시코에서 에코 부티크 호텔 플라야 비바Playa Viva를 운영하던 중 자신의 숙소처럼 '에코 럭셔리'를 추구하는 리조트는 전 세계적으로 드물고, 그나마 있는 곳도 그 정보의 접근성이 현저히 떨어진다는 것을 알게 됐다. 그는 친환경 여행의 가치관을 좀 더 널리 알리기 위해 에코 리조트들의 정보를 모아 큐레이션하고 에코 럭셔리 여행을 디자인해주는 여행 플랫폼으로 사업을 확장했다. 그 결과물인 리제너레이티브 트래블은 세계 곳곳에 있는 친환경 콘셉트의 숙소를 선별하여 중개하고, 이 숙소들을 기반으로 한 여행 상품도 판매하므로 일종의 부티크 여행사라고도 볼 수 있다. 나아가 지속가능한 여행, 지역에 기여하는 여행이라는 기업 철학을 알리기 위한 각종 온라인 이벤트와 서밋summit도 주도적으로 진행하는 중이다.

그런가 하면 이렇게 선도적인 에코 여행 서비스에 영향을 받아 새롭게 생겨나는 플랫폼도 있다. 부티크·럭셔리 호텔 전문 플랫폼 미스터 앤 미시즈 스미스Mr. & Mrs. Smith 출신의 줄리엣 킨스먼Juliet Kinsman이 창립한 부티코Bouteco다. 20년 이상 여행 저널리스트로 활동했던 줄리엣은 앞으로의 여행 업계는 '지속가능성'을 추구하게 될 것을 예측하고 2020년 《더 그린 에디트The Green Edit》라는 책을 출간해 에코 여행법을 알렸다. 동시에 친환경 여행 플랫폼 부티코를 개설해 지속가능성과 사회적 책임을 다하는 호텔과 협력하여 친환경 여행 컨설팅을 제공하고 있다. 아직 국내에는 이렇게 선진화된 방식으로 친환경 여행을 중개하는 여행사나 미디어가 없다는 점에서 충분히 벤치마킹해볼 만한 비즈니스 사례다.

하지만 아무리 친환경이 대세라고 해도 창업자의 이력이나 활동 영역에서 유관 분야의 관련성이나 기여도를 찾아볼 수 없다면 소비자는 그 기업의 '친환경' 메시지를 마케팅적 수단으로 받아들이고 그린 워싱Green Washing(실제로는 친환경적이지 않으면서 친환경적인 이미지로 포장해 경제적 이익을 취하려는 시도)으로 인식할 수 있다. 진정성과 오랜 실천 이력이 기반이 되어야만 소비자의 폭넓은 공감과 적극적인 동참을 이끌어낼 수 있다는 것도 놓치지 말아야 한다.

발리에서 쫓겨나는 디지털 노마드들, 환대는 더 이상 무한하지 않다

2021년 1월, 트위터에 올라온 '발리로 이주했을 때 얻을 수 있는 몇 가지 주요 이점들Some majors benefits of moving to Bali'이라는 한 미국인 여성의 글이 뜨거운 논쟁거리로 떠올랐다. 로스앤젤레스에서 거주할 때는 1,300달러의 월세를 내며 팬데믹 이후 파산에 가까운 생활을 해야 했는데, 발리는 월 400달러만 내면 멋진 집에서 살 수 있는 곳이고 성소수자에 친화적이기까지 하다며 발리행을 강력하게 권장하는 내용이었다. 문제는 당시 인도네시아는 코로나19 바이러스 누적 확진자 수가 100만 명을 넘어설 만큼 위험한 상황이었으며, 자신과 자신의 동성 연인이 발리에서 디지털 노마드로 살아가는 방식을 소개한 'Our Bali Life Is Yours(우리의 발리 생활은 당신의 것이다)'라는 전자책을 판매하려는 상업적 목적을 가지고 있었다는 사실이다. 이 글을 본 인도네시아인들은 코로나19 바이러스로 가장 많은 의료진이 사망한 국가 중 하나인 인도네시아의 참혹한 현실을 무시하고 서양 중심적 시각으로 방역을 무너뜨리려 한다며 분노했다. 결국 돈을 벌기 위해 디지털 노마드의 삶을 전시하며 큰 논란을 촉발한 이 여행자는 같은 달에 인도네시아 정부로부터 추방되어 발리에서 쫓겨나고 말았다.[4]

양극화가 낳은 '화려한 여행 생활'의 욕망, 코비드 투어리즘

부국과 빈국의 경제적 격차를 악용하는 체류 여행 트렌드는 비단 어제오늘의 문제가 아니다. 영미권에만 국한된 현상도 아니다. 한국만 해도 코로나19 사태가 터지기 전에는 물가 격차를 이용해 동남아시아에서 합리적인 비용으로 생활하는 '치앙마이 한 달 살기' 같은 식의 체류 여행 콘텐츠를 상품화하는 이들을 흔히 볼 수 있었다. 특히 여행 인플루언서들이나 디지털 노마드들이 자신이 살던 국가보다 거주 비용이 저렴한 여행지로 이주하고 이를 콘텐츠로 만들어 체류 여행의 장점을 부각시켰다. 문제는 코로나19 바이러스로 인해 전 세계의 국경 이동이 제한된 뒤에도 일부 노마드들의 무분별한 이주가 멈추지 않았다는 것이다. 이에 대해 미국의 온라인 매체《복스Vox》는 '(미국인에게) 전망 좋고 넓은 공간, 적은 코로나19 바이러스 확진자 수, 마스크 없이 외출할 자유가 있는 곳을 찾아다니는 여행이 대세가 됐다. 그러나 그 대가는 누가 지불하는가?'라는 질문을 던지며 팬데믹 이후 나타난 '탈출 여행', 즉 부국이 빈국을 착취하는 관광 행태를 화두로 끌어올렸다.[5]

특히 미국은 세계에서 코로나19 바이러스 확진자와 사망자가 가장 많은 국가다. 주변의 사회적 관계 내에서 어렵지 않게 사망 소식을 접할 수 있는 비극적인 상황과 록다운이라는 초유의 사회적 단절은 여행과 이동을 주요 정체성으로 삼았던 미국의 MZ 세대에게 커다란 영향을 미쳤다. 그리고 이를 견디지 못한 일부 미국인들이 확진자가 적게 나오는 주변국의 방역을 무너뜨리고 무절제한 여행과 이주를 이어가는 행태는 '코비드 투어리즘Covid Tourism'이라는 이름이 붙은 채 르포 취재의 대상이 됐다. 2020년 12월, 미국의 유명 여행 블로거 노마딕 맷Nomadic Matt은 자신의 블로그에 '툴룸은 정말 끔찍했다Tulum is utterly terrible'라는 제목의 글을 올려 이 현상의 민낯을 폭로했다.[6] 그가 방문한 멕시코의 대표적인 관광지인 툴룸은 코로나19 바이러스를 피해 도망 온 젊은 미국인들로 가득 차 있었다. 이들은 현지 문화를 존중하지도 마스크를 착용하지도 않은 채 파티를 벌였다. 그런 가운데 여행 인플루언서들은 '툴룸의 물가는 믿을 수 없을 정도로 싸고 마스크를 쓰지 않아도 아무 일도 일어나지 않는다'는 글을 온라인상에 올리며 더 많은 여행자들을 불러들였다. 결국 2020년 11월 툴룸에서 무리하게 강행된 아트 위드 미Art With Me 페스티벌에 참가한 수십 명의 미국인이 확진 판정을 받았다.

끊임없이 '유토피아'를 좇는 여행자들은 자신이 타국의 지역 사회를 '디스토피아'로 만드는 주범이 될 수 있다는 사실을 인식하지 못한다. 또 다른 예로, 코스타리카에서는 오래전부터 많은 미국인들이 저렴한 물가에 매력을 느끼고 이주한 후 호텔과 관광 일자리를 빼앗아왔다. 이는 팬데믹으로 현지 일자리가 부족해지자 훨씬 더 심각한 사회문제로 떠올랐다. 이처럼 경제적 격차를 이용해 타국의 장점만 취하고 떠나는 일명 '체리 피커cherry picker(자신의 실속만 추구하는 소비자를 이르는 말)' 여행자는 팬데믹 이전부터 이미 관광 산업에 내재된 문제였다. 과거에는 개발도상국 휴양지에서 생활하며 아름다운 사진을 올리는 인플루언서와 디지털 노마드에게 관심이 쏟아지고 그것이 곧 수입이나 명성으로 연결됐지만, 최근에는 이러한 콘텐츠를 바라보는 관점이 부정적으로 바뀌어 더 이상 이들이 전과 같은 방법으로 수익을 얻기 어려워졌다는 차이가 생겼을 뿐이다.

《복스》에 실린 한 칼럼에서는 사회심리학자 마이클 브레인Michael Brein의 의견을 인용해 위험한 여행을 절제하지 못하는 사람들은 주로 여행에 매우 노련한 사람들, 즉 여행 경험치가 매우 높고 자신의 정체성에서 여행을 떼려야 뗄 수 없는 이들이라고 설명한 바 있다.[7] 다시 말해 여행을 통해서만 자신을 증명하거나 인정받는 경험을 반복해온 이들은 코로나19 사태와 같은 위험을 좀 더 쉽게 넘기려는 경향이 있다는 것이다. 실제로 코로나19 사태 이전에도 해외여행을 절제하지 못하고 반복적으로 다니는 사람들과 인터뷰를 해보면 한국에서는 쉽게 드러낼 수 없는 용기나 과감성을 외국에서는 자유롭게 발산할 수 있고, 이를 통해 일종의 희열을 느낀다고 털어놓는 경우가 많았다. 사회집단 간의 동질성이 강하고 타인의 시선을 크게 의식하는 한국 사회에서 해외여행이 대유행했던 배경에 단순한 해방감을 넘어 '여행 의존성'이 자리했던 시절이 있었다고 본다. 따라서 앞으로의 여행에 대한 전반적인 성찰과 인식 변화가 이뤄지지 않는다면 발리나 툴룸에서 벌어졌던 과잉 관광의 문제들이 또 다른 모습으로 심화되어 나타날 위험성이 여전히 존재한다.

나의 여행이 지역 사회에 미치는 영향

2022년 이후 글로벌 여행 소비에서 뚜렷하게 나타날 트렌드 중 하나는 정신건강의 회복과 유지를 위해 '이주'를 함으로써 적극적인 환경 변화를 추구하려는 것이다. 에어비앤비의 CEO 브라이언 체스키 역시 '어디서나 머무르기live anywhere'를 새로운 여행 경향으로 제시하며, 2021년 7월부터 9월 사이의 예약 중 가장 높은 증가율을 보인 카테고리가 '한 달 또는 그 이상의 장기 예약'이라고 밝혔다.[8] 쉽게 여행을 떠날 수 없는 코로나 시국에 현재 거주지보다 더 안전하거나 자연환경이 나은 장소로 이동해 일과 생활을 영위하려는 현상은 더욱더 심화될 것이다. 이러한 흐름 가운데, 여행 소비자 앞에는 두 개의 길이 놓여 있다. 여행을 개인의 선택이자 소비 대상으로 바라볼 것인가, 아니면 이전보다 더욱 커진 여행에 대한 사회적 책임을 인식할 것인가? 카리브해의 휴양지인 영국령 케이맨 제도Cayman Islands에서 일어난 두 가지 사건을 통해 여행자의 인식이 향후 어떤 방향으로 변화해야 하는지, 또 관광 산업을 중시하는 국가들이 여행자를 선별 및 관리하는 제도를 어떻게 만들어가고 있는지 살펴볼 수 있다.

케이맨 제도는 2020년에 단 40명대의 코로나19 바이러스 확진자만 발생한 청정 지역이었다. 엄격한 입·출국 관리와 현지 주민의 희생으로 지켜온 이곳의 안전은 2020년 12월에 한 외국인의 무책임한 행동으로 인해 깨지고 말았다. 미국 조지아주 출신의 여대생 스카일라 맥Skylar Mack은 남자친구가 출전한 제트스키 대회를 관람하러 케이맨 제도로 향했다. 그녀는 2주간의 자가격리를 위반하고 격리 이틀 차에 추적 팔찌를 풀고 대회장으로 향했다가 목격자의 제보로 체포되어 4개월 구금형을 받았다. 그로부터 몇 주 뒤, 케이맨 제도에 또 다른 미국인 린 웨스터Lynne Wester가 입국했다. 비영리재단의 강연자로 연중 300일을 출장지에서 보내던 그녀에게 3개월의 록다운은 불안 장애라는 병을 가져왔다. 그러던 중 케이맨 제도에서 원격근무자를 위한 체류 프로그

출처: 케이맨 제도 글로벌 시티즌 컨시어지 웹사이트 캡처

케이맨 제도의 디지털 노마드 체류 프로그램 '글로벌 시티즌 컨시어지'. 케이맨 제도는 관광 산업이 중요한 곳이지만 체계적이고 꼼꼼한 절차를 따라 지원자를 선별해 수용함으로써 국내 시장의 혼란을 막고 상호 발전을 도모한다.

램 '글로벌 시티즌 컨시어지Global Citizen Concierge' 참가자를 모집한다는 공고가 나왔고, 웨스터는 복잡한 지원 절차 끝에 합격할 수 있었다. 여느 디지털 노마드 비자가 그렇듯, 이 제도 역시 현지 일자리를 빼앗지 않는 원격노동자임을 증명하기 위해 10만 달러(약 1억 원) 이상의 연소득 증명서를 비롯한 각종 서류를 제시해야 했다. 팬데믹을 기점으로 관광 산업의 비중이 큰 국가라 할지라도 현지 문화와 경제를 존중하는 여행자를 우선적으로 받아들일 가능성이 커지고 있음을 상징적으로 보여주는 모습이다.

동남아시아학을 전공하고 관련 저술 및 번역 활동을 하고 있는 박소현 씨는 한 칼럼을 통해 '물리적으로는 이곳에 있지만 정신적으로는 다른 곳에 있는 21세기의 여행자는 현지 문화와 점점 더 적은 접점을 맺는다'고 지적했다.[9] 더불어 디지털 노마드의 등장으로 특히 발리에서 여행자와 현지인의 분리가 더욱 심화됐으며, 여행자들은 '빠른 와이파이, 저렴한 숙박 시설, 코워킹 스페이스'를 공급받기 위해 파괴적인 방식으로 발리의 양극화를 촉발했다고 밝혔다. 누구에게나 더 나은 삶과 안식, 안락함을 위해 다른 나라로 이주할 권리가 있지만 그 결정이 지역 사회에 미치는 영향을 진지하게 고려해야 하며 환대는 무조건적일 수 없다는 그녀의 결론은 앞으로의 여행자와 여행 업계에 시사하는 바가 크다. 글로벌 여행 전문 매거진 《론리 플래닛Lonely Planet》의 기고자인 지나 트루먼Geena Truman 역시 '디지털 노마드가 여행을 파괴한다. 이들은 자신들의 필요에 맞는 국가를 거주 목적으로 소비하며 현지의 다양성을 무너뜨린다'고 이야기했다.[10] 과잉 관광 문제를 해결하기 위해 제시된 대안적 여행인 '살아보는 여행'이 오히려 현지 문화의 다양성을 해치는 새로운 부작용을 낳았다. '힙'한 문화가 고유의 문화를 대체하고 현지인이 이용할 수 없는 비싼 가격의 상품과 서비스를 판매하는 현상은 이제 발리뿐 아니라 한국의 대표적인 관광지 제주에서도 흔히 볼 수 있는 현상이다.

여행에 대한 우리의 인식이 개인적 차원에서 사회적 차원으로 넓어지려면 제도적인 지원과 기업의 변화도 동반되어야 한다. 2021년 2월에 하와이의 비영리단체인 '하와이 이그제큐티브 컬

래버레이티브Hawaii Executive Collaborative'는 원격근무자와 현지인의 연결을 촉진하는 프로그램 '무버스 앤 샤카스Movers and Shakas'를 선보여 9만여 명의 지원자가 몰리는 등 뜨거운 호응을 얻었다. 최종 선발된 50명의 원격근무자는 두 달 동안 하와이에 체류하며 지역 단체와 기업에 기술과 경험을 제공하는 봉사활동을 수행했다. 이를 통해 원격근무자 그룹과 인적 네트워크가 형성된 현지인에게 수백 개의 원격 일자리가 창출됐고, 무버스 앤 샤카스는 2021년 6월에 두 번째 참가자를 모집하며 프로그램을 확장했다.

한국의 협동조합 소셜비즈N이 크라우드펀딩으로 선보인 '이생망청년 리셋 프로젝트, 타임아웃 라이프스타일 여행'은 여행과 사회적 가치가 어떻게 선순환할 수 있는지 보여준 좋은 사례다. 이는 취약 계층 청년이 여행을 통해 자아를 발견할 수 있도록 돕는 상품으로, 펀딩 후원자가 직접 여행하는 것이 아니다. 대신 후원자에게 마을재생 사업으로 운영되는 숙소의 숙박권이 제공된다. 후원금은 취약 계층의 여행에 쓰이고 후원자의 여행은 마을재생 숙소를 동원해 지역 경제 활성화에 기여하는 방식이다. 공정 여행 또는 책임 여행처럼 여행자 개인에게 높은 도덕적 책임을 요구하는 '캠페인성' 여행은 그 확장성에 한계가 있다. 때문에 여행자와 현지인이 상생하면서도 여행이 주는 즐거움의 본질을 잃지 않는 새로운 여행 모델이 계속 등장하기를 기대해본다.

피렌체의 미술관이 미술품을 100곳으로 나눠 보내는 이유

팬데믹 이후 이탈리아 피렌체를 방문하는 여행자들은 우피치 미술관Galleria Degli Uffizi을 가득 채우고 있던 르네상스 시대의 미술 작품들을 더 이상 한 번에 만날 수 없게 된다. 2021년 6월, CNN은 우피치 미술관이 주요 미술 작품을 토스카나 지방 곳곳으로 분산하는 '우피치 디퓨지Uffizi Diffusi' 프로젝트를 시작했다고 보도했다.[11] 팬데믹이 끝나기 전에 이탈리아의 고질적인 관광 문제인 오버 투어리즘을 막기 위한 전략의 일환으로, 관광객들이 우피치 미술관의 작품들을 보려고 피렌체에만 방문하고 주변의 다른 도시에는 가지 않는 현상을 해소하려는 프로젝트다. 이에 관해 우피치 미술관은 먼저 소도시 5곳에 미술품을 옮겨 전시하고, 향후 5년에 걸쳐 토스카나 지역 곳곳의 미술관 총 100여 곳을 영구 전시관으로 선정하여 관광객을 도시 곳곳으로 분산시키겠다고 밝혔다. 우피치 미술관에 있던 주요 미술품을 보기 위해서는 피렌체뿐 아니라 토스카나 지방 전역을 여행해야 하는 셈이다. 바야흐로 오버 투어리즘에 대항하는 '언더 투어리즘Under Tourism'의 시대가 시작됐다.

언더 투어리즘의 시대가 오지 않는 이유

2019년 9월, 《내셔널 지오그래픽》에 오버 투어리즘과 대치되는 개념의 언더 투어리즘이라는 생소한 용어가 소개됐다.[12] 당시의 언더 투어리즘은 덜 붐비는 목적지를 부각시키는 각국의 새로운 관광 마케팅 전략을 의미했다. 하지만 아무리 방문이 적은 지역이라 할지라도 관광만을 위한 목적지로 마케팅을 계속한다면 소도시 역시 관광 재난 지역이 될 수 있다는 경고가 이어졌다. 그러다 코로나 시대를 맞이하며 언더 투어리즘은 오버 투어리즘의 대안으로서 떠오르게 됐다. 다시 말해, 단순히 '덜 붐비는 지역으로의 여행을 촉진하는 것'에서 '불필요한 여행을 줄이고, 환경과 기후변화를 고려하며 여행하는 것'으로 그 개념이 넓어진 것이다. 이에 관해 《스키프트》는 "코로나19 사태 발생 후 단 몇 주 만에 관광 산업은 오버 투어리즘에서 언더 투어리즘로 이동했다"고 보도했다.[13] 미래를 지나치게 낙관해왔던 여행 산업은 그동안 오버 투어리즘을 일종의 '행복한 고민'으로 치부하고 여행 소비 시장의 팽창과 성장을 지속가능성보다 더 우선시해왔다. 《스키프트》는 여행 업계가 이를 자성하지 않으면 반복되는 기후 위기로 인해 코로나19 바이러스와 같은 재앙을 계속 맞닥뜨릴 것이라는 전망도 덧붙였다.

오버 투어리즘으로 몸살을 앓던 관광지들은 코로나19 사태를 기점으로 지속가능한 관광 정책을 속속 도입하고 있다. 지난 2021년, 하와이 관광청은 '말라마Malama 하와이'를 관광 산업의 핵심 가치로 천명하고 관련 캠페인을 전개하기 시작했다. 말라마란 '돌봄take care' 또는 '베풀다give back'를 뜻하는 하와이어로, 말라마 하와이 캠페인은 관광객을 하와이의 전통문화 보존과 생태계 보호에 참여시키는 에코 투어리즘 프로그램이다. 이 캠페인과 연계된 호텔 패키지 상품을 예약한 관광객은 해당 호텔이 지정한 자원봉사 활동에 참여하고 숙박비 할인이나 무료 투숙의 혜택을 받을 수 있다. 대표적인 관광대국인 태국은 오랫동안 오버 투어리즘에 시달려왔다. 2018년 6월에는 영화 〈비치〉의 촬영지로 유명세를 탄 피피PhiPhi섬의 마야 베이가 십수 년간 수많은 관광객이 몰린 끝에 산호들의 멸종 위기로 강제 폐쇄되기까지 했다. 태국에서 관광은 GDP의 11%를 차지할 만큼 중요하지만, 태국 정부는 코로나19 사태를 기점으로 '커뮤니티 기반 관광CBT, Community Based Tourism'을 주요 이니셔티브로 삼았다. 태국에서 지속가능한 여행을 즐기고 싶은 여행자는 CBT 타일랜드 통합 웹사이트cbtthailand.dasta.or.th에서 추천 여행 일정을 비롯해 지역, 투어 상품, 숙박 시설 등의 안내를 받을 수 있다.

하지만 기후 위기와 오버 투어리즘에 대한 인류의 성찰이 여행자 개인의 실천으로 연결되기 위해서는 여전히 갈 길이 멀어 보인다. 관광객들이 다시 하와이를 방문할 수 있게 된 2021년 7월, 미국 본토로부터 일평균 3만 5,000명의 사람들이 하와이로 몰려들며 대혼란을 빚었다. 심지어 마우이Maui섬은 관광객의 폭증으로 인해 물 부족 사태가 발생할 만큼 심각한 위기를 맞았다. 마우이 주민들은 호화 리조트의 수영장에는 매일 물이 채워지는데 주민에게는 수돗물 공급을 제한하고 있다며 분통을 터뜨렸다. 전前 하와이주 하원의원이자 마우이 주민인 카니엘라 잉Kaniela Ing은 마우이의 경제가 관광 산업에 의존하는 한 오버 투어리즘 문제는 계속될 것이며, 항공편 수를 줄여야 한다고 주장했다.[14] 이탈리아의 베네치아도 같은 이유로 코로나19 사태 이후 대형 크루즈 선박들이 서서히 복귀하자 2021년 6월에 환경단체와 주민들이 항구에서 시위를 벌이며 오버 투어리즘의 귀환을 강경하게 막아섰다. 베네치아는 팬데믹과 함께 관광객들의 발길이 한순간에 끊기면서 경제적으로는 타격을 입었으나, 역설적으로 그들에게 침해받던 현지 주민들의 삶과 자연은 급속도로 개선됐다. 따라서 이전과 같은 관광 행태로 돌아갈 경우 현지인과 관광객의 마찰은 피할 수 없는 사회문제로 부상할 것이다.

오버 투어리즘의 귀환은 여행 소비자가 친환경을 중요한 기준으로 여긴다고 하더라도 실제 소비 결정을 내릴 때는 이와 대치될 수 있다는 것을 잘 보여준다. 실제로 CNBC는 한 연구 결과를 인용해 팬데믹 이후에도 다수의 여행자가 휴가 계획에서 가장 중요하게 생각하는 사항은 여전히 비용(62%)이며, 지속가능성과 탄소 발자국(개인 또는 기업, 국가가 활동하거나 상품을 생산·소비하는 전체 과정에서 직·간접적으로 배출되는 온실가스, 특히 이산화탄소의 총량)을 고려한다는 응답은 단 4%에 불과하다고 보도했다. 또한 10명 중 7명(71%)은 탄소 발자국을 줄이기 위해 더 많은 비용을 지불할 것이라고 말했지만, 실제로 부담할 수 있는 추가 비용의 구간을 상세하게 제시했을 때는 전혀 다른 결과가 나타났다. 전체의 27%는 50달러 미만의 지불 의사가 있다고 응답했으며 29%는 지불 의사가 전혀 없다고 답했다. 이러한 결과는 응답자의 대다수인 83%가 지속가능한 여행이 매우 중요하다고 응답하면서도, 동시에 전체의 48%가 '내가 불편을 겪지 않는 경우에만' 지속가능한 여행을 선택하는 심리를 잘 보여준다.[15] 친환경이 개인적인 휴가 경험과 비용을 희생해서까지 지켜야 할 절대적인 우선 순위라고 대다수의 여행자가 함께 인식하지 않는 이상, 오버 투어리즘은 개인의 양심이나 지속가능성 캠페인에만 맡겨서는 결코 해결될 수 없는 문제인 것이다.

오버 투어리즘 해소, 세련된 넛지 전략이 필요한 시점

피렌체는 일종의 '넛지nudge' 전략을 통해 오버 투어리즘을 해소하려는 영리한 시도를 보여주었다. 넛지란 '(팔꿈치로) 쿡 찌르다'는 의미로, 경제학에서는 타인의 선택을 유도하는 부드러운 장치를 가리킨다. 앞서 소개한 우피치 디퓨지 프로젝트는 '피렌체에 오지 말라'는 부정적인 메시지 대신 우피치 미술관의 작품들을 옮기는 방법으로 여행자의 발길을 자연스럽게 분산시켰다. 피렌체는 2020년 2월에 도시관광 앱 '필 플로렌스Feel Florence'를 선보이기도 했는데, 역시 덜 붐비는 관광지를 추천하고 실시간 밀집도를 제공한다. 또한 시민들이 추천하는 자전거 여행 루트, 공원이나 정원 같은 공공 공간 등의 정보를 제공하여 단체 여행이 아닌 개별 여행을 유도한다. 이 앱의 밀집도 안내 기능, 즉 '거리두기'를 돕는 기능이 코로나19 사태 이전에 고안됐다는 점은 매우 놀랍다. 반면 서울의 도시관광 앱인 '비짓 서울'에서는 2022년 현시점에도 여전히 트립어드바이저의 별점을 기준으로 유명 명소들을 보여주고 있다. 엔데믹과 함께 오버 투어리즘의 부활이 우려되는 가운데, 세계 도시들의 공공관광 앱은 지속가능성을 주된 목표로 하되 여행자의 쏠림 현상을 우회적으로 막는 동시에 양질의 여행을 돕는 정보를 먼저 제공할 필요가 있다.

슬로베니아의 수도 류블랴나Ljubljana를 누비는 전기 버기카 '카발리르Kavalir'는 에코 차량이 친환경 여행의 넛지로 기능한 대표적인 사례다. 원래 카발리르는 지역 보존을 위해 자동차가 금지된 구시가지 일대에서 노인이나 장애인 등 교통약자들이 편히 이동할 수 있도록 시에서 운행하는 무료 교통수단이었는데, 이용 대상이 확대되며 현재는 일반 시민과 관광객들도 탑승할 수 있다. 특히 관광객들에게는 단순히 이동 수단을 넘어 색다른 도시 모빌리티 체험을 선사한다. 포르투갈의 에코 관광 스타트업 라이브 일렉트릭 투어Live Electric Tours는 르노삼성의 전기차 '트위지'를 이용한 셀프 드라이브 투어와 테슬라를 이용한 고급형 프라이빗 투어를 운영한다. 흥미로운 점은 이들이 트위지의 강점으로 친환경을 내세우는 것이 아니라 '무료 WI-FI, GPS 오디오 가이드, 라이브 카메라가 장착되어 경험을 실시간으로 공유할 수 있는 차량'이라고 홍보한다는 것이다. 국내 부산에서도 2021년 창업한 모빌리티 플랫폼 투어지가 트위지를 활용한 체험형 모빌리티 서

출처: 셔터스톡, Live Electric Tours

슬로베니아의 류블랴나에서 무료로 운행되는 전기차 카발리르(왼쪽)와 포르투갈의 스타트업 라이브 일렉트릭 투어가 운영하는 전기차 투어(오른쪽).

비스를 시행하고 있다. 라이브 일렉트릭 투어와 비교했을 때 투어지는 모바일을 기반으로 하여 더욱 편리하다는 강점이 있다. 이처럼 에코 투어리즘이 더욱 확산되기 위해서는 친환경이라는 공공성만 앞세우기보다는 MZ세대의 경험지향적인 트렌드를 공략하고, 모바일 기반의 편리한 예약 기능을 갖추어 접근성을 높이는 것이 중요하다.

영국의 에너지 정보 회사 세이브 온 에너지Save on Energy가 선정한 '의류 재활용이 활발한 유럽 국가' 1위를 차지한 아일랜드는 지속가능한 여행이 꼭 즐거운 여행 경험을 희생하거나 국가적 정책으로만 가능한 것이 아님을 보여준다. 현지인의 일상 속에 재활용과 빈티지 패션 소비가 보편화되어 있는 아일랜드는 지속가능한 라이프스타일을 경험하고 싶어하는 여행자의 발걸음을 끌어당긴다. 수도인 더블린에는 친환경 호텔도 여럿 있는데 그중 이베아 가든Iveagh Garden 호텔은 건물 아래 50m 지하에 흐르는 강에서 모든 전력을 공급받는 에코 호텔이고, 깁슨 호텔Gibson Hotel은 아일랜드 최초로 BREEAMBuilding Research Establishment Environmental Assessment Method(에너지, 폐기물, 오염, 재료 등 아홉 가지 기준으로 평가하는 영국의 친환경 건축물 인증 제도) 인증을 받은 호텔이다. 아일랜드의 빈티지 숍에서 쇼핑을 즐기고 에코 호텔에서 숙박을 하는 것만으로도 친환경 여행에 동참할 수 있다.

비슷한 맥락에서 채식 레스토랑이 많은 도시는 친환경과 채식 라이프스타일을 지향하는 여행자에게 매력적인 여행지로 어필한다. 책《디 에센셜 비건 트래블 가이드The Essential Vegan Travel Guide》의 저자 케이틀린 게일러-운티Caitlin Galer-Unti는 자신의 블로그에 인구 대비 채식 식당의 수가 많은 세계의 도시 순위를 매긴 '2022년 가장 채식 친화적인 도시 25곳'을 업로드했다.[16] 태국의 치앙마이와 인도네시아의 우붓, 태국의 푸켓, 이스라엘의 텔아비브Tel Aviv, 포르투갈의 리스본이 차례로 1~5위에 올랐는데, 이 도시들은 채식 라이프스타일을 가진 이들이 여행지를 고를 때 우선시될 확률이 높다. 앞으로는 도시에 형성된 친환적인 문화도 에코 여행을 원하는 여행자들의 관심을 끌 수 있는 주요 요소 중 하나가 될 것으로 예상된다.

우주로 떠나는 여행? 스페이스 투어리즘을 바라보는 두 가지 시선

2021년은 우주관광의 원년으로 기록된 기념비적인 해였다. 그 첫 스타트는 영국의 우주항공 기업 버진 갤럭틱Virgin Galactic이 끊었다. 2021년 7월 11일 버진 갤럭틱의 세 번째 유인有人 시험 비행에서는 버진 그룹의 창립자 리처드 브랜슨Richard Branson 회장이 직접 탑승해 세계의 이목이 집중됐으며, 출발부터 도착까지의 과정을 유튜브 채널에서 생중계하며 실시간으로 이슈를 불러일으켰다. 총 90분간 비행한 버진 갤럭틱의 우주비행선 '유니티Unity'는 지상에서 약 86km 떨어진 상공에서 몇 분간의 무중력 상태를 경험한 뒤 무사히 착륙했다. 그간 브랜슨 회장은 항공, 미디어, 관광 등 손대는 분야마다 성공을 거둬왔지만, 2004년 우주관광 사업에 뛰어들 것임을 공표한 이래 첫 우주 비행을 성공시키기까지 무려 17년이라는 세월이 걸렸다. 비행 전후 버진 갤럭틱의 기업 가치는 이전보다 두 배 가까이 상승했고, 브랜슨 회장은 "인생 최고의 경험을 했다"며 민간 우주관광의 시대가 곧 열릴 것이라 장담했다. 그러나 희망적인 기류는 그리 오래가지 못했다. 착륙 시 유니티가 항로를 이탈했다는 주장이 제기되어 미국 연방항공청FAA, Federal Aviation Administration이 조사에 나서면서 상업용 비행 서비스의 시작이 2022년 4분기로 미뤄졌기 때문이다.

탄소 배출부터 생태계 파괴까지, 우주 여행의 그림자

유니티가 착륙한 직후 쏟아진 평가는 대체로 부정적이었다. 사실상 준궤도(고도 약 100km의 상공) 밖으로 나가지 않았기 때문에 진정한 '우주' 여행이라고 볼 수도 없다는 기술적 문제부터 단 몇 분의 우주 여행을 위해 수억 원의 참가비를 내는 부자들의 돈 자랑이라는 비판까지 다양한 이야기들이 이어졌다. 그중에서도 가장 첨예한 논쟁을 불러온 주제는 '과연 우주 여행은 지속가능한 여행인가?'였다. 글로벌 IT 전문 매체《기즈모도Gizmodo》는 "우주관광은 낭비다Space Tourism Is a Waste"라는 제목의 칼럼을 통해 인류의 과학 발전에 기여하는 우주탐사와는 달리 우주관광은 스릴을 원하는 억만장자의 이익에만 봉사하는 불평등 심화의 대표적 사례라고 지적했다. 더불어 이미 항공 여행에서도 상위 1% 부유층이 전 세계 비행으로 배출되는 탄소량의 절반을 만들어내고 있으며, 이러한 탄소 배출의 불평등이 민간 우주관광으로 인해 훨씬 더 커질 것이라고 예측했다.[17] 버진 갤럭틱의 우주관광 티켓을 구매하고 대기 중인 사전 예약자는 2021년 기준으로 약 600명에 달하는데, 거의 대부분이 럭셔리 여행사 연합인 버츄오소Virtuoso의 CEO를 비롯한 부호들과 레오나르도 디카프리오와 같은 유명 배우들이다. 결국 엄청난 부자 혹은 그 부자가 선발한 행운의 주인공이 아니라면 우주 여행의 기회를 잡을 수 없는 셈이다.

하지만 같은 우주관광 기업이라 해도 환경오염에 대한 입장에는 차이가 있다. 유니티의 비행이 성공적으로 끝나자마자 경쟁사인 미국의 블루 오리진Blue Origin은 트위터에 버진 갤럭틱의 우주 비행과 자사의 우주 비행을 비교한 표를 올리며 반격을 개시했다. 요지는 버진 갤럭틱의 우주 비행은 진정한 '우주'관광으로 볼 수 없다는 것이었는데, 특히 우주선 내 창문 크기를 구체적으로 언급하며 '우리 우주비행선의 창문이 유니티의 것보다 커서 우주가 더 잘 보인다'는 관광 관점의 이유를 덧붙인 점이 눈에 띄었다. 결정적으로 유니티가 배출하는 탄소량이 런던-뉴욕 구간의 8시간 비즈니스석 비행 시 항공기가 내뿜는 양과 동일하다며, 자사의 우주 비행은 '탄소 상쇄' 활동을 하기 때문에 정당하다고 주장했다.[18] 탄소 상쇄란 기업이 탄소를 배출한 대신 다른 곳에서 탄소를 줄이는 것으로, 나무를 심어 숲을 조성하거나 청정 에너지 발전에 투자하는 등의 활동을 말한다. 하지만 이는 탄소 배출을 본질적으로 감소시키는 것이 아닌 데다 탄소 상쇄 활동을 할 수 있을 만큼 자본력을 갖춘 선진국이나 대기업에게만 유리할 수 있어 탄소 상쇄에 대한 환경 분야의 찬반 논란도 거세다.

버진 갤럭틱의 비행 후 9일이 지난 2021년 7월 20일, 블루 오리진의 뉴 셰파드New Shepard도 창립자이자 아마존 이사회 의장인 제프 베이조스Jeff Bezos를 태운 채 우주로 향해 성공적인 비행을 선보였다. 며칠 늦게 출발해 버진 갤럭틱에게 이슈 선점을 빼앗긴 블루 오리진은 자사가 더 높은 고도(100km)로 날았고, 대기와 우주와의 경계인 카르만 라인Karman line에 도달했기 때문에 진정한 우주 여행에 가깝다는 점을 대대적으로 강조했다. 이때 또 하나의 홍보 포인트로 잡은 것이 바로 친환경이었다. 블루 오리진의 액체 엔진은 버진 갤럭틱의 고체 엔진에 비해 오존층 파괴량을 100분의 1 수준으로 줄일 수 있다며 안전하고 환경친화적인 우주 여행임을 강조했다. 하지만 블루 오리진이 탄소 상쇄 활동을 언급한 것은 우주 비행이 탄소를 배출한다는 점을 간접적으로 인정한 것이었다. 또한 아직은 시험 비행 단계인 만큼 비행 횟수가 적지만, 이들 기업들의 목표는 지금의 항공 여행처럼 '관광' 목적의 우주 비행을 정기적으로 운행해 수익을 창출하는 것임을 놓쳐서는 안 된다. 따라서 탄소 배출에 대한 논란과 비판은 앞으로도 끊이지 않을 것으로 예상된다.

출처: 버진 갤럭틱, 블루 오리진

버진 갤럭틱의 우주비행선 '유니티'(왼쪽)와 블루 오리진의 우주비행선 '뉴 셰파드'(오른쪽). 우주관광 시장의 주도권을 둔 관련 기업들의 경쟁은 치열하지만 우주 여행 과정에서 발생하는 탄소 배출 등 환경문제에 대해서는 아직 해결책을 내놓지 못하고 있다.

억만장자들의 우주관광 전쟁은 2021년 9월에 테슬라의 CEO 일론 머스크Elon Musk가 이끄는 우주항공 기업 스페이스 엑스Space X가 앞선 두 비행과는 차원이 다른 575km 고도에 민간인 4명이 탑승한 우주비행선을 쏘아 올리는 데 성공하면서 마침표를 찍었다(일론 머스크가 직접 탑승하지는 않았다). 민간인 탑승자 중 재러드 아이재먼Jared Isaacman은 미국의 신용카드 결제 솔루션 업체 시프트포 페이먼트Shift4 Payments를 창업해 24억 달러(약 3조 520억 원)에 달하는 재산을 보유한 젊은 억만장자다. 그는 막강한 재력과 오랜 개인 비행 조종 경력을 바탕으로 우주 여행의 꿈을 이룰 수 있었다. 지금까지 다룬 민간 우주관광 업계 3대 회사들의 우주 비행은 엄청난 부를 이룬 사업가가 탑승했다는 공통점이 있다.

우주관광이 비판을 피할 수 없는 결정적인 이유는 극소수 부자들의 욕망을 채우기 위해 엄청난 양의 탄소가 배출되고, 이에 따른 환경오염이 전 인류에게 피해를 끼치기 때문일 것이다. 국내에서는 탄소 배출 문제가 주로 알려져 있지만 미국에서는 우주선 발사로 야기되는 엄청난 소음과 연기, 증기 구름이 발사장 일대의 생태계에 미치는 영향에도 주목하고 있다. 텍사스 현지 언론은 스페이스 엑스의 테스트 발사가 본격적으로 시작된 2020년부터 인근 해안가에 서식하던 바다거북과 도요물떼새를 비롯한 여러 조류들이 그 지역에서 둥지 틀기를 멈추었다고 보도하기도 했다.[19]

그럼에도 서서히 현실화되고 있는 스페이스 투어리즘

탄소 배출에 대한 지속적인 비판에도 불구하고 민간 우주관광은 여러 차례의 시험 비행을 통해 기술적인 문제를 개선해가면서 실제 관광 산업과 빠르게 연계되고 있다. 특히 민간인의 우주관광을 손꼽아 기다리는 것은 단연 럭셔리 여행 업계다. 전 세계에서 가장 영향력 있는 럭셔리 여행사 네트워크로 꼽히는 버츄오소Virtuoso는 버진 갤럭틱과 협력 관계를 맺고 소속 여행사 중에서 ASAAccredited Space Agents(공인된 우주 에이전트)를 선발해 교육하기 시작했다. 이 교육 내용에는 기존에 보유하고 있는 호화 여행 고객을 대상으로 우주 여행을 마케팅하는 방법이 포함된 것으로 알려졌다. 버츄오소의 CEO 매튜 업처치Matthew Upchurch는 버진 갤럭틱의 우주관광이 시작됐을 때 가장 먼저 탑승할 사전 예약자 중 한 명이다. 그는 우주 여행의 미래를 묻는 질문에 "우주 여행 상품이 출시되고 항공편이 일관된 일정에 따라 운영되기 시작한다면 그 비용과 항공권 가격이 낮아질 것"이라고 답했다.[20]

또 다른의 관점은 '모빌리티'로서의 우주 비행이다. 항공우주 전문가들은 민간 우주관광의 시작이 관광이나 레저 측면보다는 교통수단의 진화라는 점에 더 기대를 걸고 있다. 블루 오리진이 사용한 '하위 궤도 비행'은 일반 항공기와 달리 기체가 대기에 의한 저항을 받지 않는 로켓 발사 방식으로, 현존하는 초고속 비행보다 훨씬 빠른 속도로 목적지에 도달할 수 있게 한다. 실제로 일론 머스크와 리처드 브랜슨은 우주관광 사업 외에도 '하이퍼루프Hyperloop', 즉 진공튜브 유형의 고속 철도 사업을 추진하고 있으며 전 세계의 이동 소요 시간을 1시간 이내로 만드는 것을 사업의 목표로 삼고 있다. 지금은 이러한 목표가 매우 비현실적으로 느껴지지만 우주 비행과 하이퍼루프가 모두 현실화되어 정기 운행을 시작하게 된다면 인류의 이동은 이전과 다른 차원으로 넘어가게 된다. 서울에서 부산까지 16분 만에 도착하는 하이퍼루프가 생긴다고 상상해보자. 전 세계 어디든 로켓형 비행으로 1시간 이내에 갈 수 있는 세상은 또 어떨까? 이러한 기술의 발전은 우리가 거주지를 정하는 기준부터 도시의 인구밀도와 부동산 입지에 이르기까지 많은 것을 바꾸어놓을 것이다.

전문적으로 훈련받은 우주인에서 평범한 사람들로 확장된 우주 여행의 시작은 다음 세대를 위한 교육의 효과도 있다. 스페이스 엑스의 첫 우주 비행이 이루어지는 여정을 담은 넷플릭스 다큐멘터리 〈카운트다운: 인스퍼레이션4, 우주로 향하다Countdown: Inspiration4 Mission to Space〉는 우주 비행을 개인의 꿈에서 사회적 의미로 확장시키는 과정을 보여준다. 재러드 아이잭먼은 민간인 비행사를 위한 4개의 좌석을 모두 구매한 뒤 자신을 제외한 나머지 세 탑승자를 무작위로 추첨해서 선발했는데, 이때 추첨 대상은 어린이 병원의 기부자들이었다. 자신의 우주 비행을 기부금 모금 캠페인으로 만들어 되도록 많은 사람들이 기부에 참여하도록 유도한 것이다. 성공한 사업가가 자신의 개인 자산을 털어 우주선의 좌석을 사고, 간호사와 과학자 등 각 분야의 평범한 사람들이 합류하여 우주 여행을 성공적으로 수행하는 과정을 담은 다큐멘터리는 우주 여행이 고도로 훈련받은 '우주인'만의 세계가 아니라는 인식을 처음으로 심어주었다. 자라나는 세대에게 우주관광의 시작을 보여줄 수 있다는 자체만으로도 이전보다 훨씬 많은 이들이 지구를 넘어 우주와 관련된 꿈이나 업을 키워갈 수 있는 인식의 전환으로 이어질 수 있다.

세상은 결국 진화할 것이고 기술의 발전은 피할 수 없는 만큼, 앞으로 우주관광 업계가 풀어야 할 숙제는 명확하다. 탄소 배출과 오존 파괴를 최대한 줄이는 방법을 찾고 비용의 효율화를 통해 문턱을 낮추는 것이다. 스페이스 엑스의 모금 운동 사례는 우주 여행의 초기 탑승자가 사회적 책임을 실천했을 때 우주에 대한 인식의 저변을 넓힐 수 있다는 가능성을 보여주었다. 비용 외에 건강이나 연령 등의 이유로 우주 여행을 할 수 없는 사람들을 위한 우주 간접 체험 프로그램의 개발이나 우주 센터의 관광자원화도 기대해볼 만하다. 프랑스의 우주관광 기업 오르비트Orbite는 실제 우주에 가지 않고도 우주 여행을 경험할 수 있는 몰입형 체험 프로그램을 제공한다. 이를 위해 2024년 오픈을 목표로 미국에 민간 우주비행사 훈련 센터를 건립하면서 부티크 호텔 건축계의 거물인 필립 스타크Philippe Starck과 손을 잡았는데, 차별화된 숙박 시설과 우주 체험을 결합한 럭셔리 여행 상품을 선보이려는 의도로 짐작된다.[21] 한편 스페이스 엑스 본사가 위치한 텍사스 해안의 작은 마을은 테스트 발사가 시작된 2020년 말부터 인근 호텔이 만실을 이루는 관광 명소로 떠올랐다.[22] 이와 같이 인류의 오랜 열망인 우주 여행은 꼭 우주선 탑승의 형식이 아니더라도 관광 산업을 활성화하는 키워드로 다양하게 활용될 수 있다.

기차 타고 유럽 일주를,
글로벌 스탠더드로 부상하는 기차 여행

2021년 11월, CNN은 코로나19 사태 이후 기후 위기의 심각성을 인지한 여행자들이 항공 여행을 보이콧하려 하지만 그 현실이 여의치 않음을 보도했다. 인터뷰에 응한 한 29세의 영국인은 세계 일주를 하며 총 18회에 걸쳐 비행기에 탑승했던 것을 돌이켜보며 '나는 환경을 오염시키는 주범'이라고 느꼈고, 이에 '플라이트 프리Flight Free' 운동에 동참하게 됐다고 밝혔다.[23] 영국에서 시작된 플라이트 프리 운동은 항공이 아닌 다른 수단을 이용하는 여행을 다짐하는 비행 금지 서약 운동이다. 하지만 이 여행자는 자영업자로서 휴가 기간을 스스로 조정할 수 있는 자신과 달리 대다수 사람들에게는 비非항공 여행이 현실적이지 않다고도 지적했다. 유럽의 기차 여행은 항공 여행에 비해 매우 비싸기 때문이다. 따라서 정부의 지원이나 기차 여행에 대한 인센티브 제도가 없다면 저탄소 옵션을 가진 여행이 활성화되기 어렵다. 실제로 플라이트 프리 운동이 여러 매체에 소개됐음에도 온라인 서약에 참여한 사람은 2022년 5월 기준 4,200명도 채 되지 않는다.

시간과 비용의 부담이 큰 '느린 여행'

팬데믹을 겪으면서 전 세계의 항공 여행 제한은 빠르게 제도화되는 중이다. 2021년 프랑스에서는 고속열차 테제베로 2시간 30분 내에 이동할 수 있는 거리 간 국내선 항공 운항을 금지하는 법안이 통과됐다. 한국으로 치면 서울-대구 노선의 운항이 취소될 정도의 강력한 기후변화 법안이다. '항공수치심Flygskam'이라는 말이 처음 등장한 스웨덴에서도 스톡홀름 시내의 브롬마Bromma 공항의 폐쇄를 추진하고 있다. 국제선 위주의 알란다Arlanda 국제공항만 운영하고, 국내선 및 단거리 노선 운항 중심인 브롬마 공항은 아예 없애겠다는 것이다. 오스트리아도 2020년에 3시간 미만의 국내선 항공편을 금지했고, 네덜란드에서도 암스테르담과 벨기에의 브뤼셀을 오가는 단거리 항공 노선의 제한을 검토하고 있다. 이처럼 유럽 각국이 항공 여행을 제한하는 것은 비행기가 어마어마한 양의 탄소를 배출하기 때문이다. 전 세계 항공 여행은 전체 이산화탄소 배출량의 약 2%를 만들어낸다. 세계의 온실가스 배출량과 그 원인을 분석하는 글로벌 탄소 프로젝트Global Carbon Project의 데이터에 따르면 2020년 한 해 동안 전 세계 항공이 배출한 탄소량은 2019년보다 40%나 줄었다.[24] 여행과 이동이 탄소 배출에 끼치는 영향이 역으로 증명된 셈이다.

항공 여행 제한과 탄소 중립은 유럽연합 집행위원회European Commission가 2021년을 '기차의 해European Year of Rail'로 천명한 목적과 맞닿아 있다. 유럽연합의 26개국은 기차의 해를 맞아 철도 여행에 대한 긍정적인 인식을 확산시키고자 2021년 9월에 장거리 기차 여행 프로그램 '커넥팅 유럽 익스프레스'를 선보였다. 이 여행은 리스본에서 파리까지 비행기로 단 2시간 30분밖에 걸리지 않는 거리를 기차를 타고 무려 36일에 걸쳐 26개국의 100여 개 역을 지나는 여정으로 기획됐다. 그러나 유럽연합 내에서 육로로 이동하는 여행자의 단 8%만이 철도를 이용한다는 통계는 낭만적인 여행 캠페인만으로는 기차 여행을 독려하기 어려운 현실을 보여준다. 그 결정적인 이유는 비용이다. 2021년 11월, 영국의 매체 《아이뉴스INews》는 연말에 런던-마드리드 구간을 비행기를 타고 오가면 왕복 약 5시간의 이동 시간에 1,739파운드가 드는 반면, 기차로는 왕복으로 48시간이나 걸리고 비용도 2,741파운드로 1,000파운드(약 160만 원) 이상 차이 난다고 비교했다.[25] 비행기로 인한 환경오염을 줄이기 위해 기차 여행을 촉진시키려면 적어도 그 탑승 비용이 항공료보다 저렴해져야만 한다. 친환경 관련 시민 의식 수준이 높은 독일에서도 2019년에 철도로 육로 이동을 한 사람은 650만 명으로, 항공으로 이동한 1억 1,000만 명에 비해 현저히 적었다. 이동에 걸리는 엄청난 시간과 비싼 비용을 모두 감당하면서 자발적으로 기차 여행을 선택하기란 현실적으로 힘들다는 것이 잘 드러나는 대목이다.

그럼에도 불구하고 최근 기후 위기에 대한 인식이 전환되며 가급적 탄소를 적게 배출하려는 여행자의 대안으로 '느린 여행'이 떠오르고 있다. 외국에서도 소도시나 마을 등 비관광지 위주로 여행하며 이동을 최소화하는 여행을 '슬로우 트래블'이라고 부른다. 비행기를 타고 먼 거리의 휴양지에 가서 올 인클루시브 all inclusive 리조트에 머물면서 지역과의 접점이 많지 않은 휴양 여행이 그동안의 주류 여행 방식이었다면, 슬로우 트래블은 기차나 버스 등 현지의 교통수단으로 이동하고 현지 상권에서 직접 소비하면서 오래 머무는 여행을 의미한다. 슬로우 트래블의 주요 목적은 목적지에 빨리 도착하는 것이 아니며, 느리고 긴 이동도 여행의 중요한 즐거움이자 과정에 포함된다. 그런데 이러한 여행을 하려면 기존에 알려진 여행 정보 외에도 현지 교통수단, 환경친화적인 장소 등을 조사해서 계획을 짜야 한다. 때문에 경험이 충분하지 않은 여행자에게는 진입 장벽이 높다. 이에 따라 비항공의 느린 여행을 떠나고 싶지만 어려움을 겪는 이들을 위한 새로운 여행 비즈니스 모델들이 하나둘 탄생하고 있다.

기차 여행 트렌드에 주목하는 여행 업계

영국의 여행 스타트업 바이웨이Byway는 '비행기 없는 휴가'를 가고 싶은데 시작하기가 막막한 여행자를 위한 맞춤 여행 서비스를 제공한다. 창립자인 캣 존스Cat Jones는 가족들과 함께 기차나 보트, 자전거로 이동하는 친환경 여행을 수년간 경험해왔다. 록다운이 시행됐을 때 그녀는 자신이 가족 여행을 즐기던 방식이 여행의 새로운 대안으로 부상할 것이라 생각했고, 동시에 해마다 그런 여행을 준비하는 과정이 매우 어려웠다는 것을 깨달았다. 그래서 지속가능한 여행을 보다 쉽게 계획할 수 있도록 도와주는 플랫폼을 고안하게 됐다. 바이웨이 앱의 메인 화면에서 '당신의 휴가를 만들어보세요Creat your holiday' 버튼을 누르면 개인의 여행 성향과 일정을 파악하는 짧은 퀴즈에 답변함으로써 영국과 지중해, 프랑스 등 주변 지역의 여행 일정을 무료로 추천받을 수 있다. 실제로 바이웨이를 이용하며 '가족 여행', '채식' 등의 몇 가지 선호 항목을 입력했더니 이를 반영한 교통편과 숙박, 맛집 정보가 포함된 기차 여행 일정을 확인할 수 있었다. 이후 좀 더 구체적인 컨설팅을 원하거나 해당 일정으로 예약을 진행하려면 일정한 비용을 지불해야 한다.

뒤처져 있는 기차 여행의 고객 경험을 개선하려는 스타트업도 등장하고 있다. 스웨덴 정부의 기술 혁신 기관 비노바Vinnova에서 투자를 받아 출범한 올 어브로드All Abroad는 CEO인 안톤 트롤

백Anton Trollbäck이 기차 여행을 준비하며 50회 이상 웹 브라우저를 열어야 했던 불편함에서 출발했다. BBC와의 인터뷰에서 트롤백은 "사람들은 100년 동안 변화 없는 오래된 관광지보다 유럽의 숨은 명소를 여행하고 싶어하며, 그것이 바로 기차 여행이 더 적합한 이유"라고 말했다.[26] 나아가 기차 여행은 MZ세대에게 낯설고 독특한 여행이 될 수 있지만, 그러려면 기차 여행의 접근성이 더 높아져야 한다고 판단했다. 그래서 기차 여행의 준비와 예약 과정이 더 편리해져야 한다는 점에 주목한 것이다. 유럽 각국의 기차를 통합하여 이용할 수 있는 유레일 패스는 1972년 창립 이래 거의 50년이 지난 2020년에야 온전히 디지털화된 모바일 기반 서비스를 론칭할 만큼 변화가 더뎠다. 이에 올 어브로드는 스마트 맵과 실시간 대중교통 데이터 등을 활용해 기차 여행이 가

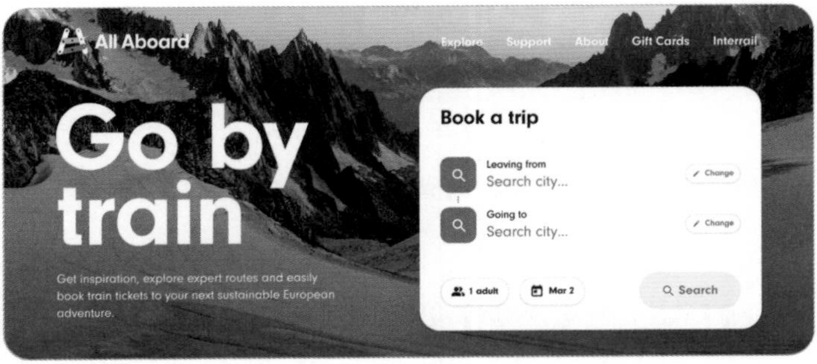

출처: 올 어브로드 웹사이트 캡처

스웨덴의 기차 여행 전문 스타트업 올 어브로드. 편리한 예약과 개인 맞춤형 추천 기능을 도입해 기차 여행에 대한 접근성을 높였다.

진 불확실성을 줄이고 개인의 선호도에 맞추어 기차역 부근을 여행지로 추천하면서 기차 여행을 쉽고 즐거운 경험으로 바꾸는 것을 주요 사업 목표로 삼았다. 그 결과 2021년 유레일 패스는 트립닷컴과 함께 올 어브로드를 새로운 유통 채널로 선정했다.

뿐만 아니라 지속가능한 여행으로 이동하는 여행 시장의 흐름에 맞춰 유레일 패스 자체적으로도 디지털 혁신을 꾀하고 있다. 유레일 패스는 '레일 플래너Rail Planner'라는 앱으로 각국의 기차 시간표 정보를 제공해왔다. 오프라인 상태에서도 시간표를 열람할 수 있는 기능은 편리했지만, 여전히 종이 탑승권을 지참해야 하거나 모바일 패스와는 별도로 운영되는 불편함이 있었다. 그러던 중 2020년에 드디어 레일 플래너 앱과 유레일 모바일 패스가 통합되면서 사용성이 크게 향상됐고, 2021년이 되자 전체 고객의 85% 이상이 종이 패스 대신 모바일 패스를 선택하기에 이르렀다.[27] 이와 함께 유레일은 '한 정거장 더 멀리go one stop further'라는 캐치 프레이즈를 내세우며 유럽 각국의 수도에서 가까운 소도시로 떠나는 여행을 촉진하고 있다. 항공 여행은 대부분 수도의 공항을 이용해야 하기 때문에 소도시 여행을 하기가 불편하지만, 기차를 이용하면 소도시의 기차역에서부터 여행을 시작할 수 있어 덜 붐비는 여행을 원하는 사람에게 적합하다.

기차 여행이 재조명받는 또 다른 이유는 럭셔리 여행의 선택지를 갖추었기 때문이다. 영국의 벨몬드Belmond는 오리엔탈 익스프레스 시절의 향수와 낭만이 녹아 있는 호화 기차와 호텔 상품을 판매하는 럭셔리 여행사다. 2018년 루이비통모에헤네시LVMH가 벨몬드를 인수한 배경에는 명품 소유에서 경험 소비로 이동하는 밀레니얼 세대의 여행 트렌드가 반영된 것으로 알려져 있다. 2022년 3월 새롭게 출범한 벨몬드의 '베니스 심플론 오리엔트 익스프레스Venice Simplon Orient Express'는 베니스-런던 4박 5일 여행 기준 4,120파운드(약 650만 원)부터 시작하는 높은 요금에도 2021년 10월에 2022년의 전 노선이 거의 매진됐다고 알려졌다.

2018년에 세계 10대 럭셔리 기차 여행 중 하나로 꼽히는 인도의 마하라자 익스프레스Maharajas' Express를 타고 7박 8일 동안 여행한 적이 있다. 당시 몰입형 경험을 안겨주는 호화 기차 여행은 빠른 이동이 주요 가치인 항공 여행과 확실히 차별화되는 경쟁력을 갖추었다는 생각을 했다. 한국의 코레일도 2008년부터 호텔형 숙박이 가능한 호화 관광열차 '레일크루즈 해랑'을 운영하고 있지만, 다른 경쟁국의 상품에 비하면 아직까지 국내외 인지도가 높다고 볼 수 없다. 엔데믹 종식 이후 느린 여행과 지속가능한 여행을 지향하는 세계 여행자들이 한국을 찾게 된다면 모든 예산의 여행을 아우르는 한국의 우수한 기차 인프라는 매력적인 여행 요소가 될 것이다. 지속가능성에 관심을 기울이는 새로운 여행 소비자의 출현과 느린 여행으로의 이동으로, 기차가 단순한 이동 수단이 아닌 하나의 경험 여행 카테고리로 변신하고 있다.

인스타그램과 과잉 여행을 넘어 지속가능한 여행으로

오스트레일리아 관광청 웹사이트에서 '바이런 베이Byron bay'를 검색하면 '오스트레일리아 동쪽 끝에 위치한 서핑 문화와 대안 라이프스타일, 쾌락주의가 뒤섞인 용광로melting pot'라고 소개되어 있다.[28] 보헤미안 라이프스타일로 유명한 바이런 베이는 인스타그램을 통해 대안적 삶의 방식을 콘텐츠화하는 여행 인플루언서들의 성지가 됐다. 2021년 4월, 넷플릭스는 오스트레일리아에서 진행하는 첫 오리지널 리얼리티 쇼 〈바이런 베이: 인플루언서의 천국Byron Baes〉을 기획하면서, 인플루언서의 삶을 조명할 촬영지로 바이런 베이를 낙점했다. 그런데 뜻밖의 일이 일어났다. 바이런 베이 주민들이 쇼의 촬영 및 방영을 일제히 반대하고 나선 것이다. 낙원의 이미지를 상업화하는 인플루언서들이 확산시킨 환상은 관광객의 폭증으로 이어졌고, 해안 침식 등의 자연 파괴에 교통 혼잡, 노숙자 증가까지 각종 사회문제를 발생시키며 주민들에게 고통을 주었기 때문이다. 지역 레스토랑인 바이런 제너럴 스토어Byron general store는 인스타그램에 '#보이콧바이런베이boycottbyronbaes'라는 해시태그와 함께 '지역 사회를 왜곡하는 대표성을 가진 인물들로 우리 지역을 상업화하는 쇼에 반대한다'는 글을 올리며 주민들이 해당 쇼에 보이콧하는 이유를 밝혔다.[29] 이는 그동안 인스타그램이 관광 산업에 어떤 방식으로 작동해왔으며, 코로나19 사태 이후의 여행 산업이 어떻게 변화해야 하는지를 상징적으로 나타낸 사건이었다.

과잉 여행의 뒷면에 자리한 '남의 욕망을 향한 열망'

여행 산업이 크게 성장하게 된 배경에는 '열망'을 부추기는 소셜미디어 산업이 있다. 모든 사람들의 열망이 실시간으로 서로에게 중계되는 소셜미디어의 대표 주자는 역시 인스타그램이다. 2017년에 페이스북이 실시한 자체 조사에서 여행에 관심이 높은 응답자의 67%가 새로운 여행의 영감을 인스타그램에서 찾는다고 답했으며, 61%는 여행 중에 '무엇을 할지' 찾기 위해 인스타그램을 이용한다고 이야기했다.[30] 또한 2년 뒤인 2019년에 페이스북이 13개국 사용자 2만 1,000명을 대상으로 진행한 설문 조사 결과, 전체 응답자의 인스타그램 콘텐츠 관심 분야 1위가 다름 아닌 여행(45%)이었다.[31] 이를 통해 인스타그램이 여행자에게 어디를 가고 무엇을 볼 것인지에 대한 영감을 주는 미디어로 작동해왔음을 알 수 있다.

인스타그램에 중계되는 누군가의 여행 소비 결과는 다른 사람의 소비 기준으로 연결된다. 이러한 연결 구조가 지극히 수동적이라는 점은 여행 소비 역시 수동적으로 결정될 수 있음을 의미한다. 포털에서 여행 정보를 얻을 때는 최소한 검색어를 입력하고 원하는 정보를 찾아 클릭하는 능동적인 검색 과정이 있다. 반면 인스타그램은 타인이 발신한 시각화된 메시지를 접하는 홈 화면이 제일 먼저 보이도록 설계되어 있다. 검색도 치밀하게 구조화되어 특정 해시태그나 검색어를 사용하면 이를 기반으로 맞춤화된 광고와 콘텐츠에 노출되게 된다. 그간 인스타그램은 시각화와 검색 최적화에 뛰어난 인플루언서들이 더 많이 보여지고 돈을 벌 수 있는 시스템으로 발전을 거듭했으며, 인플루언서를 통해 알려진 인증샷 장소는 빠르게 핫플레이스로 떠오르며 과잉 여행을 일으켰다. 《지속가능한 여행을 하고 있습니다》의 저자 홀리 터펜은 인스타그램으로 인해 파괴된 여행지들을 열거하고 '어떤 장소가 여행 책자에 실리면 유명해지는 데 몇 년이 걸리지만, 인스타그램에서는 단 몇 초면 충분하다'며 소셜미디어의 위험성을 경고한 바 있다.

소셜미디어에서 관심을 끌 만한 경험이 금전적 가치로 연결되는 지금의 세상에서 여행은 여행지와의 정서적 연결성을 갖는 행위라기보다는 관심 경쟁의 도구에 가까워지고 있다. 또한 여행이 대중화되기 전에는 '여행을 할 수 있느냐, 없느냐'가 계급을 갈랐다면, 여행의 대중화 이후에는 '어떤 항공 좌석을 타고, 몇 성급 호텔에 묵고, 어떤 여행과 음식 사진을 남기느냐'가 남과 나를 구분하는 주요 지표가 됐다. 따라서 소셜미디어의 시스템이 모방 소비를 부추기도록 설계되어 있다는 것을 알면서도 '나만' 빠져나오기란 결코 쉽지 않다. 지난 수년간 여행을 경험 자산이자 계급을 상징하는 도구로 활용해온 MZ세대에게 '환경을 파괴하니 항공 여행을 줄여라' 같은 메시지가 쉽게 수용되기 어려운 이유가 여기에 있다. 과잉 여행에 대한 성찰과 변화가 일어나려면, 단순 과시로 얻어지는 효용을 대체할 다른 효용을 더욱 선명하게 제시하는 구조적 변화가 우선되어야 한다. 포스트-코로나 시대의 '지속가능한 여행'에 대한 담론에 새로운 관점이 필요하다.

코로나19 사태가 일어나기 전, 여행 강사로 수강생들을 만나면서 가장 자주 받았던 질문은 "다녀보니 어디가 제일 좋아요?"였다. 여행이 일상처럼 흔했던 시절에는 아무도 여행의 의미나 목적을 궁금해하지 않았다. 그러다 여행이 강제로 사라져버리자 사람들이 여행의 의미를 되새기며 지속가능한 여행을 필수불가결한 지향점으로 인식하고 있다. 하지만 이러한 논의가 '친환경',

'탄소 배출', '공정 여행'과 같은 기존의 틀에서만 머무른다면, 과거 우리의 여행이 환경을 파괴한다는 걸 뻔히 알면서도 과잉 여행을 멈출 수 없었던 이유를 설명할 수 없을 것이다. 여행은 일종의 사치재로서 기능하며 소셜미디어상의 과시나 계급화 등과 같은 사회적 현상과도 연결되어 있다는 사실 또한 반추해야만 이전과는 다른 눈으로 여행을 바라볼 수 있다.

지속가능한 여행을 향한 개인·기업·사회의 노력

지난 여행을 성찰하고 새로운 방향을 모색해야 하는 지금, 더욱 넓은 범위에서 지속가능한 여행을 실천하기 위해 어떤 노력이 필요한지 세 가지로 정리해 살펴보고자 한다. 첫째, 여행자가 자신의 책임과 영향력을 직시하고 후발 여행자에게 이 지역을 지속가능하게 여행하는 방법을 소개한다면 생각보다 많은 사람의 행동에 영향을 줄 수 있다. 소비자로서 지속가능한 여행에 도움을 주는 콘텐츠를 적극적으로 참고하여 여행을 계획하는 것도 기본적이지만 확실히 좋은 방법이다. 나의 경우, 2년간의 팬데믹을 거치면서 구독하는 여행 유튜브 채널 목록이 많이 달라졌다. 이전에는 소위 말하는 '젯 세터Jet Setter', 즉 최대한 많은 나라를 다니며 많은 여행 정보를 공유하는 이들의 유튜브를 주로 구독했다. 하지만 지속가능한 여행법과 로컬 문화에 대한 관심이 높아지면서 덴마크의 제로 웨이스트 유튜버 기테마뤼 요한센Gittemary

Johansen, 인도의 에코 라이프스타일 유튜버 나야나 프렘나스Nayana Premnath와 같은 지속가능한 삶과 여행을 다루는 채널들이 그 자리를 대체하게 됐다. 나아가 콘텐츠 생산자로서 여행을 할 때도 포토제닉하게 꾸며진 공간보다는 지역에서 자체 운영하거나 로컬 문화를 활용한 숙소, 식당, 카페를 먼저 선택하게 됐다. 1년 가까이 채식을 지향하는 식생활을 실천하면서는 그동안 잘 몰랐던 비건 레스토랑이나 카페를 찾아다니고 지역에서 생산된 과일이나 채소 등의 식재료를 쇼핑하는 재미도 배웠다.

둘째, 소비자들이 여행 상품을 검색할 때 지속가능성 옵션을 더 많이 사용할수록 여행 플랫폼 기업들이 관련 기능을 늘리고 공급사의 더 많은 참여를 북돋울 것이다. 일례로 부킹닷컴은 한국과 일본을 포함한 전 세계 각국의 검색엔진에 '지속가능성 실천 숙소'라는 옵션을 추가했다. 검색 방식은 이전과 동일하며 검색 후 상단의 필터 버튼을 누르면 이 옵션을 확인할 수 있다. 하지만 2022년 1월 기준으로 부킹닷컴에서 제주도 숙소 500여 곳 중 지속가능성 실천 숙소는 단 7곳밖에 검색되지 않으니 참여율은 아직 미미해 보인다. 지속가능성 실천 숙소로 분류되기 위해서는 해당 숙소가 일회용품 사용 금지, 에너지 효율, 지역 사회 환원 등 까다로운 조건을 충족해야만 한다. 따라서 되도록 많은 여행자들이 이러한 옵션을 중요한 숙소 선택 기준으로 삼아야만 숙소 공급자들도 복잡한 절차를 감수하고 지속가능성을 갖추게 될 것이다. 구글은 항공편 검색 결과에 탄소 배출량을 명확하게 보여주는 기능을 포함시켰다. 이전에는 항공권을 비교할 때 가격과 항공사 브랜드를 주요 기준으로 삼았다면, 이제는 비행편의 탄소 배출량도 구매 결정에 영향을 미칠 수 있게 된 것이다.

셋째, 지속가능한 관광에 대한 정책적 접근법에도 변화가 필요하다. 2021년 1월, 뉴질랜드 관광청이 'Do Something New, New Zealand(새로운 것을 해봐, 뉴질랜드)!' 캠페인을 선보여 주목을 받았다. 관광객이 소셜미디어에서 본 사진을 흉내 내는 데 얼마나 많은 시간을 할애하는지를 풍자한 영상으로 소셜미디어에 대한 과한 의존성이 여행의 본질을 어떻게 왜곡하는지 정면으로 다루었다. 이 캠페인은 영국 BBC를 비롯한 각국의 언론에서 소개되고 소셜미디어상에서 열띤 논쟁을 일으키며 문제를 공론화하는 데 성공했다. 아울러 뉴질랜드 관광청은 인스타그램의 클리셰에서 벗어난 뉴질랜드 여행 사진을 공유하는 여행자에게 뉴질랜드 여행권을 증정하는 이벤트도 열었다. 뉴질랜드는 '인증샷 관광'으로 인해 오랫동안 많은 피해를 겪어온 나라들 중 하나다. 특히 남섬에 있는 테카포Tekapo 호수 인근 들판에 보랏빛 꽃 러셀 루핀Russell Lupins이 가득 핀 모습이 인스타그램에서 화제를 모으며 일약 관광 명소가 된 사례가 대표적이다. 러셀 루핀은 토양을 황폐화하고 수로를 방해하는 등 환경문제를 일으키는 유해 잡초로 분류되지만, 이 지역의 토지 소유자들은 관광객을 불러들이는 꽃을

출처: 뉴질랜드 관광청 공식 유튜브

뉴질랜드 관광청이 진행한 또 다른 캠페인 'Travelling Under the Social Influence(소셜미디어의 영향 속에서 여행한다는 것)' 영상. 역시 소셜미디어 인증용으로 소비되는 여행에 경각심을 안겨주는 내용으로, 러셀 루핀 꽃밭도 등장한다.

쉽게 없애지 못하고 있다.[32] 이런 상황에서 뉴질랜드 관광청은 여행자의 행동 변화를 촉구하기 위해 환경보호를 부르짖는 진부한 방식 대신 '모두가 같은 사진을 찍는 여행이 과연 멋진가?'라는 메시지를 던지는 영리한 선택을 한 것이다.

엔데믹에 진입하면서 새로운 여행의 시작을 앞둔 현재, 우리는 과잉 여행으로 되돌아갈지 아니면 지속가능한 여행의 새로운 길로 나아갈지 결정해야 하는 갈림길에 서 있다. 지난 20년간 여행을 하고 관련 업에 종사하면서, 개인적으로 '여행을 소비와 동일시하는 여행 문화를 어떻게 하면 생산적 여행으로 바꿀 수 있을까?'라는 문제의식을 늘 마음에 품은 채 책을 집필해왔다. 어쩌면 지금이야말로 이러한 문제들을 더 많이 수면 위로 꺼내놓고 논의하며 구체화해야 하는 중요한 시점이라 생각한다. 지속가능한 여행에 동참하고 싶다면 환경문제나 과잉 여행을 걱정하기에 앞서 '이 여행은 나를 더 나은 사람으로 만들어주는 여행인가?'에 먼저 초점을 맞추어 계획해보기를 꼭 권하고 싶다.

주

CHAPTER 1 팬데믹 이후의 여행, 어떻게 바뀔까?

1 "부킹홀딩스, 코로나19에도 부동의 1위 OTA", 《뉴스핌》, 2020.11.05.

2 "Find Your Market Balance OTAs vs. Direct", Amadeus Hospitality.

3 "2020: Worst Year in Tourism History with 1 Billion Fewer International Arrivals", UNWTO, 2021.01.28.

4 "숙박 플랫폼은 웃었다…코로나 타격에도 오히려 성장세", 《동아일보》, 2021.06.08.

5 "야놀자 4년간 독주, 네이버는 질주", 컨슈머인사이트, 2020.11.30.

6 "What Travelers Value Most in 2021", Expedia Group Media Solution, 2021.07.30.

7 "수수료·광고비에 적자 나도…"'야놀자' 끊을 순 없어요"", 《MBC》, 2021.10.04.

8 "How the Covid-19 crisis locked Airbnb out of its own homes", 《The Guardian》, 2020.04.04.

9 "코로나로 여행업 초토화? 에어비앤비는 오히려 성장했다", 《비즈니스플러스》, 2021.08.17.
10 "Five Editors on How This Year Has Changed Their Travel Priorities", 《Conde Nast Traveler》, 2021.08.21.
11 "Squid Game locations in South Korea like Jeju Island see surge in online interest, but why does watching the Netflix hit make people want to visit?", 《Post Magazine》, 2021.10.27.
12 "UNWTO and Netflix Partner to Rethink Screen Tourism", UNWTO, 2021.10.01.
13 "Netflix's Lupin and Covid have made our Normandy tourist town 'hell'", 《The Connexion》, 2021.08.27.
14 "美 기업들 근심어린 이유…재택근무자 60% "코로나 끝나도 재택근무 희망"", 《글로벌비즈》, 2022.02.18.
15 "코로나19: 기업들 2년 만에 '전원 출근'…사무실 복귀 시작하나", 《BBC NEWS 코리아》, 2022.04.05.
16 "'워케이션 전략' 통했다…신라스테이 4분기 흑자 전환", 《서울경제》, 2021.12.20.
17 "HafHでのホテルステイ2回目！ 東日本橋のCITANに泊まってきたOL", Yui Matsumoto, 2021.08.22(note.com/milk2nd/n/n3fccd6181d53).
18 "41 Countries with Digital Nomad Visas - The Ultimate List", 《Nomadgirl》, 2022.02.02.
19 "Cost of Living Index by Country 2022", Numbeo.
20 "63 Surprising Digital Nomad Statistics in 2022", 《A Brother Abroad》, 2022.03.29.
21 "호텔·음식점 줄줄이 도산 위기…日기업, 살기 위해 '몸부림'", 《시장경제》, 2020.04.06.
22 "에어비앤비 '온라인 체험' 1년…예약률 '쑥쑥'", 《아이뉴스24》, 2021.04.13.
23 "Tripadvisor Reports Second Quarter 2021 Financial Results", Trip Advisor, 2021.08.05.
24 "TUI powers trivago's new Activities category", Tui group, 2021.04.27.
25 〈中国旅游研究院和马蜂窝旅游联合发布《中国体育旅游消费大数据报告(2021)》〉, 中国旅游研究院, 2021.07.14.
26 ""It's The Last Part of The Imdustry to Come Online": The Evolution of Outdoor Activities", 《Arival》, 2021.05.21.

CHAPTER 2 MZ세대의 경험 소비가 바꾸는 여행

1 "코로나 장기화에도 제주여행 '선방'…패키지만 울상", 《여행신문》, 2021.08.25.
2 "'Van life' is the hot, new pandemic trend on TikTok", 《Today》, 2020.10.30.
3 "#Vanlife Could Be the Fastest-Rising Travel Trend", 《Ypulse》, 2018.08.30.
4 위와 동일
5 "What Do Americans Think about Van Life during COVID?", Move, 2020.10.06.
6 "Z세대, 팬데믹에 상처받은 미래", 《경향신문》, 2020.12.31.
7 "The Van Life Movement: How to Do What You Love On the Road(Abbie, 23)", Packslight, 2021.03.09.
8 "The young and the restless: Generation Z in America", Mckinsey, 2020.03.20.
9 "현대인들의 도시 옮기기 놀이: 여행 프로그램 열풍 들여다보기", 한국콘텐츠진흥원 네이버 포스트, 2021.01.14.
10 "'Like a living hell!' Why 2021 is the summer of unhappy campers", 《The Guardian》, 2021.08.05.
11 "Airplane Design Brings Out the Class Warfare in Us All", Harvard Business School Working Knowledge, 2016.07.20.
12 "국내 숙박여행, 2019년 대비 2020년 소폭 하락", 《숙박매거진》, 2021.03.25.
13 "Accor Ambassador Korea, 권대욱 대표", 《호텔아비아》, 2017.01.17.
14 "星野リゾート代表、コロナ禍で語る 観光のカタチと組織", 《日本経済新聞》, 2021.07.31.
15 "星野リゾート代表が語った「インバウンドは簡単に戻らない」、コロナ期の最大の進化と予約変化、訪日旅行の復活への見立てとは?", 《Travel voice》, 2021.10.14.
16 "Global short-term rental gross bookings", 《Skift》, 2019.08.26.
17 "岡山の海街でデニム宿をいとなむみんなの話", ITONAMI, 2021.09.07(note.com/ito_nami/n/n0713c5ecda84).
18 "人気 若い世代中心にSNSで広がり", 《One Korea Daily News》, 2021.12.01.
19 "2021年JC·JKの流行語大賞! 「ガルプラ」「渡韓ごっこ」「CapCut」", YAHOO, 2021. 12.03.
20 "퓨처플레이 인도네시아 Z세대 100인 인터뷰 리포트", 퓨처플레이, 2021.03.23.
21 "유튜브 홍보 대세인데…돈 안 쓰는 부산관광", 《국제신문》, 2020.09.28.

22 “小红书发布五一旅游出行报告，长沙成最受欢迎目的地”, 《中国日报网》, 2021.05.06.
23 “8시간 줄 서서 먹던 中밀크티집…‘제로 코로나’ 정책에 무더기 폐점”, 《아주경제》, 2021.11.12.
24 “밀크티가 뭐길래…中가게 앞 5만 명 줄”, 《조선일보》, 2021.04.05.
25 “Airbnb China: 2021 Summer Travel Report”, Dragon Trail, 2021.06.21.
26 “《2021“五一”旅行大数据报告》发布 长沙上榜十大热门旅游城市”, 湖南省人民政府, 2021.05.06.

CHAPTER 3 트래블테크가 판을 뒤집는다, 여행의 디지털 전환

1 “The State of Travel Apps 2021 Report”, Sensortower.
2 “야놀자 10조·여기어때 3,000억…기업가치 가른 ‘오너십’”, 《서울경제》, 2021.07.19.
3 “야놀자, 비대면 수요 확대에 글로벌 B2B 거래액 11조 원 넘어”, 《와우테일》, 2020.12.30.
4 “Startup Investment Trends in Travel and Mobility Tech”, TNMT, 2021.08.18.
5 “토스가 타다를 인수한 진짜 이유를 공개합니다”, 토스 피드, 2021.11.16.
6 “Airasia Super App Wheels into E-hailing with Airasia Ride Launch”, Airasia, 2021.08.23.
7 “AirAsia adding services in super app”, 《Bangkok Post》, 2020.09.25.
8 〈AHLA’s State of The Hotel Industry 2021〉, AHLA, 2021.01.21.
9 “The Commander and The Hawk: Sometimes It’s Goodd to Let Go”, 《WIT》, 2021.11.17.
10 “Worldwise: Life House Hotels Founder Rami Zeidan’s Favorite Things”, 《Barrons》, 2021.03.10.
11 “전 세계 검색엔진 점유율 1위는 구글”, 《컨슈머포스트》, 2020.12.10.
12 “AI 여행 일정 ‘여다,’ 일정 주문 건수 1만 건 돌파”, 《벤처스퀘어》, 2021.07.16.
13 “The Future of Personalized Travel-Brought to You by Journy”, Susan Ho, 2018.05.12(medium.com/voyagerhq/the-future-of-personalized-travel-brought-to-you-by-journy-f0e81591eab7).
14 “China’s customized tourism market in 2019”, Daxue Consulting, 2019.07.12.
15 “The way back: What the world can learn from China’s travel restart after

COVID-19", MCKinsey&Company, 2020.05.11.
16 "Future of travel lies in the virtual space", 《TTG Asia》, 2020.10.26.
17 "Disney Parks Plan to Greet Returning Guests With New Digital Tech for Phones", 《Skift》, 2021.06.15.
18 "A Chinese city sent vice cops to crack down on murder mystery games", 《Quartz》, 2021.10.04.
19 "Chinese Gen Z's new obsession: Murder mystery games", 《VOGUE Business》, 2021.07.14.
20 "We won't remember much of what we did in the pandemic", 《Financial Times》, 2020.08.14.

CHAPTER 4 크리에이터 경제가 여행의 미래에 가져올 변화

1 "곽튜브·빠니보틀, 스페인 방역 위반 관련 식당 회신 받아…"다시 한번 죄송"", 《YTN》, 2021.12.30.
2 "Gen Z Are Starting to Travel-And Instagram and YouTube Determine Where They Go", 《Conde Nast Traveler》, 2019.07.29.
3 "Gen Z & Millennials Trust YouTubers More Than Anyone Else", YPulse, 2021.10.20.
4 "This Japanese hotel room costs $1 a night. The catch? You have to livestream your stay", 《CNN》, 2019.11.21.
5 "Travel blogger misses the mark in Afghanistan controversy", 《BK》, 2021.08.04.
6 "2021 Instagram Richlist", Hopper HQ.
7 "As young people itch to leave lockdown, British health leaders face a new challenge: Influencers", 《CNN》, 2021.03.23.
8 "Why TikTok Could Change How We Explore the World", 《Conde Nast Traveler》, 2021.05.21.
9 "Influencers Are the New Travel Agents for Millennials", Generation Z, Morning Consult, 2021.05.24.
10 tiktok.com/@alexojeda
11 "Influencers Are the New Travel Agents for Millennials", Generation Z, Morning Consult, 2021.05.24.

12 "Marriott's mixing up media spend for travel's return", 《Markerting Brew》, 2021.07.01.
13 "Your best travel tip just came from TikTok", 《National Geographic》, 2021.06.12.
14 〈The TikTok effect on destination development: Famous overnight, now what?〉, 《Journal of Outdoor Recreation and Tourism》, Volume 37, 2022.03.
15 "Travel platform creates new job opportunities for Egyptian guides", 《Arab News》, 2019.09.21.
16 "The Most Wish Listed Stays and Most Booked Online Experiences by State", Airbnb, 2021.01.11.
17 "How People Are Making Thousands By Hosting Virtual Airbnb Experiences (One Made $150k In A Month)", 《Forbes》, 2020.05.22.
18 "Announcing Fora", Evan Frank, 2021.08.04(www.linkedin.com/pulse/announcing-fora-evan-frank?trk=public_profile_article_view).
19 "Marriott Bonvoy Logs into the Metaverse with Debut of Travel-Inspired NFTs", Marriott, 2021.12.04.
20 "There may now be as many as 100,000 bitcoin millionaires", 《CBS News》, 2021.02.23.
21 "Why The Luxury Tourism Industry Is Latching Onto Blockchain Technology", 《Outlook》, 2021.12.10.
22 "AirBaltic rides the NFT hype, minting an emissions mess", Paxex.aero, 2021.04.22.
23 "Why This New Luxury Hotel in Venice Is Hopping on the NFT Frenzy", 《Skift》 2021.08.15.
24 "The First NFT Hotel Booking in History Was Sold for 1 ETH(~$3200)", Luca De Giglio, 2021.08.19(medium.com/trips-community/the-first-nft-hotel-booking-in-history-was-sold-for-1-eth-3000-8f7d5e988ea0).
25 "Bitcoin Couple Travels the World Using Virtual Cash", 《The Wall Street Journal》, 2013.11.20.
26 ""NO 인증·NO 사진"…코로나19 시대 '몰래여행족'", 《아시아경제》, 2020.09.21.
27 "위드 코로나 시대, 부산 호텔 산업의 재도약, 콘텐츠 확충과 인바운드 재개가 핵심", 《월간 호텔&레스토랑》, 2022.01.05.
28 "中国の正月休暇、近距離旅行の予約が238%増、若者層で鉄道旅行が人気、「体験＋社会貢献」の組み合わせも", 《トラベルボイス》, 2022.01.08.

29 "대박! 이런 여행 해봤니? 당일치기 수제 전통주 만들고&시골집밥 힐링 여행", 와디즈(www.wadiz.kr/web/campaign/detail/43124).
30 "The a16z Marketplace 100: 2021", Andreessen Horowitz.
31 "Subscription services, hotels, timeshares compete with vacation rentals for 'workcation' customers", 《USA Today》, 2021.02.19.
32 "Soho House depends on IPO to keep the party going", 《Reuters》, 2021.06.24.

CHAPTER 5 지속가능성과 여행이 공존할 수 있을까?

1 "Amid the climate anxiety, we cannot forget the power of travel make world", 《Telegraph》, 2021.11.09.
2 "中 상하이 호텔들 7월부터 칫솔 등 일회용품 제공 중단", 《YTN》, 2019.05.16.
3 "How 2021 will become the year of purposeful travel", Lonely Planet, 2020.12.21.
4 ""성소수자 친화적 발리로 오라" 트윗 올린 미국 여행객 추방", 《연합뉴스》, 2021.01.20.
5 "The new utopia", 《Vox》, 2021.01.28.
6 "Tulum is utterly terrible", Nomadic Matt, 2020.12.14(nomadicmatt.com/travel-blogs/tulum-sucks).
7 "The new utopia", 《Vox》, 2021.01.28.
8 twitter.com/bchesky
9 "A Tale of Two Islands", Park Sohyun(www.a-amp.org/moving-image/273).
10 "Opinion: Why I believe digital nomads are ruining travel", Lonely Planet, 2021.01.14.
11 "Italy moves to halt overtourism before travel restarts", 《CNN》, 2021.06.24.
12 "Undertourism: These destinations want your attention", 《National Geographic》, 2019.09.26.
13 "Travel's Big Disruption Came Ahead of Schedule: It Wasn't the One We Expected Rosie Spinks", 《Skift》, 2020.03.17.
14 "'Water fiasco' on Maui leaves residents feeling mistreated, unfairly targeted", 《Hawaii News Now》, 2021.07.13.
15 "Travelers care deeply about sustainability-until it inconveniences them",

《CNBC》, 2021.06.18.
16 "Most Vegan Friendly Cities in the World in 2022", 《The Vegan Word》, 2021.12.17.
17 "Space Tourism Is a Waste", 《Gizmodo》, 2021.07.19.
18 "Sir Richard Branson takes off on 'extraordinary' space flight", 《BBC》, 2021.07.11.
19 "Elon Musk's SpaceX Site Has Turned Tiny Boca Chica Into a Tourist Attraction", 《Texas Highways》, 2021.05.13.
20 "Space Tourism Will Be The Ultimate Luxury Experience", 《Globetrender》, 2019.03.02.
21 "Philippe Starck to Desogn Orbite Astronaut Training Complex", 《Globetrender》, 2021.11.18.
22 "Elon Musk's SpaceX Site Has Turned Tiny Boca Chica Into a Tourist Attraction", 《Texas Highways》, 2021.05.13.
23 "The travelers who are turning their backs on airplanes", 《CNN》, 2021.11.16.
24 "코로나와 이산화탄소 배출량", 과학과 신학의 대화 아카이브, 2021.02.18.
25 "Train journeys still far more expensive than flights to Europe holiday hotspots despite climate pledges", 《iNews》, 2021.11.18.
26 "Are Europe's night trains back in fashion?", 《BBC》, 2020.10.12.
27 "Eye on Europe: Looking Ahead With Eurail", 《Travel Pulse》, 2021.12.23.
28 "Guide to Byron Bat", Ellie Schneider(www.australia.com/en/places/sydney-and-surrounds/guide-to-byron-bay.html).
29 instagram.co/@byron_general_store
30 "Facebook Provides New Insights on Industry-Specific Trends Among Instagram Users", 《Social Media Today》, 2017.05.06.
31 "더욱 흥미롭고 새로운 Instagram 콘텐츠를 만드는 방법", 페이스북, 2019.02.15 (www.facebook.com/business/news/insights/how-to-take-your-instagram-content-to-the-next-level?ref=search_new_17).
32 "'Can I become a citizen?': World reacts to Tourism New Zealand's plea to ditch influencer shots", 《Stuff》, 2021.01.29.

완전히 달라질 경험의 가치, 변화는 이미 시작됐다

여행을 바꾸는 여행 트렌드

초판 1쇄 발행 2022년 7월 6일
초판 2쇄 발행 2023년 8월 8일

지은이 김다영
펴낸이 성의현
펴낸곳 (주)미래의창

출판 신고 2019년 10월 28일 제2019-000291호
주소 서울시 마포구 잔다리로 62-1 미래의창빌딩(서교동 376-15, 5층)
전화 070-8693-1719 **팩스** 0507-1301-1585
홈페이지 www.miraebook.co.kr
ISBN 979-11-91464-97-9 03320